書店漫遊
收集印章活動

《獨立書店似顏繪》是一本有關獨立書店呈現其實體空間魅力的書。因此，希望能藉此書邀請大家到不同獨立書店漫遊，親身感受這些書店的可貴，《獨立書店似顏繪》的出版團隊邀請了橡皮印章雕刻師「手作 J」為受訪的十間書店親手製作了印章，只要到該書店購買一本書，即可在此書上蓋印，收集該店的印章。歡迎大家在這十間書店漫遊，享受收集的樂趣之餘，也用行動支持這些獨立書店！*

§ 七份一書店@集成中心和七份一書店@ Wontonmeen 實體店已結業，它們的印章將放於**界限書店**。即只要到界限書店買一本書，就可收集到三個印章。

§ 舍下 Hiding Place 實體店已結業，印章將放於同址的書店**覺閣 Knock Knock**。

* 活動於2024年10月31日結束。

造夢者　為白日填色

世間，大概沒有什麼比書更脆弱又更長久，也沒有什麼比書業更虛幻又更實在。書經不起火燒，但可以變化人的氣質，改變人的靈魂；書店，抵不住狂風呼嘯，但能滋養幾代人的精神面貌。創造書，讓它成為紙本，給予它生命在書店裡流轉，再散落到各人手上的，都是造夢者。從無到有，從一個簡單純粹的念頭到變成一本充實又豐饒的書，付出的心血、體力和時間都不可少覷。

說到夢，只要是造一個帶著善意的夢，都能吸引相同頻率的人。這可以說是「吸引力法則」，但我更喜歡稱之為「善良的力量」。能夠想像到《獨立書店似顏繪》能成功出版，一定得到許多善良的人的幫助，而幫助 Ikey 的人，相信都是被她的初心觸動，希望在這個變幻時刻，記錄歷史，守護這裡自由的創作空間。

在香港，每個堅持營運獨立書店的人都是這個城市不配有的造夢者。經營書店這樣難，還願意投身其中的，除了因為對書有巨大的熱情外，也一定因為相信唯有獨立書店可以在主流價值以外，為社會帶來小眾、多元、不應被遺忘的聲音。我鍾愛實體書，總覺得捧著紙本書閱讀的觸感是電子書不能比擬的；但一個愛書人也須進到書店才能跟書有一場邂逅，而書店就成為了人和書相遇的浪漫場所。更重要是，書店是一個能夠保持城市凝聚力、鼓勵思考、開拓想像的重要空間。由是，獨立書店就是城市珍貴的文化景觀，讓人流連忘返之地，是一個城市美麗靈魂之所在。

書業艱難，這幾年間開業的、結業的和仍在默默堅持著的書店，都值得被肯定和記念。把香港和澳門兩地獨立書店的面貌記錄下來，念記著香港和澳門曾有過、將來不知存在與否的人文風光，也必然是「時代之書」。感謝 Ikey 用她的筆、親身訪問和手繪畫作，在這個變幻時刻記錄「香港故事」以外的書業故事。有時想，霧裡看花，水中望月，其實也是情思渺渺。在清一色的漂白地上，當顏繪暈開，書香暈染，似乎又能在書架前瞥見站立的身影。

蔣曉薇 ｜ 《秋鯨擱淺》及《家．寶》作者

因為這些獨立書店——在新市鎮大屋苑成長的我，不再視唐樓或舊式商業大廈為佈景板。

如果這本書早點出現就好（有點想念銅鑼灣的「書得起」！），這是獨立書店的重要記錄！

林兆榮 ｜ 《訊號山劇院》作者

界限書店店長 Mi 說，「我不認為有事物能永遠存在……所以當它存在時，或能為別人帶來一點意義，就已符合我對界限的期望。」

這句話深深撼動我的內心。正因為書店不會永遠存在，所以每一本記錄書店面貌的書都是那麼珍貴。書業隨時間多變動，某年某天再回顧，人們才能夠從文字和圖片中尋回往昔書店風景。有時候看文字未必能聯想書店裡外模樣，配合插畫更傳神，也讓書店的精神得以延續。

周家盈 ｜《書店日常》、《書店有時》作者

Ikey 的新作《獨立書店似顏繪》，以文字與圖畫細訴她對10間港澳獨立書店的印象，對我而言既親切又新穎。我喜歡閱讀，但似乎更愛買書逛書店。作者的畫筆令我早已熟悉的書店場景佈置活現眼前；而讀到某些認識的店長的言談時，更彷彿聽到她們的鶯聲笑語，感覺異常親切。

此外，本書既有作者作為顧客與實習店長的觀察與思考，亦有店長本人娓娓道出自己的經營理念與書店日常，還有熟客的感言以及室內設計專家對店內空間安排的品評，從不同角度呈現出每間書店的多重面向，為它們拼貼出幅幅別開生面的書店似顏繪。

李敬恒（Roger） ｜《尋常與作樂》作者

讀 Ikey 這本書讓我非常感動，每間獨立書店的人、書、空間、細節，都盡是故事，大概因為在如此世道之下，還想開書店的人們，都是特別有故事的人，而書店又是分外可以讓各種「累積」同時發生的奇妙場所。

許多這樣的故事，本來對會去訪書店的人，都只能是偶然得知，如今可以這樣有系統地展現在讀者眼前，彌足珍貴，這是用心經營書店的愛書人，值得擁有的好記錄，同時也是當前這個時代，特別重要的文化空間小史。

書中每一張手繪都充滿愛，而各種訪談和書寫，得自實習，整個過程也是一種愛，遠遠超越了純粹的記錄。我尤其喜歡那些被重繪的書籍封面，它們讓人很想去翻被畫的書。大力向各位推薦！

黃宇軒（Sampson） ｜《香港散步學》、《城市散步學》作者

獨立書店
似顏繪
作者／插畫
潘德恩
室內／空間設計分析
ROOM 23
手繪 x 實習 x 訪談，
透視 10 間港澳在地小書店
神話
書店
獵人書店
界限書店
渡日書店
living place

作者 / 插畫 潘德恩 | IG: ikeyreadanddraw

室內 / 空間設計分析 ROOM 23

策劃 出版同學會

編輯 陳如暉、張小鳴、徐偉傑、賴百樂、廖詠怡、吳子晴（按姓氏英文排列）

設計 losau

計劃總監 莊國棟

出版 Rolling Books Ltd
滾動的書有限公司

香港新界火炭禾盛街11號中建電訊大廈608室
電郵 info@rollingbooks.hk
Facebook https://www.facebook.com/RollingBooksHK
IG https://www.instagram.com/rollingbooks_hk

發行 一代匯集

承印 海洋印務有限公司

版次 2024年1月 初版

國際書號 978-988-75827-1-7

資助

DESIGNTRUST
信言設計大使
AN INITIATIVE OF THE HONG KONG AMBASSADORS OF DESIGN

該計劃獲得信言設計大使的支持。信言設計大使只對計劃提供資助，除此以外並不會參與在計劃當中。上述出版（或計劃團隊成員）所表達的任何意見、發現、結論或建議，僅代表計劃團隊，並不反映信言設計大使的立場。

獨立書店
似顏繪
手繪 x 實習 x 訪談，
透視 10 間港澳在地小書店
作者／插畫
潘德恩
室內／空間設計分析
ROOM 23

目錄

獨立書店「未來的考古說明書」——出版人序

2004年，我在銅鑼灣恩平道的一幢唐樓內開了一間叫阿麥書房的小書店。

這本書出版於2024年，距離我開過的書店，足足20年。本文交稿的前一晚，因為茹國烈的第一百場「城市如何文化」講座，我回到那書店原址的那幢唐樓，再聽一次他研究中的城市文化指標，如何以每區書店數量來成為其中一個文化指標參數。

2022年我辦了第一屆「獨立書店（圍爐）表揚獎」，因為要列出獨立書店名單，我開始嘗試寫下我們對獨立書店的定義，盤點現役書店，也記錄獨立書店的開業及結業。如果說，數書店是一種 quantitative research 的開始，那麼，這本《獨立書店似顏繪》就是於2023年進行的一項獨立書店 qualitative research：作者兼繪者潘德恩以身為器，走訪及實習於書店內，嘗試用她的觀察及提問，認清書店有限空間內的擺放及配備，再以線條透視圖，畫出每間書店的特有空間，以不可能用攝影鏡頭視角代替的角度，帶我們直視書店空間陳設的維度。

當我們說，紙本書及實體書店的意義，大於電子書及網路書店的便利，這一本書可說是一冊視覺論文研究來說明：以書店俯瞰圖、物件分類説明圖、讀者回饋等切入，來剖析獨立書店店主，如何（通常）在室內設計師的缺席下，設計獨特的高密度空間使用，配合自己獨立選書的擺設策略，以及作為讀者空間及社區空間互動為本的藍圖。當我們説不出為什麼喜歡逛獨立書店，而手上這本書，便可以輕易找到100個，甚至1000個獨立書店的彩蛋及存在價值。

2018年我成立了 Rolling Books 推廣閱讀，以辦活動為主軸，就是知道辦書店不可維生；2021年卻打倒昨日的我，開始以短期書店形式經營七份一書店，就是希望孵化新一代書店店長，以營運傳承的目標，培育書店新人類，是獨立書店的「未來式」；辦「獨立書店（圍爐）表揚獎」，肯定現役書店經營者的努力，是獨立書店的「現在式」；這一本《獨立書店似顏繪》，記錄了作者自選10間港澳書店的室內空間視角繪圖，當中4間已經搬遷或停止運作，本書印刷出來的圖像，自然成為了2023年的重要記錄，為了未來的考古，記錄了獨立書店的「過去式」，成為一冊獨立書店「未來的考古説明書」。

每間書店都會有結束的一天，我們可能會惋惜、遺憾、憤怒，或以淚水來回應；我相信，新的書店也會一直一直到來——曾經在我們城市出現過的每一間獨立書店及其群像，不會只是城市文化指標的一個統計數據，而是在城市文化交集、發酵及累積過程中，成為這一代公民價值的重要酵母。但願每一代喝獨立書店奶水大的讀者，在每一個艱難的城市幻變當下，以在獨立書店選書學懂的新視野，以在獨立書店講座聽回來的新信念，代表著獨立書店的延伸共同體，沉著建設留下來的我城。

莊國棟（James）
前阿麥書房店主
七份一書店總策展人
Rolling Books 創辦人

有這些書店的存在，實在是一種福氣
——自序

這本《獨立書店似顏繪》之所以會出現，是很多種「碰巧」撞擊出來的結果。如果現實中出現些許「不同」，這本書就幾乎不會面世。會有這本書的出現，大概是一種緣分吧！

此書的起點，源自我參與了出版同學會舉辦的「我要做編輯」書籍出版學徒訓練課程。當時導師小鳴和百樂（後來成為了本書的責任編輯），在課程末邀請學員們提交尤如作業般的「出版提案」，並要求提案需與「書店」有關。坦白說，當時從沒想過提案會被選中，未來會有機會出版。聽到題目的一剎那，我只是很單純的思考：「如果我是讀者，我會希望香港有一本怎樣的、有關書店的書能出版呢？暫時市場上有關書店的書，有沒有其他尚待呈現的面貌呢？」

我確實對書店很感興趣。首先是，書店在這城市裡太重要了，它不只是銷售書的場域，更承擔起公民社會裡教育的責任，或反映出人們思考及關心的面向，或成為社區裡人與人連結之場所。它不單純是商業運作——眾所周知，書業利潤微薄，如果想發大財，應不會去開書店吧！會成為書店店主的人，總是相信閱讀的力量，有些使命想達成，有些信念想傳遞。這些都是我對書店故事好奇的原因。

尤其是這數年獨立書店的風景變化得很快：其中有不少未被書籍記錄過的新書店，有海量故事尚待發掘；亦有一些書店無奈結業，它們的經驗仍待訴説，如不作細聽就會在無聲中消失；亦有更多在這城市裡持續奮鬥、隨時代和港人需要而改變的書店，其開店緣由或曾被披露，但還是有嶄新細節可跟進補充。

且作為一個喜歡走進書店的人，我心底裡有太多疑問：一間書店的面貌是如何形成的？為何每間獨立書店的面貌都有如此大的差別，箇中特色是如何產生的？由此，我相信此刻出版一本有關獨立書店的書，是有意義的。

於是展開資料搜集，翻查香港有關書店的書，發覺都以文字為主。雖讀得津津有味，但無論作者如何仔細描述店內面貌，甚或有照片輔助，總覺難以在腦海裡完整還原那店內佈局。尤其是已結業的書店，空間再不復見，箇中缺失令人覺得既可惜又好奇。

於是參考日本有關書店或空間記錄的書，如池谷伊佐夫、妹尾河童的作品，就發現：「啊，也許利用插圖是可行的，也是本地市場中缺少的一隅。如果有人能用這種方式為獨立書店留下紀錄那就好了，我是讀者就會希望能讀到呢！」插圖確實有一種奇妙力量，像我不曾到過日本舊書店或印度，但還是會興味盎然的讀《日本古書店的手繪旅行》和《窺看印度》。更吸引我開始幻想：若有一些未曾踏足獨立書店的人，能被圖畫所吸引，開始走進書店並感受箇中的魅力，那就太好了。

抱著這種心情在編輯班交出了提案，幸運地被選中了。後來因緣際會，得到 Rolling Books 的 James 的賞識，在其幫助下得到 Design Trust Seed Grant 的資助，又有幸得到各書店願意受訪，還有不同人的協助，才有這本書的誕生。

換句話說，如果當時導師給的題目不是「書店」，就不會引發我對此書的想像。在此，真的要感激編輯班導師小鳴和百樂的啟發，以及 James 的幫忙。尤其我是一個名不經傳的小薯，他們願意陪我走上這樣的一趟出版旅程，實在是我的幸運。

在製作這本書的過程中，確實遇上不少困難。雖有從事插畫工作，但其實沒繪畫俯視圖的經驗，沒有室內空間繪圖或建築的根底，比例未必拿捏得準確。雖硬著頭皮做記錄並試著呈現細節，但如有讀者拿著這本書踏足書店，發覺：「啊，實際上的面貌和圖畫有些不同呢。」實在不需要驚訝。非常歡迎大家不要只看書上的圖畫，真的去實地拜訪一下這些書店吧！即使以「找不同」的心態作為起點也沒關係。我相信踏足其中總有收穫。

第二個困難是，我縱曾任記者，但從沒涉足過書店工作，更不要說以文字記錄書店實習的體驗了。開初聽到小鳴提議加插實習環節，以助更深入了解書店工作和店內的營運風格，理智上是明白的，但心情卻戰戰兢兢。在此必須要感謝各受訪書店單位的信任。只要情況許可，店主都樂意給予實習機會，既包容我青澀的實習表現，亦願意接受眾多提問且知無不言，才能讓我收集到這麼多珍貴的一手資料。而雖然事前已盡量做準備，但到真正訪談時，總是會被店主推廣閱讀的熱情、他們想藉實體書店傳遞的信息所感動。每一次訪談結束，從書店走出來的瞬間，我都會覺得：有這些書店的存在，實在是一種福氣，我們應當更珍惜。

第三個困難是，決定訪問書店的基準。坦白說，喜歡的書店太多，只選十間作訪問實在是強己所難（雖然是自己決定的）。遺憾時間和篇幅有限，未有機會踏足所有港澳書店才再作決定，所以篩選的基準並不全面且非常主觀，亦關乎當下是否有緣分。有部分新書店在截稿前來不及安排訪問，有部分書店受訪後人事上有大變動，更有書店在出版前一刻才知將會結業。在為書店進行記錄的過程中，深深感受到書業之瞬息萬變，而計劃永遠都趕不上變化。然而毋庸置疑的是：雖然沒有訪問某間書店，不代表我不推薦，也許是我萬般掙扎下含淚割捨的、也許是遺憾未有機會踏足的；但總之此書收錄的這十間，都是我鍾情的書店。

我亦感受到，我終究只能記錄到某書店的某一刻，它即將會消逝、會過時。縱想更新至貼近現況，卻永遠追不上現實變遷的速度。即使如此，我還是相信只記錄某一秒的景象，仍有著價值；因書店就是與社會緊緊相繫，店主所作的每一個變動，其實亦反映社會上出現了各種變化。在這動蕩時代，改變大抵會越變越劇烈，我期望未來有更多人能一起動筆，記錄曾邂逅過的、屬於某一刻的書店。讓這些書店的存在，能一直被我們牢牢的記在心上。

最後，謝謝所有曾為獨立書店留下記錄的作者，他們的文字為這本書種下了養分。再一次感謝編輯班，沒有小鳴和百樂就沒有這本書，他們不計成本的盡心盡力令我非常感動。要謝謝編輯班其他同學（傑、Leanne、Rain、Mary）撥出公餘時間協助，及在創作過程中的各種支持和鼓勵。要謝謝設計師羅秀的鬼斧神工，提升了整本書的視覺層次！要謝謝 James，第一次見面就選擇了相信我，並提供多方面的支援。謝謝 Design Trust，選擇將資助批予 Rolling Books 和我這個新組合。感謝 Sampson、林兆榮、蔣曉薇、周家盈、Roger，縱得一面之緣甚或從不相識，仍願意為此書撰寫推介文。感激 ROOM 23的 Sandy 和 Nat 提筆作了評介，為此書提供了專業的空間設計角度。要感謝 Kwan Yi 和 Jackson 在計劃未成形之前就拔「筆」相助。要謝謝受訪的書店熟客，願意與我分享逛書店的個人經驗。

感謝伴侶 L 成為每一篇文章的首位讀者，無論什麼時候，毫不猶豫的用各種方式支持我、鼓勵我、幫助我。也要謝謝家中貓咪 Coffee，每次在我壓力大時都讓我「吸」一番，並常爬上鍵盤提醒我要適時休息。

在最後的最後，謝謝選擇打開這本書的你。如你本身已喜歡逛獨立書店，希望此書能補充一些未知的細節；如果你純粹是被圖畫所吸引，那就對了！希望此書能令你發現書店的魅力，被店主的信念所撼動，繼而踏出你久未展開的一步：踏進書店裡，在店主細心營造的空間裡，重新拿起一本書，領略閱讀的樂趣。

| 2023年12月 |

為書而生的創意舞台 界限書店

界限標誌扶手椅：本有想過用較輕便、較便宜的導演櫈，但最後選了這張比較寬敞、有扶手、背位中空的椅，即使天熱都坐得舒適。特地印上界限書店標誌，是為了突顯書店的品牌，可說是店內的 No.1 打卡位。

「無紙用」的明信片：糅合了八十年代電影海報風格與現代元素而創作的明信片。

出版社專櫃

主題書櫃：書櫃繼承自已結業書店「清明堂」，Mi 認為是書店間互相傳承的象徵。是 Mi 認為無論界限未來如何，都必須要帶走的物件。

豬肉檯

燈箱：精心設計的燈箱，上面印有九龍地圖，Logo 字體是富港味的「北魏真書」，予人重視本土文化歷史的印象。是書店打卡位之 No.2。

新書架：此架放置了最新出版的書籍。

「任拎唔嬲」Leaflet 位

香港歷史簡介圖板：店長希望港人能一直記得香港開埠後的歷史。當不少人認為香港前路茫茫，惟有過去值得懷緬，Mi 卻認為其實每個時代都有它要面對的難處。

「跟住」的牌和乾花： 讓店主 Mi 提醒自己如何從七份一書店的「跟住」一路走來，記錄著她成長的痕跡。

收銀處： 是店長 Mi 最愛的位置，既是與客人互動的地方，也是和煙腸們一同吃點心的地方，充滿著溫馨的回憶。

店長 Ma 的小天地： 店長 Ma 最愛的位置，既能獨處、又能靜靜工作，更能看到閉路電視。

七份一書店前店長專櫃

界限 Tote Bag： 袋上印了開店宗旨「搞手只求打個和」，感覺很 fun。

祕之工作間： 記錄當天房間很亂，但店長 Mi 重申：現在已經執拾得非常整齊了！

謎之仙人掌： 到目前為止，都不知是誰所送。如是送禮人，請和店長相認，解開這個謎團！

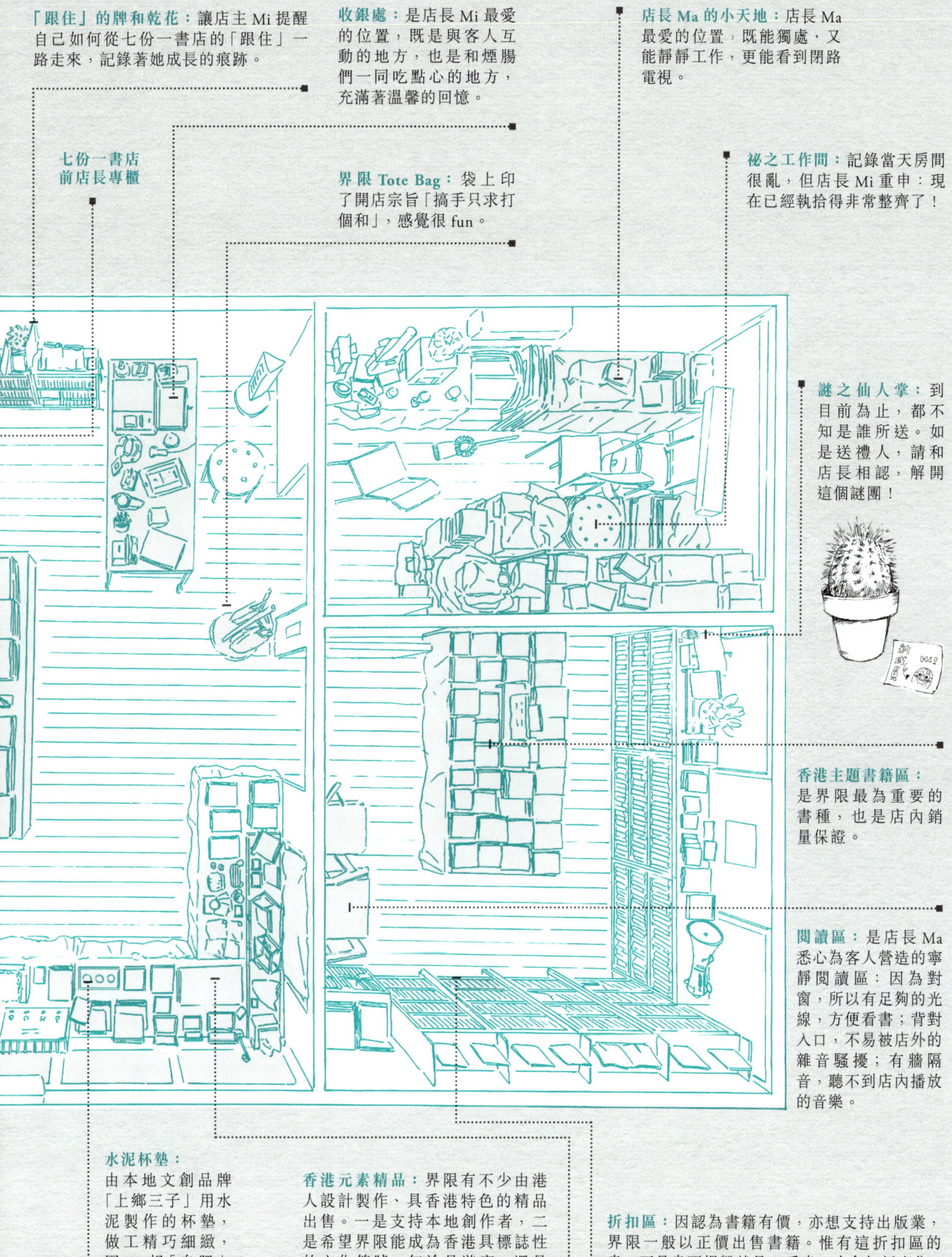

香港主題書籍區： 是界限最為重要的書種，也是店內銷量保證。

閱讀區： 是店長 Ma 悉心為客人營造的寧靜閱讀區：因為對窗，所以有足夠的光線，方便看書；背對入口，不易被店外的雜音騷擾；有牆隔音，聽不到店內播放的音樂。

水泥杯墊： 由本地文創品牌「上鄉三子」用水泥製作的杯墊，做工精巧細緻，因 Mi 想「自肥」而購入，是她最為推介的精品。

香港元素精品： 界限有不少由港人設計製作、具香港特色的精品出售。一是支持本地創作者，二是希望界限能成為香港具標誌性的文化符號，無論是遊客，還是即將離港的移民，都能在上機前到此一遊購入富香港味道的手信。

折扣區： 因認為書籍有價，亦想支持出版業，界限一般以正價出售書籍。惟有這折扣區的書，不是書頁損毀就是二手書，才會打折出售。（備註：現今的界限在營銷策略上有調整，推出了會員制，會員享有折扣優惠。）

界限書店

實習月份 2022年7月

空間記錄月份 2022年7月

訪問月份 2023年3月

書店簡介

地址	旺角彌敦道580G號彌敦中心10樓04室（已搬遷到旺角亞皆老街16號旺角商業大廈20A室）
店長	Ma & Mi
營業月份	2022年1月

Mi

無論未來如何，我都希望能讓人感覺到，界限書店始終以書為先。

Ma

希望大家上到來，能專注於書本身，其他的畢竟只是襯托和背景。

對界限書店的期望

Ma：成為香港的誠品、此地具標誌性的文化符號，令非本地人覺得必須到此一遊！雖然很誇張，但 Dream Big、Walk Quicker，有目標才有動力嘛。我亦希望這裡是不用脫鞋的閱讀空間。

Mi：如大家能不時想起界限，上來放鬆坐坐和聊天，重新獲得面對生活的力量，就已很好。我不認為有事物能永遠存在……所以當它存在時，或能為別人帶來一點意義，就已符合我對界限的期望。

呎數	500呎左右
藏書量	2500 ～ 2600本
書種	最多：香港議題的書、文學類 其次：社政歷史類 最少：繪本、哲學類
暢銷書	《就係香港》、《香港簡史》、《香港散步學》
盡量少入的書種	枕頭書
特色	# 實驗性十足的主題選書 # 精選本地文創精品 # 自家編輯及出版
個人感覺	適合不同類型的書友！重視香港主題的必有所獲，甚至有機會尋得較偏門的本土議題書籍。能輕易找到不同國家的文學作品，適合文青。選書重視閱讀趣味，亦有不少圖鑑、圖文書、漫畫，因此閱讀資歷較短、未培養閱讀興趣的朋友，應亦能找到心頭好。設有升降機，空間及通道較闊，是傷健人士也能享受閱讀的空間。

■ 界限書店的門口

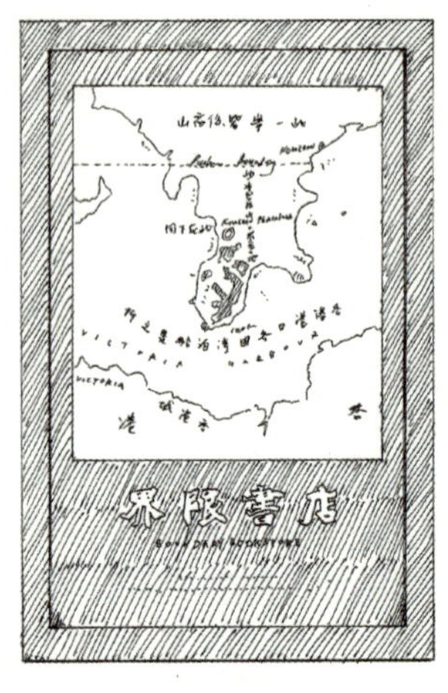

■ 店長們本來幻想是製作一個大燈箱，放在店的窗外，讓人在夜裡的彌敦道抬頭就能看見界限書店，但思量後發覺不可行，於是就造了一個小燈箱，放在門外。

「怎麼辦？我有點喜歡上這裡了。」羞怯又愧疚，是我回憶某個下午，首次踏足界限書店後的感受。

首次知道有界限書店（下稱界限），是從朋友的 IG 限時動態中讀到的。那是 1 月 26 日，既是香港開埠的日子，也是界限開店之日。坦白說，那瞬間閃過心頭的是擔憂。在旺角買書多年了，自問對某一、兩間獨立書店相當忠誠。當知道在此競爭激烈的區域有新書店誕生，心情有點複雜。當身邊朋友都對界限抱有好評，如果大家都貪新厭舊，同區本已存在的書店，其生意會否受影響呢？這令我對踏足界限覺得內疚——彷彿背叛了從前常光顧的書店；但另一方面又很好奇，究竟是什麼風格的店長，明知不容易，還是會選擇在旺角開店？

然而踏進界限之後，才發覺自己是井底之蛙。容許我在此先刮過去的自己一巴掌，因抱著成見去踏入這間如此用心經營的書店，還真是失禮啊。

帶來衝擊的主題選書

在踏入書店的一剎那，就感到震撼。當時店內正設有主題「那本書誕生的時候」，在門口旁的大書架上，店主將書的原著出版年份從古到今排列，還小心翼翼的在每本書的書脊貼上附出版年份的標籤。

這種陳列方式相當有趣而新鮮。一來，它突出了作者在歷史上的位置，會令讀者在購書、閱讀時更意識到這一點，提出理解文本背景的重要性。二來，它呈現了一個時代的概覽，顯示了那年代作家們所關心的主題、那些主題又如何隨著時代轉移，彷彿是用封面和書脊輕輕訴說著世界思潮的流轉。三來，客人得以重新發現不再嶄新卻有趣的，可謂「遺珠」的書。

能想到這樣的主題選書，既有創意又很高明。但這樣排列實在太費功夫和心機了，單是想像要確認及列出每本書的出版年份，工程已很浩大；而當初次見面

■「那本書誕生的時候」是界限書店設計的第三個選書主題。

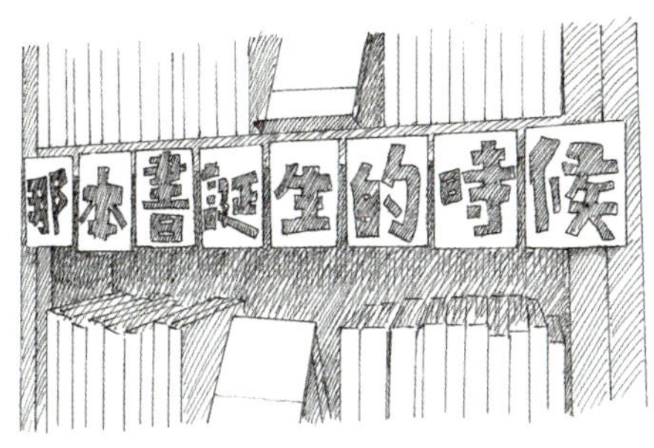

的店長 Minami（下稱店長 Mi）告訴我，每個月盡量都想轉換主題，更令我無法想像，在日常店務以外，頻繁地要把數百本書重新排列實在有多痛苦。

將聚光燈射向罅隙間的遺珠

忍不住問她，究竟是怎樣思考出選書主題的？「是憑直覺而已，有時是聊天時想到的，有時是洗澡時想到的。」說得輕描淡寫，卻令我很感動。這令我真切感受到，她無時無刻都在思考創意「推書」的可能：「因我想要在窿窿罅罅位，介紹大家錯過了的好書。」當新書的期限僅得半年，此後或需瑟縮在書架一角積塵，只用書脊低調展現自身；她卻希望這些被人遺忘的書，能重獲被人重視的機會。而透過主題選書，一些出版已久、但富價值又有趣味的書就得以放在當眼處，甚至以封面重新示人。

這樣的抉擇是需要勇氣和堅持的。銷售上新書一般會較舊書帶來更多收入，界限卻願意為出版已久的書創造空間。那時我還不知道，究竟是什麼才會令店長如斯抉擇，但這份心意令我感受到：店長將不同的「書」視為這裡的主角，她細心設計不同主題就像精心佈置舞台，燈光和佈景會隨劇目不停轉換，但都是為了突出主角們的魅力而存在。這種堅持顯現了店長對「書」這載體有著極大的信任和熱情。

就是這樣，界限單單用一個主題書櫃，彷彿對我使出了過肩摔，瞬間就把之前的負面成見摔破了，既是當頭棒喝，也令人禁不住其銷售魔力買了書。於是抱

■ 這版本的《彷徨少年時》出版於五年前，但界限卻會將之放在當眼處，更給予它空間展示封面。

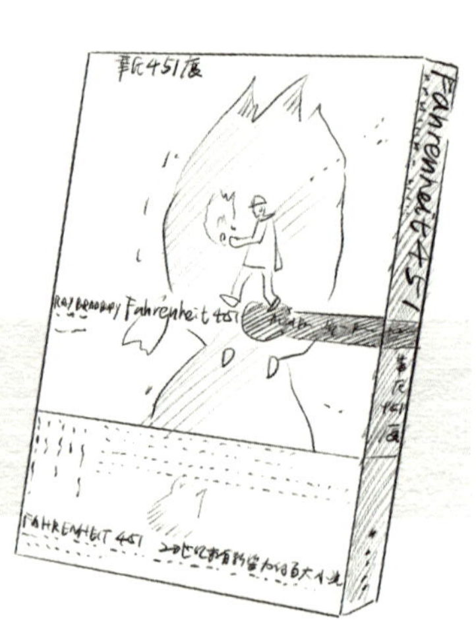

■ 我買的書就是從主題書櫃上留意到的《華氏451度》，它不是新書，但因為放在視線水平位置，而且就在該月主題下方，令我留意得到它的存在。

著比到埗前更複雜的心情，我離開了第一次造訪的界限。無法否認已喜歡上界限，惟有安慰自己：我不是移情別戀，只是多情而已。

一種界限　兩種風格

2022年7月3日，當有機會在界限擔任一日店長，我就更加了解到界限書店的風格與魅力。

甫到埗，店長 Mi 就親切的介紹書店的日常事務：如何補充書架上的空缺、整理書架、收錢、出宣傳圖⋯⋯由於我是數學白痴且零售「手殘」，店長 Mi 細心地看出了我不擅長處理收銀事宜，於是她給了我一個任務：每當有客人來，就要上前表示歡迎，詢問是否第一次來訪，並簡介選書主題和書店由來。

後來才知道，這是屬於店長 Mi 的界限風格——主動接觸客人、爭取互動機會、敢於表達界限特色，是充滿親和力及信心的表現。但原來另一位店長 Ma 當值的時候，他傾向不主動招待客人，希望讓大家有寧靜、不被打擾的閱讀環境。「所以是百貨應百客吧！如果想安靜，可以選店長 Ma 當值的日子；如果想找人聊天，可以選我在的時候。」Mi 笑說。當店長風格迥異，就會令人每次來都有所期待：不知今天的界限是什麼風格的呢？

每本書都有亮相的機會

當日我還獲派另外一個任務，就是在社交媒體上撰寫書介。我問店長 Mi，需

■ 店長 Ma，曾任出版社編輯，較寡言而愛獨處，個性務實且有野心，負責處理書店裝修、品牌經營、租務、擺設、搬運等事宜。因工務繁忙，在店內出現的機率較低。

■店長 Mi，是前「七份一書店 @ 東南樓」「跟住」的店長，同時也是前出版社編輯。出身於人文學科創意寫作系，性格健談又親切，行動力強主動又積極，有點善忘但很可愛，負責店內各種溝通、日常營運事宜。

否選特定範疇的書呢？「沒有指定的，什麼書也可以。」我有點迷惘，不是應推介界限定位所在的本土文化歷史書籍嗎？但若重溫界限曾出的帖文，推介書種還真是包羅萬有。有不令人意外、符合界限特色的《就係香港》、《聽講我城》等，但也不乏不起眼、與本土關係不大的舊書，如《糟糕日本史》、《小老百姓的戰場行動守則》、《創業家超圖解》等等。

我才發現，當媒體或報道常強調界限書店的「本土」面向，但店長想讀者接觸到的書種絕不止於此。界限會入的書種光譜極闊而平均，而所有書籍都有機會被界限相中，獲店長花時間心機推薦。尤其是每逢星期四的「深夜閱讀」IG Live 的環節，更會分享一些較少人認識的書籍刊物，如青木原的《別忘了，許願池也吃金幣》、台灣的《地味手帖》等。

■「深夜閱讀」環節靈感源自，Mi 媽媽會為小時候的 Mi 在睡前說故事。因想和讀者有多些互動，遂選擇了 IG 開 Live 的形式。這環節 Mi 會「戴頭盔」和大家分享她的閱後感。

對於與既有印象的落差，店長 Mi 如此回應：「我們確實在店內一直保留著香港文化歷史的主題，只要大家看報道或上來一趟就能感受到了。那我是否應試試做其他事情呢？想到深夜閱讀方面，我通常會介紹一些我看過又喜歡，可能搞笑、得意、或學習上有收穫，且通常不那麼『大路』的書。」

誰說搞笑的書不能放上檯面？

就像該月的主題選書「Reading Cats & Dogs」中，最當眼的豬肉檯上大方的平放了有關貓狗的動物書，其中有貓奴至愛的圖文書《貓貓真的好奇怪！》、溫馨系漫畫《爺爺奶奶與阿菊貓》、有趣又搞笑的繪本《貓咪當家》等。或許有人會覺得，這類生活消閒書以一般大眾

■ 三位七份一書店的前店長有在界限作書籍寄賣。該期「Reading Cats ＆ Dogs」的選書主題有部分書籍，也是出自屬於前七份一的「貍奴居」（最上層）。另外兩間店為「羊雜」（中層）和「看腳下」（下層）。

或貓奴為對象，難道不「大路」嗎？但當獨立書店的常客，往往是資深的讀書人；這些易入口的消閒書，反而在獨立書店中顯得稀有。

Mi 敢於將這些書放在豬肉檯上，足見界限重視閱讀趣味的取向：「因我們想大家回歸初衷，享受閱讀。」也許會有讀者覺得，這些書太大眾化、太搞笑，不文青也不本土；但這樣的選書，卻令養貓的我倍感親切。你知這些貓咪照護書在獨立書店多難買到嗎？這裡其實補充了獨立書店較不重視的生活消閒讀物之一隅。而即使聽來不有型又不知性，但當我壓力大時，比起一本相對嚴肅又複雜的書，其實更想閱讀一些較搞笑輕鬆的小品，爆笑一番心情就變好，這些讀物確有減壓的重要療效。

而店長 Mi 如此選書，背後有多重考慮：「當人們想找一些內容較深的書，可能會去序言、榆林等，既然其他書店已有，我為何還要做同樣的事呢？」若同區的書店都賣相同的書，只會「攪炒」，所以毅然作不同選擇。「我們也想讓人認知到，讀書有很多面向，不一定要設一個很高的門檻。」

■ 我在這裡買到了在別處遍尋不獲的圖文書《愛貓的終末照護》。我把它送予一位要面對愛貓離世的朋友，她説從此書中得到了很大的安慰。

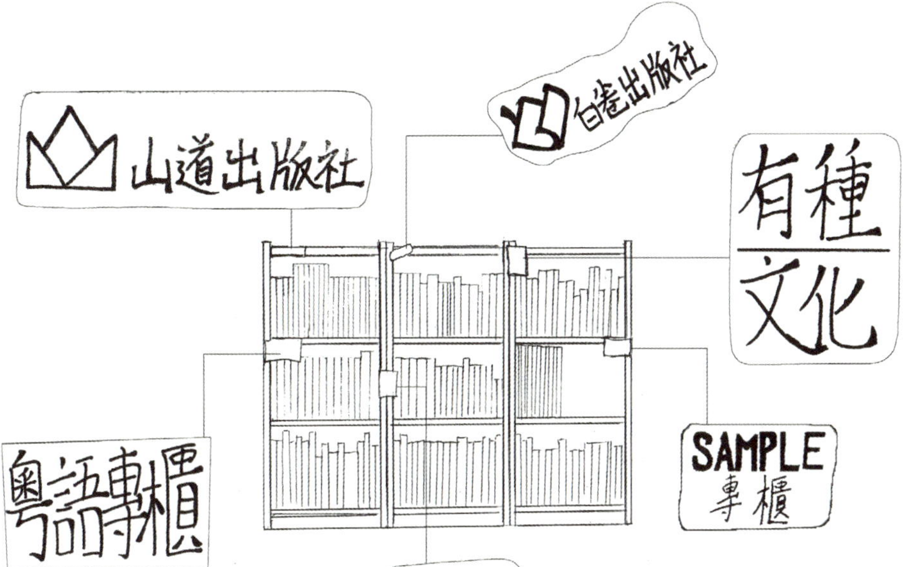

■ 出版社專櫃放了與界限相熟的出版社之書籍，如山道、SAMPLE、白卷、格子盒作室、有種文化。他們希望這櫃也能定期轉換，在未來介紹更多出版社。

我又抱好奇問，那界限有鎮店之書嗎？Mi 說：「我覺得是沒有的。每本書都有它自己的意義和誕生的故事，有它的歷史，所以我看每一本書都是 equally 的珍貴。」這句話讀來令人感動，也可說是支撐界限設不同主題、推介不同書的核心理念吧。

設專櫃突顯出版社角色

Mi 的說辭聽來令人感覺新鮮。會提及到書籍「誕生」的故事和歷史，足見她甚在意背後製作書籍的人的用心、出版過程的艱難——這大概與她和另一位店長 Ma，都有任出版社編輯的經驗有關。

在主題書櫃旁的，就是店主們特意設計的「出版社專櫃」，這櫃的書以本地獨立出版社作分類，有別於一般書店以書種及作者分類的做法：「市場很常聚焦在，書是由哪位作者寫的。但一本書能出版，必然會牽涉很多事情，背後有一班人付出了努力，如編輯、校對、設計等，這書才會順利誕生並到達讀者手上。但那幕後的角色，是長年被人忽略的。」

界限希望透過集中放置出版社旗下的書籍，讓讀者更意識到出版社的重要性、其出版特色和風格：「希望慢慢令讀者能了解，不只有作者令一本書出現。出版社是書籍誕生過程中較大的持分者，是可深入去了解的部分。」Mi 帶著溫柔而堅定的眼神說：「希望有天，大家看

■ 店長 Ma 編輯的作品之一，包括陳志清撰寫的《維城札記》，該書由界限書店出版。未來界限書店將會出版更多書籍，既為發掘更多值得認識的作者與議題，也為增加書店的收入。

完一本書，不會因為書中有什麼錯處，才去了解是誰校對和編輯；而是你本身就想知道，背後有誰付出——正如你看電影，會否坐到最後看謝幕的 credit 一樣。」

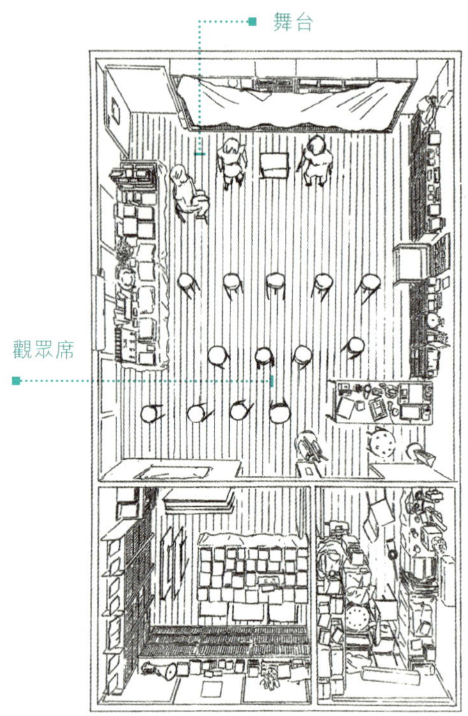

■ 界限舉辦活動的成本高昂，要騰出空間需暫時犧牲部分陳設。

需要付出代價的舞台

聊得暢快，不知不覺就到了五點半，Mi 跟我說：「是時候要準備了。」當晚將會有與「不日試演」劇團聯乘的《法吻》的讀劇活動，但我好奇，空間有限，要如何從書店變身成為舞台呢？

接下來卻是我整天工作而來最辛苦的部分，就是切切實實的體力勞動——首先是將豬肉檯上數十本書全搬進房裡，再將六張摺檯砌成的豬肉檯分拆搬入房去，也要收拾書桌下的紙箱，並清空放文創精品的數張檯及存貨，將一切塞入房中……總之就是將界限大部分的陳列清零。

搬的時候坦白說腦子空白一片，即使空間已設計得能靈活挪出空間，仍沒想到如斯費力。我才發現界限辦活動要付出的成本不低，不止要處理報名宣傳溝通事宜，也要付出汗水與勞力，更難想像活動完結後又要把一切陳列復位……回憶時那腰痛都彷彿回來了。今天我們

■ 在讀劇活動中，界限的招牌櫈、放書的紅酒箱都成為了道具。曾在「界限戰爭」選書主題中使用的黑布，店長亦用皺紋膠布黏起貼在主題書櫃上，成為了臨時的佈景。

兩、三人一同協力都覺辛苦，何況平時只有店長獨力應付呢？

然而我很快又知道，為何界限即使辛苦都要辦活動——一來，那讀劇活動的效果比想像中來得精彩。書店空間較劇場小，因此感覺更近、更親密，更令人不意識那是舞台，令觀眾更覺真實。二來，亦因空間小、參與人數有限，發言沒那麼拘謹，所以討論氣氛非常熱烈。三來，大概是為帶來書店最實際的收益，活動很能帶動書本的銷售！這天售出了多本《莊梅岩劇本集》，也是全日銷量最高的書。見到大家排隊買書的風景，實在有點感動。好吧，腰痛都是值得的。

活動過後，我更覺得「界限是以書為主角而設計的舞台」——這想法或有幾分真切。界限透過舉辦讀劇活動，令本來只有對白的劇本集，得以在讀者眼前活現或重演，是重新為文字和故事創造出舞台。也從中看見，它創造舞台的形式多樣化而無限，它不介意暫時摒棄一些重要陳設（如豬肉檯），不介意為了活動而提早關門，也不拘泥於

■ 店長在活動前購入多本莊梅岩的作品，並放在當眼處，成功吸引當天讀劇活動的觀眾購買。

維持書店的外在形式，而是願意在燈光聚焦書上之際，發揮那本書最大的魅力——就像將鎂光燈調校到最光最亮，即使周遭其他一切暫時變成佈景，也在所不惜。

競爭中求共存

那夜裡，我在界限裡感受到的，是它在推書方面的決心，以及它願意為一本書靈活變通。在工作結束、與店長們告別後，我走在夜裡的彌敦道，反復回味店長們就一條問題而作的回應：為何會選在旺角開業呢？

「人們想要買書，第一時間就會想起旺角。這是我們想要享受的好處。」Ma 說不少顧客前來，都會說自己當天正進行油尖旺文化遊，以一拳書館做起點，走過獵人書店、閱讀時代、留下書舍、序言書室等書店，就會前來界限。集中於同一地域，雖確實存在競爭，但 Ma 認為其便利帶來的優勢比缺點更為明顯。

為了減輕競爭對彼此的損傷，界限亦有一套策略：「所以我們的選書盡量不重複。」像店鋪位置相近的序言，最馳名的是哲學書，界限就甚少入貨。當鄰近書店少辦實體活動和賣文創產品，界限盡力滿足這些市場需要。它始終在這臨近飽和的市場中尋找罅隙，盡可能鑽進那些未有人踏足的小路上前進，為的是避免捲入兩敗俱傷的漩渦之中：「是希望能共存。」

「畢竟在香港發生了那麼多事後，大家都見到書店像雨後春筍那樣開。然而當閱讀人口不夠，又有移民潮，而書店卻這麼多，能如何延續呢——其實是沒可能的。」Mi 帶點悲觀的說，「若想大家都能繼續，就要有不攪炒的心態，才能生存下去。」

回想起未踏足界限之前，我是那麼擔心競爭帶來的惡果；然而聽到 Mi 的回答，認知到它對共存的渴望後，我覺得自己其實很幸運；認知到作為香港的讀者，能看見這小小的旺角存在著這麼多書店，甚至能在一天內來個充實的文化遊，是多麼稀罕而難得——明知艱難、無所把握，還是有這麼多人願意開書店。

從讀者角度而言，其實書店永遠都不嫌多。常覺得書店像一個星球，裝載了店長想讀者認識的浩瀚知識，它有其獨特的風格，但還是有其界限。惟有當讀者走遍各個星球，在從中遊歷沉浸，才可能更了解這複雜多變的幽微宇宙。所以城中每多一間書店，讀者就有多一個角度理解世界。

如在這繁華街區裡，不同風格和選書的書店們能共存，讀者大概是最大得益者吧。而要達致共存的願景，除了要店長們各施策略，我們作為讀者，是否也可盡己一分力呢？

| 2023年3月 |

備註

界限書店在訪問後有不少的變動，包括店長 Mi 和店長 Ma 先後從界限書店退下來，並由店長呢（Leanne）和店長爸（Amber）接手；而在2024年，Lester 和 Lulu 亦都會加入。書店位置亦於2023年11月，從彌敦中心移師到旺角亞皆老街16號旺角商業大廈20A室，空間較之前更大，間隔亦和訪問時已大為不同。讓我們期待界限2.0將會如何蛻變、及實踐書店舞台更多的可能性吧！

熟客眼中的
界限書店

Wilson

「上去看看吧！那裡很得意的。」

職業　電腦科技
年齡　28歲

我是去年（2022年）四月左右第一次去界限書店的。當時我想找山道文化出版的《烏克蘭相片集》，但周圍找都找不到，卻見到界限書店IG有出帖文介紹這書。之前我從沒有來過，所以買那本書就成為我去界限的第一次。當時覺得很難找——即使它寫了地址，我第一次是去錯地方的，去了界限街找（笑）。

現在我平均一星期去一趟，每次逗留十至二十分鐘。逛界限已經成為我的習慣，可說是特地去、也可說是順道經過，但我週末的行程很自然會將界限納入其中。

我喜歡界限書店，主要是我覺得它的擺設、擺位都很有心思。每次上去，書都會換位、會有不同，每次去都會發掘到新的東西，這是我覺得最有趣的。而且我覺得它入書入得頗多，書種很闊，什麼都有，感覺像尋寶。

從前逛書店有個壞處，就是它總是按書種排書。當平日多讀某類書，到書店就只會逛相關的分類，也就只集中某一個書種，但就錯過了一堆書。

但界限的書櫃不是這樣——它不按書種或內容分類，在它的書櫃上，你什麼書都可看得到。像主題書櫃，它曾經有跟年份排（那本書誕生的時候）、也試過跟顏色排、跟大小高矮排。可能這本是文藝，旁邊竟放了一本經濟學書，這是種樂趣，令我對其他類型的書興趣大了。像某星期有本《茶道——茶碗中的人心、哲思、日本美學》突然看到就拿上手，在其他書店不曾見過，那看著看著，就想不如買吧。雖然到現在還未看完（笑）。

還有一次見到它們出了IG帖文，是《向下扎根！德國教育的公民思辨課2》的書介，覺得很有趣，就跟他說：「留本給我吧。」這本書介紹了一些政治學的常識，解釋政治的各種原則，雖然寫給年青人看，但其實大人看也適合。

我平時多看商業書，這書不算是我常看的書種，但它作為政治學入門其實是很適合的。我想，如果界限不介紹，我未必會知、也未必會買，即使在書架上也未必會拿來看吧。

ROOM 23

|室內/空間設計|專業評介|

- 界限書店，名字概念沿自界限街，招牌創作了界限線地圖，代表著店主選取的主題圍繞香港地區及歷史文化，也有「衝破界限」的寓意。**「界限Boundary」**這一詞給建築師/設計師無限聯想，也是他們其中一個最喜歡研究的主題：區域上、地理上、人與人之間的界限等等而衍生的創作。界線內外，存在不同風格及形態的對比是最有趣的設計元素。置身彌敦道商業建築物內的界限書店，也有一條無形的界線，鬧市中劃出一個承載著香港文化的小空間，也令顧客反思自己對本土文化的認知。
- 走進書店，錯覺到了歷史博物館，見識到店主蒐集的舊相片及物品，有寄賣的藝術懷舊風格小品，也夾雜著一些珍貴的收藏，巧妙地**平衡了商品與收藏品的比例**。
- 書店用上黑木色地板，一排排胡桃木色的書架，加上白布蓋著的書檯，**充滿歷史館的氛圍**。胡桃木色書架，比一般書架的木材更厚，不知道是特意訂造或是從其他地方搬來（編按：即清明堂傳承的主題書櫃），有一種厚厚的回憶，承載著歷史的氣氛，放上有分量的書籍。店主窩心的**手寫文字**貼在書架上作為分類提示，平衡了沉實的視覺效果。
- **白色布蓋住豬肉檯**，目的當然是為了遮蓋下面的物品，但也帶來一種不同的觀感，像餐廳鋪蓋上檯布一樣，頓時對檯上的物件更加留意及尊重。
- **整個空間佈局平實緊湊**，從門口便看到一排長的簡介圖板，令人駐足欣賞，其餘牆壁都物盡其用，放滿了書架及張貼舊照片，顧客的行動線就是圍繞著豬肉檯行，尋找自己喜歡的書。細房內有窗口，陽光下小巧的閱讀空間。
- 一張優雅的**黑色扶手椅**，啡色皮坐墊，椅背上印了金色的界限書店四字，像鎮店之寶一樣的放在店中心，順理成章作為書店打卡位。
- 能夠**舉辦活動**是界限書店其中一個特色。在香港，可變身的空間設計越來越普及，這書店可轉化成話劇舞台。簡單的空間佈置，利用窄小的空間激發聯想，表演者與觀眾零距離交流，突破書店的空間限制，正是獨立書店的精神。

在偷來的時空，辦一場 fusion 盛宴

七份一書店@集成中心

Kuma：書店單位之一。因關心年輕人族群，選書以年輕人為主要對象，有關「教與學」的比重最多，包括家長教育、老師教育及自學有關書籍。其次為流行文學，另外亦有售身分認同及生涯規劃主題的書。書架傳承自 Earth Farm。

豬肉檯：由七個單位的店長一同佈置。每個單位會選五至七本放到豬肉檯上，不同單位有自己佈置豬肉檯的哲學。像 Kuma，會放賣不出、未必符合風格但好看的書，冀可增加銷售；其二是會選放一些體積較小的，小書在書架上不起眼，但一整棟放在檯上就較能引起人注意；其三是要讓讀者感覺舒服，要排得整齊；其四是放一眼就能吸引人的書。

當值輪盤：本來是「社區流動花園」留下來的物資。為了不浪費遂將之升級再造，於是成了這當值店長輪盤。

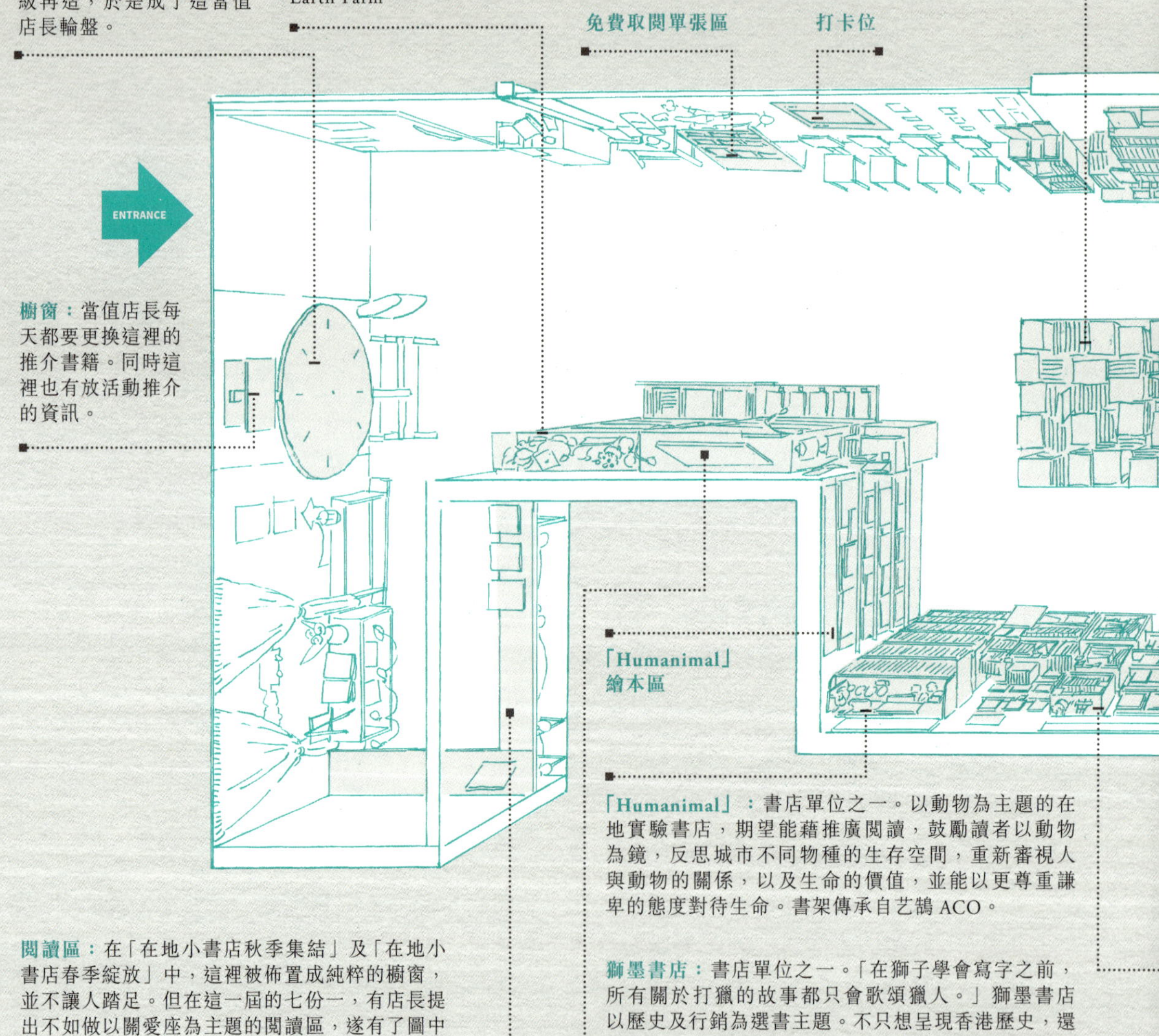

櫥窗：當值店長每天都要更換這裡的推介書籍。同時這裡也有放活動推介的資訊。

閱讀區：在「在地小書店秋季集結」及「在地小書店春季綻放」中，這裡被佈置成純粹的櫥窗，並不讓人踏足。但在這一屆的七份一，有店長提出不如做以關愛座為主題的閱讀區，遂有了圖中的座位。

「Humanimal」：書店單位之一。以動物為主題的在地實驗書店，期望能藉推廣閱讀，鼓勵讀者以動物為鏡，反思城市不同物種的生存空間，重新審視人與動物的關係，以及生命的價值，並能以更尊重謙卑的態度對待生命。書架傳承自艺鵠 ACO。

獅墨書店：書店單位之一。「在獅子學會寫字之前，所有關於打獵的故事都只會歌頌獵人。」獅墨書店以歷史及行銷為選書主題。不只想呈現香港歷史，還想介紹書寫香港史的方法，希望能將筆墨交給獅子，讓他們譜寫自己的故事。書架傳承自界限書店。

滾動的七份一：書店單位之一。為七份一書店計劃的策劃人 James 的選書，包括人類學、世界人文與歷史及文學書籍等，冀以書本與讀者一同細看社區、社會、世界的百態。流動性和靈活性極高的書架由 ROOM 23設計，名為 RoRo。

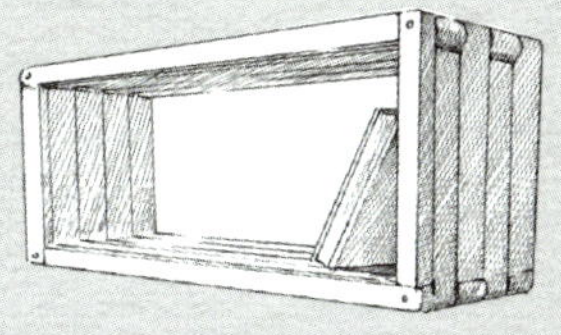

活動區：James 說這是必然的空間設計。因在收銀處以後的空間樓底較矮、佈滿水管，容易撞頭，為了客人的安全，這區一定不能容讓自由進入，遂變成惟有報名參與活動的人才能踏足的活動區域。

雜物：因這區附近的樓底較矮，容易撞頭，被刻意佈置成雜物區，讓客人「知難而退」。

收銀處

掛牌：雖然每一個單位都有其獨特的風格，但也想有一物件能貫穿七個單位，遂造了這個掛牌，顯示七個單位的名字。開業的時候，進行了掛牌儀式；在完結之後，大家會在牌上簽名並帶走，以作記念。

庫存區：這裡放了七個書店單位的庫存，也掛了店長當值用的工作圍裙。

豬肉檯（雜誌及大型書籍）：這裡會放由七個單位各自選出來的，較大型的書或雜誌。

桌子：亦是因為樓底較矮，所以刻意在此放了桌子，讓人不會走近而撞頭受傷。但桌子還是成為了不同店長工作、吃飯的地方。

轉角：書店單位之一。選書主要圍繞本地文哲作品、簡約生活及飲食文化議題，期望能令讀者有休息和反思生活的空間，鼓勵人對現代生活中各種「理所當然」提供不同的探索方向。書架傳承自閱讀時代。

小寫：書店單位之一。以創作為選書主題，期望能藉推介好書，鼓勵更多人能嘗試在生活中創作。選書涵蓋與創作有關的不同類型書籍，當中最多的為文學類，包括詩、散文、小說，佔七成；其次為藝術設計類及文化分析類，及有少量啟發靈感類書籍。書架是二手的，由小寫在 Carousell 買來。

不是書店：書店單位之一。期望能藉推廣閱讀，挑戰世間的所謂常理及框架。選書無視學科分類，而是以社會議題導向，冀望讀者能對自己、社會、世界有更多認識與想像。放書的架和箱子來自蔡寶賢的「社區流動花園」，但在這屆七份一完結後，這些物資亦都送到她現在位於富德樓的「臨時庫存」了。

七份一書店@集成中心

實習月份 2022年12月
空間記錄月份 2022年11月
訪問月份 2023年4月
書店簡介
地址 灣仔軒尼詩道302-308號
集成中心商場 G2B 號
策劃人 James 莊國棟
店長 （Kuma）Leanne 和 Ravel、
（獅墨書店）Dexter 和 Wendy、
（不是書店）Sabrina 和 Joyce、
（小寫）Lester 和 Amber、
（Humanimal）Karmen 和 IT 狗和 Kit、
（轉角）Kamko 和 Esther
營運期間 2022年6月至12月 已結業

Leanne

我覺得我們想做的，是盡量降低門檻，讓大家在有限時間裡，有輕鬆的方法可以接觸不同的文化。我認為七份一書店，很歡迎大家去認識新的領域。

Lester

七份一比較像是偷到一個空間，做到一些特別的事吧。

參與七份一後的影響

Leanne：在七份一，真的會遇到一些沒有想過他會來買書的人。像附近的保安叔叔，他會叫我推薦幾本書，又真的會買——他很信任我們。所以參與七份一之後，會對書的可能性有更多想法。

Lester：難得能嘗試營運一間書店，試到當中七、八成的工作，縱然試不到如財政和租務那些棘手部分，但體驗過，都很難得、開心、滿足。而且現在辦活動，都變得得心應手很多。未來也想繼續推書、辦活動，鼓勵大家讀文學、創作。

呎數	1100呎（建築面積）
藏書量	約2890本
暢銷書	《方丈尋根記》、《就係香港》、《TIME 伊莉莎白女皇特刊》（小寫）、《午夜男喃——香港男性性工作者口述歷史》（Kuma）
意外賣不出去的書	《我的刺針記錄 My Truth Record》（小寫）、《見》（Kuma）
特色	# 期間限定 # 七人共同營運 # 活動量可觀又多元化
個人感覺	因為每個單位只有一個書櫃，在書櫃面前駐足觀看，會有種店長們將他們家裡的書櫃拿過來的錯覺。能從書架上的書或陳列方式，立即連結到店長關心的範疇，是「人味」非常重，個性亦非常突出的書店。縱觀全店，會覺得書種甚為廣泛，不同種類亦有囊括其中；若細心留意，會發現不少難在其他書店看到的書籍。閱讀區坐得舒適，是適合消耗一個下午閱讀的好地方。活動相當密集、主題及形式皆多樣化，是交朋結友及增廣見聞的週末好去處。

七份一書店店長培育計劃簡介

由 Rolling Books 創辦人、前阿麥書房店長莊國棟（James）提出的書店店長培育計劃。透過召集多位對書店營運感興趣的店長加入，從中實踐所學、汲取經營實體書店的經驗。每期書店歷時六個月，透過七個單位輪流當值、承擔購書成本、分擔店內工作，素人們能以 prototype 形式學習經營，不需辭去正職和大額投資，就能體驗經營書店滋味。同一時間，因店長能輪流當值，計劃不需花費額外成本僱用全職店長；而只為期六個月，也有助尋找免租或願意低價出租的業主，使書店能在付出較低成本的條件下營運，降低虧蝕風險。

七份一書店店長培育計劃第一屆於2021年7月到2022年3月進行，分別於深水埗大南街和油麻地東南樓酒店開展實體書店，以出售新書為主。第二屆於2022年6月到2022年12月推行，兩間店分別位於灣仔集成中心及深水埗旅館 Wontonmeen，前者主要售賣新書，後者以出售二手書為主。

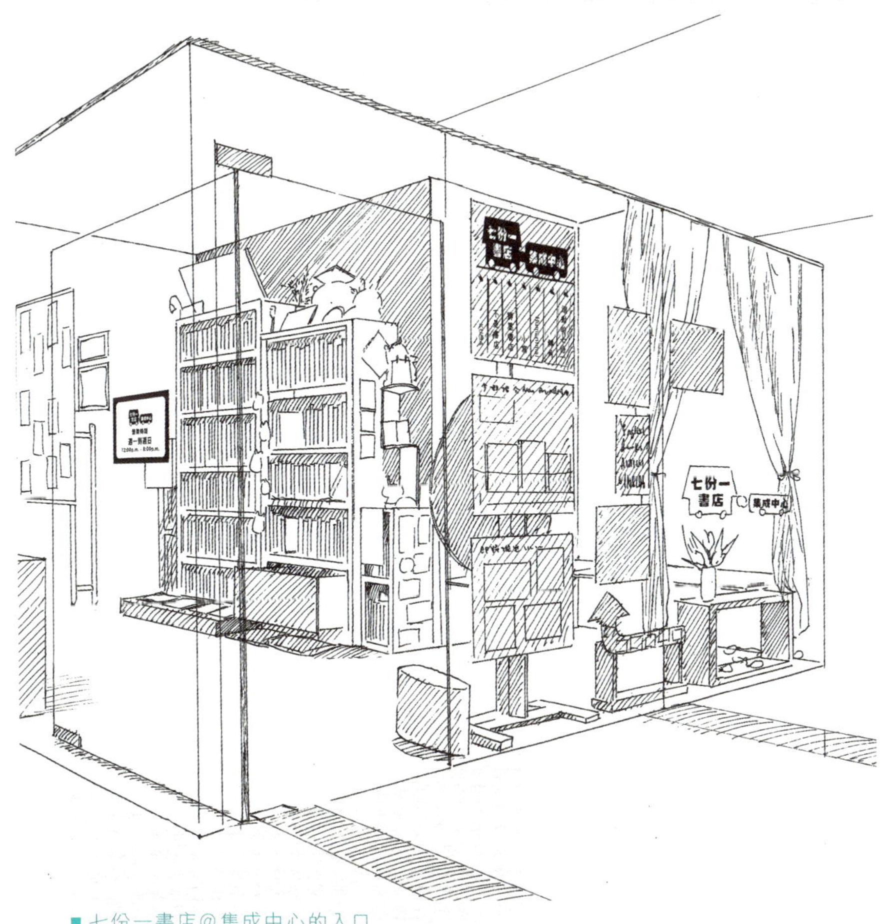

■ 七份一書店@集成中心的入口

「如果七份一書店可以一直存在，那會有多好呢？」我第一次這樣想的時候，是在2022年的3月，首屆七份一書店（下稱七份一）即將結業之際。縱使那時疫情嚴峻，還是趕往了東南樓，到我當時最喜歡的「貍奴居」購買有關貓咪的書籍。因知道它即將消失，故希望能把握最後的機會造訪和消費。那天心裡面有著不捨，對城中少了一間喜歡的書店而神傷。

回想起來，那時考慮的角度也許過分單純——那時我還不曾意識到「期間限定」的性質，原來是這計劃裡甚為關鍵的部分。

要說七份一計劃的源頭，或可追溯到2021年的7月。當時 Rolling Books 的負責人莊國棟（James）在社交媒體上公開招募有興趣開書店的夥伴，參與這長達半年的七份一書店店長培育計劃。當時我曾心動要否報名成為店長：一來可初嘗辦書店的滋味，二來是能學到營運所需的技能和知識，三來是付出的成本不多——這難道不是大好機會嗎？可惜，每星期縱只需當值一天，但我始終難以肯定何時有空而沒報名，心裡卻暗暗期待著這新書店的誕生。

畢竟，匯集了七種店長風格、七種選書方向的書店——對喜歡書店的人而言，是嶄新而富吸引力的。那吸引力大抵是來自其「多元」但同時「專精」的本質：當每個店長都僅僅得一個書架，他/她一定會放上自己閱讀生涯裡最為推薦、在千百本中挑選出來的好書；而當店內匯集了由七個不同背景、喜好、專業的店長精選的書櫃，自然教人引頸以待。打個譬喻，若它是一場盛宴，應是匯集了七個大廚的 fusion 風格吧？你竟有幸能在同一時空吃到七個擅長領域迥異的大廚，各自最拿手、最美味、最經過磨練雕琢的菜色，而每道佳餚都是廚師畢生技藝精華——教人怎能不垂涎欲滴呢。

我是抱著這樣的期盼去造訪七份一的。其後，我確實對首屆七份一抱有不捨之情。故當2022年年中知悉它將辦第二屆，而其中一間主要出售新書的將於集成中心落腳，自然令我滿懷期待。

初訪七份一集成　大膽的選書

初踏足其中，首先最令我期待的是「Humanimal」。從它的 IG，就知道它是以動物為主題，相當吸引我這仍在摸索與愛貓關係的奴才！動物相關書籍在書店裡不算很常見，始終在香港，動物議題的討論遺憾地算不上熾熱，相關讀者群亦有限，然而「Humanimal」仍敢以此作為主題，顯示出其對推廣動物保育信息的承擔，同時也成為城中少有、鼓勵一種不以人類為本位的角度，邀請大家進入動物世界的角落。

書架很有趣的，是以動物類型作分類。從最受大眾歡迎的貓狗，到較少人關心的雞、恐龍、昆蟲等物種的書籍都涵蓋其中。這排法既顯示店長對各物種有同等重視，亦令我意識到，世界還有這麼多物種等待我們去認識。而且書籍種類甚廣泛，有繪本、文學作品、社會議題、理論研究等，有深有淺，相信不同讀齡的人皆能從多角度了解動物議題呢。

在「Humanimal」旁邊的是「獅墨書店」，店長Dexter是香港古事記版主、重度歷史迷，主力搜羅優質本地及澳門歷史書籍。雖有近年甚受歡迎的本土入門歷史書，但亦見堪稱稀有、在別的書店不曾瞧見的書籍，如《新安縣志》(線裝復刻本)、《香港客家話研究》等，更有枕頭書和英文歷史書。

雖然出售的書籍深度不一，但店長訂立了多個猶如座標的分類，包括「香港史新手村」、「歷史迷的藏寶洞」，令不同程度的讀者都能找到適合自己程度的書籍。坦白說，不熟歷史的我，覺得自己站在這書櫃前像一個麻瓜；但覺得如想開始認識歷史，來看看「獅墨書店」的書櫃，大概就能找到入口了。

而「不是書店」竟在當眼的豬肉檯上，設立了坊間少見的「BL」專區！說起BL，我總先聯想到漫畫、小說和同人，但「不是書店」著重的不只故事，更大力推介從社會學、歷史、文學批評角度深入剖析BL文化的中英文讀物，如溝

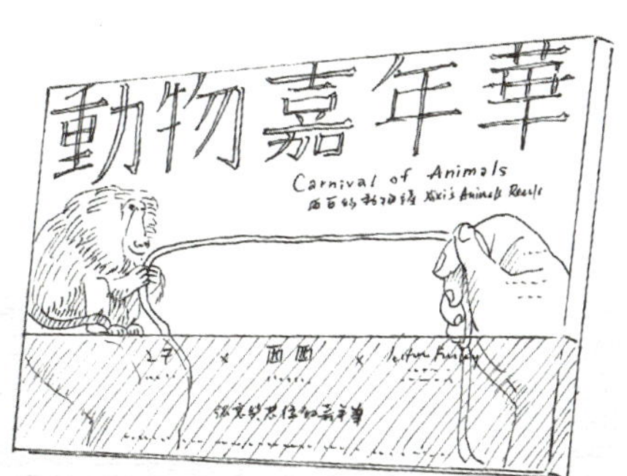

■《動物嘉年華》是「Humanimal」極為推介的年度之書！以西西的動物詩，配以二十多位香港年輕畫家和插畫師的畫作，是視覺與文學的交錯享受。

■ 獅墨書店

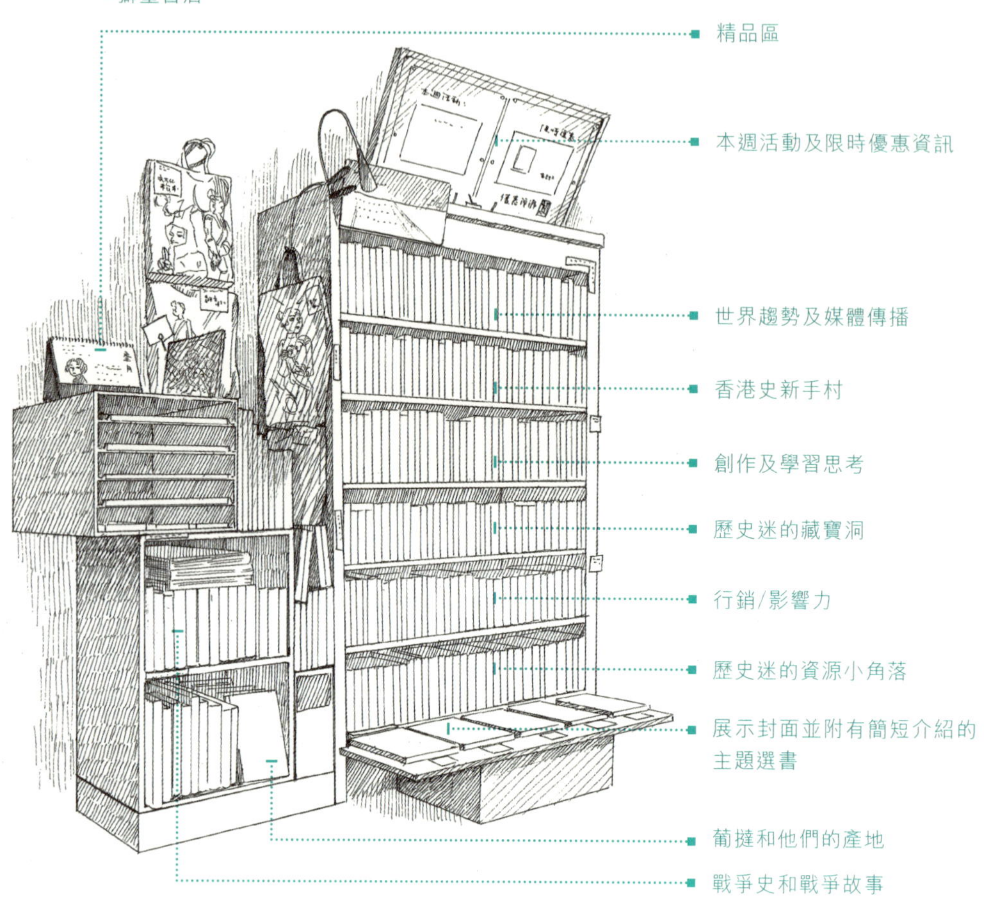

口彰子的《BL 進化論》系列、記錄了60年代石牆起義的 *The Stonewall Reader*，不少選書更未有中文譯本，在其他書店亦罕見。就冀深入了解 BL 文化的讀者而言，說這裡是寶庫實在不誇張。這裡更找得到艾倫．狄波頓（Alain de Botton）創辦的「人生學校」（The School of Life）的一系列英文著作。

離開書店的時候，我最大的感覺是：這裡的選書令我眼前一亮，它既有熱門的新書，但亦有冷門卻能燃起讀者好奇心的特別書——可謂成功捕捉到讀者（如我）未被滿足、亦未被市場所發現的需求吧。然而，究竟是什麼條件造就了它有大膽選書的空間呢？

抱著各種疑問，終來到在這裡實習的一天。

人多怎樣才不會手腳亂？

當日實習由 Rolling Books 員工、及代表

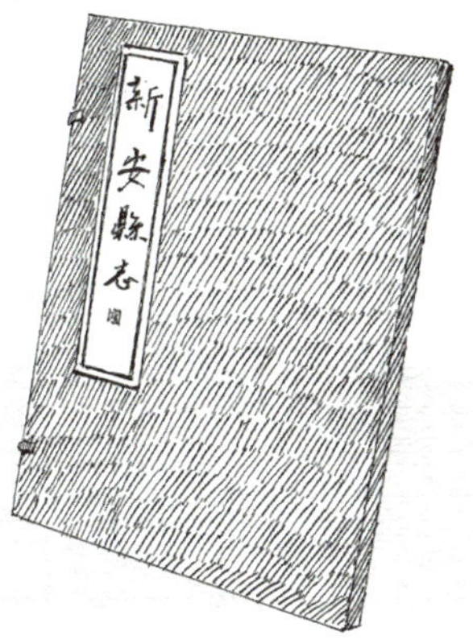

■ 聽説這是「獅墨書店」藏書中最為昂貴的一套書。這《新安縣志》是嘉慶版（1819年）的復刻本，乃研究香港古代歷史最重要的資源。

■《香港客家話研究》是「獅墨書店」難得暢銷的書，此神祕現象連店長 Dexter 都百思不得其解。

「滾動的七份一」當值的店長 Candy 帶領。年輕、笑容甜美、精力充沛的 Candy，把每項工作的內容和方法都解釋得很清晰。感激有她，我才更了解到這 co-run 書店如何運作。

之前當消費者的時候並不為意，到今天初嘗收銀工作時，才真切感受到這七份一書店，其實是採中央收銀系統的七間小書店。Candy 請我結帳時要細心留意書後的標籤號碼，如《香港街市》有機會標了「U01」或「U03」，則同時有兩個店長入了貨，在 POS 系統輸入相應號碼的選項，才能確保書籍收益流向購入該書的店長。

■「不是書店」敢於將 BL 專區設置於豬肉檯，足見其鼓勵大眾認識這非主流的文化。其中桌上最顯眼的《BL 進化論》，確實是少有聚焦於 BL 文化理論的翻譯書。它簡介了 BL 作品的歷史與演變，説明了原來部分 BL 漫畫隱含著「恐同」的面向，亦介紹了一些「進步」的 BL 作品，是非常有趣的書。

■ 這位乃是日「滾動的七份一」當值的店長 Candy。知道我會描繪她的樣子時表現雀躍，真是個可愛的人！喜歡的書籍是《雖然店長少根筋》，曾創作 zine《七份一書店的煙腸日常》。現已離職，願她未來一切順利！

換言之，即使在七份一書店裡，同一本書存在不同銷量，店長之間存在著競爭。這大概是七份一獨特之處，也是多人共同營運時難以避免的情況。亦因此，策劃人 James 有制定相應措施盡量減少競爭，如每本書最多只能讓兩個單位賣，而如何決定是誰賣，就靠店長們鬥快。

想來，一個人營運一家書店，雖然風險和成本都較高，但行政、計算收益、執行時都較簡單；要構建一個有利合作的系統或框架，避免多人參與時的爭拗、執行上的混亂，並不容易。要制定一同遵守的規則，分工和數口都要很清晰、彼此亦要有溝通的意願和協商的空間，才能不陷於混亂，及將多人合作的益處最大化。

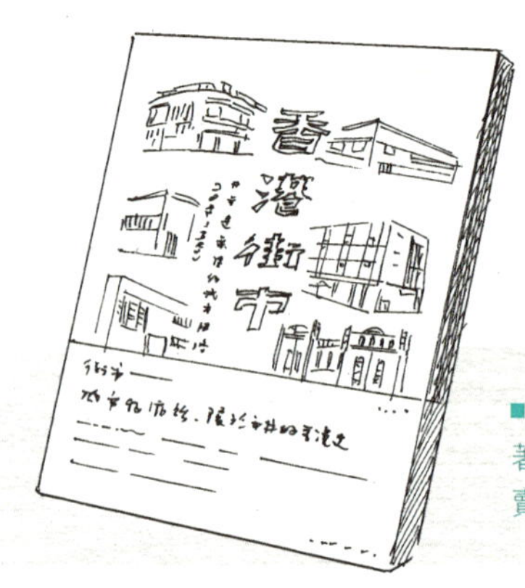

以此為目標，James 可說是不遺餘力吧？像當天實習就看到一個小細節——他設計了一份開店及收店流程 checklist，以確保不同當值店長能完成相同任務：如要開所有小燈、要換豬肉檯及櫥窗的書、要檢查有足夠散紙……於是如我這個生手的一日店長，也容易掌握有什麼工作尚待完成，白紙黑字寫清楚也不怕做漏，令善忘的我也頓時安心下來。

多人合作之利多於弊

當天其中一項工作，包括點算昨天售書及補書。當看見此店平日的售書量，心裡便暗暗佩服起來：以獨立書店來說，這裡的生意算是不錯呢！其一由於它位處灣仔的商場地鋪，有著地利優勢；但我相信七個單位合作帶來的好處，確實遠遠超越其帶來的挑戰，於是才有此亮眼業績。

■ Kuma（U01）和獅墨（U03）都購入了《香港街市》，銷量卻有著落差：「明明我們是一起賣的，但獅墨那邊狂賣，我就一本都賣不出。」Leanne 苦笑說。

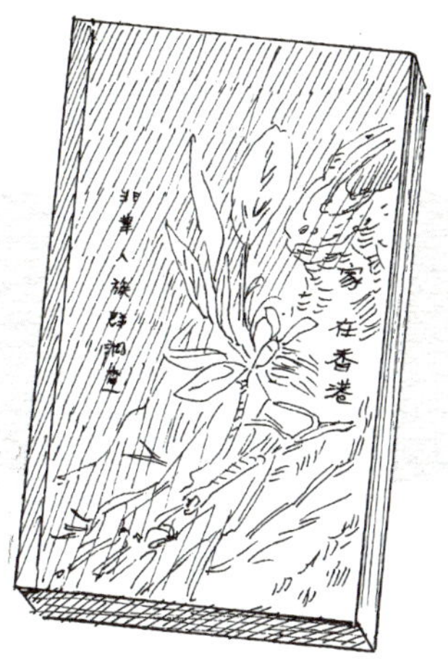

■《家在香港：非華人族群調查》：這是本來不曾預想會買的書。但剛巧手上有別的工作需要了解在港非華裔族群處境，在「滾動的七份一」書架上看見，心想這書作為參考書最好不過，就馬上買了。

先從書籍推廣和刺激消費角度說起。例如以為最吸引自己的是「Humanimal」，但難得來到，還是會逛遍其他書店單位才會離開；所以我最終購買的不只是動物相關書籍，還有意外收穫的《方丈尋根記》（小寫）、《家在香港》（滾動的七份一）。當七間書店協作，就能令顧客與意想不到的書籍或商品、甚至是議題邂逅，也會為店長帶來意外的利潤。

而「Kuma」店長 Leanne 亦和我說，有些顧客會因參與「獅墨書店」活動而得到了書券，而可能他們本身已有不少歷史書，或「獅墨書店」較少定價較低的商品，就會轉而用書券買「Kuma」的明信片，可見書店間存在刺激消費的作用。

而從營運角度而言，首先是成本和風險不需獨自承擔。如只由一個人付錢進貨購置一整間書店的書，成本自然高昂。但若七個單位各自選購書籍，每個單位付出的成本皆有限，即使虧蝕也不至於傾家蕩產。

另一益處則是工作量能共同分擔，無論是在社交媒體發佈帖文、當值、還是舉辦活動，只有一個人去做自然吃力，但當七個單位輪流作付出——即使每個單位只付出一點點，其效果還是比一個人獨力完成來得理想。像他們在 IG 共同經營的帳號 1.7book.wanchai，半年的帖文數量多達 782 個，平均每天刊出多於四篇帖文，這出帖頻率非一人之力能達到。當曝光率高，書籍和活動推廣自然事半功倍。又以辦活動為例，今期的七

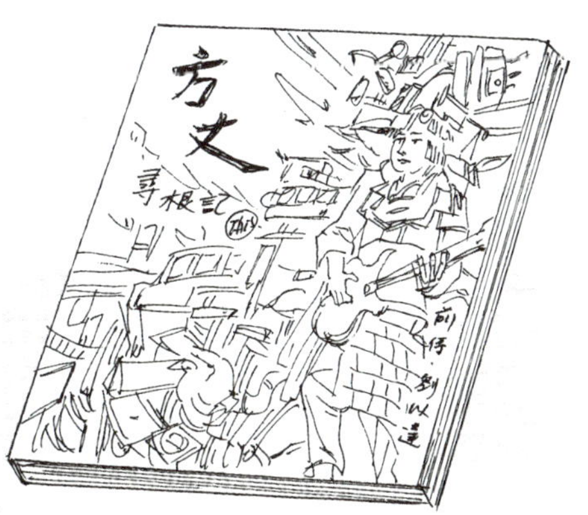

■ 聽說《方丈尋根記》是「小寫」的年度暢銷書之一。當然，畢竟是方丈嘛，達明一派的粉絲（如我）自然難抗拒其魅力了。

「小寫」店長 Lester：寫作班導師、創作者、《聲韻詩刊》助理編輯、「小讀讀」成員。
文學．故事．日常。
副店長 Amber：自由工作者、現界限書店店長。
書架因高達兩米，曾擔心因太高而無法運到店內，故被店長命名為「高太」。
靈感衝擊類。
由十兄弟工作室製作的微縮模型，呈現了旁邊的唐睿《Footnotes》其中一個場景。
精品區。
詩區
SAMPLE
文化分析類。
藝術設計類。
詩類。
漫畫類。
《Sample 樣本》。
由 Lester 女友送贈的一系列哈姆太郎公仔（哈姆．雷特．太郎為 Lester 在文藝推廣組織「小讀讀」使用的別名）。
西西專區。
雜誌，主要為《聲韻詩刊》。

份一集成活動數量超過八十個，甚至曾試過一天有多達三個活動。如果不是七個單位共同付出，半年內要到達這個數量一定很吃力吧！

今年更難得有不少跨書店單位的聯乘活動。如「小寫」店長Lester分享，協作會帶來舉辦活動的動力和靈感。他曾和「Kuma」舉辦創意練習工作坊，又有和「Humanimal」合辦動物詩會等：「和其他有行動力的店長一起，才能策劃出這些活動。」他笑說自己個性較被動，如只有他一人，即使想到活動主題也未必會實踐，更有些意念是透過和其他店長討論才能萌生：「多人討論之後，就會想一起去完成。見到其他店長勤力辦活動，我就會想追上對方，再勤力一點。」從他羞怯的微笑中，可以看得到熱情。

或許是店長個性勤奮使然，又或因協作的互相激勵作用，實習那天，明明是我和Candy當值，但也見到其他店長如Lester在非當值時間回來補書、更換陳列，令我甚為佩服。看著他們勤奮工作的身影，亦激勵到我：「今天我也要努力一點！」

期間限定之必要：離不開土地問題

正當我滿懷鬥志之時，Candy把我帶到店後方的活動空間，搰了幾個紙盒把燃燒起莫名熱情的我拉回現實：「今個月我們要處理退書事宜，要把書退回給發行商了。我們已有退書列表，跟著去執書就可以了。」她執書的動作乾淨俐落，我卻在一瞬間動彈不得。

那是12月中。熱情正盛的我差點就忘記了，其實七份一集成在半個月後就要結業了。這番話卻令我馬上連結起，第一屆七份一即將結業時那份不捨——於是心裡的疑惑又禁不住冒出來：為什麼只有半年的期限呢？如果期限再長一點、如果七份一不只有半年，那會有多好呢……

回想起來，我可能太過天真了。

「我們就是要開一間會『執』的書店嘛。」James回答時，臉上掛著一抹淡然的微笑。作為對七份一感到不捨的顧客，抱著恍惚的心情完成當天實習，再在結業後懷著忐忑的心情約訪問，James的氣定神閒，顯得過了數月後仍感到不捨的我有點傻氣。

■ 七份一書店店長培育計劃策劃人James，也是「阿麥書房」創辦人。

他看我一臉呆樣，遂耐心將半年限定的原因娓娓道來：「兩個因素使然吧。一是對於業主而言，他平租或免租半年讓你去做些事，聽下來容易接受一點。」畢竟此「店長培育計劃」的初心，是讓有志投身書業的人，在毋須損手爛腳的情況下體驗開書店。當必須要減低虧蝕風險，James遂尋覓能平租或免租的場地，以降低營運成本。

與業主的磋商過程中，若要求平租一至兩年，對方會覺得犧牲太大。但若只是半年嘛，當時正值2022年中，社會仍受疫情影響，市況蕭條較少人租鋪，亦難預想疫情何時完結，業主會較能接受平租半年讓人作新嘗試。像集成中心的良心業主，就答應半年可免租，讓七份一能在無租金負擔的情況下營運。

我遂想，這可能是造就店長能大膽選書的條件之一？少了租金憂慮，營運成本下降，店長經營的壓力減少，就能在選書方面享有更大空間，更夠膽量入一些難預想銷售額但有價值的書。

像Leanne就曾說過，在非免租的情況下自己經營書店，進貨會從利潤角度作更多考慮：「可能每日都要計數，要計業績給自己，一個月如賣不到幾多本書，就會很害怕⋯⋯我想我的商業考慮會比經營七份一更多。如有些新書未必是自己最喜歡、或最適合店內風格，可能還是會進貨，會有這樣的犧牲。」

但在七份一，即使明知新書比較「吸客」，但她較沒興趣、不喜歡的新書仍不會入；而有些明知難賣的枕頭書，仍會因其有價值而照入不誤。七份一為店長製造了一個較少壓力、較多自由的環

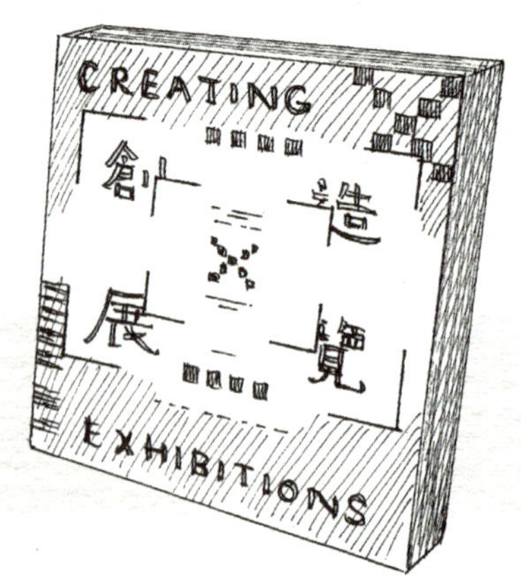

■《創造展覽》是「Kuma」稱之為遺珠的枕頭書。「雖然有些貴，但說的東西很齊，既詳細又有圖解。」

境，選書更有自己一套，變相亦更突出每個單位的風格特色，進一步形塑出七份一書店的獨特魅力。

期間限定之必要：參與的承諾

當我還在沉醉於自己的推想時，James 再繼續訴說設期限的原因：「二來，七份一也算是一個小組作業吧。當一起合作去做一件事，六個月是合理而舒服的。」如計劃長達一年，要投放的金錢、時間和人力成本亦多，店長在考慮要否參與時會倍感壓力，甚至不敢作承諾。如 Leanne，會考慮工作上能否配合

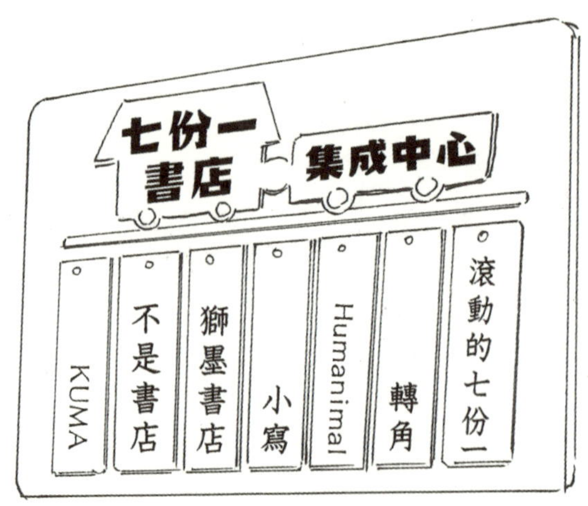

■ 象徵著七份一書店的掛牌，開店時大家有掛牌儀式，結業時大家會在木牌後簽名，帶回家留念。

在書店的參與：「若計劃不會完結、或時間更長的話，我的負擔會較大……但若只有半年，就覺得可在這期限內盡力去做。」

如此我才明白，沒有期限的七份一，其實是一個虛妄的幻想。「期間限定」其實是實現這兩屆七份一的先決條件——惟有以半年期限作為前提，才可能造就出現有的七份一面貌。即使結業教人神傷，但也許可從另一個角度思考，學習去欣賞「期限」孕育出來的可能性。

期限催生的意外收穫

有趣的是，James 設立期限完全是實務上的考慮，但消費者和店長卻會從中萌生不同情緒。

消費者如我會覺得：「只有半年，那就要爭取多些機會去了，因為它很快就會消失！」James 禁不住皺眉：「對此我有種複雜的情緒——不只是書店，其實所有小店、老店的生態，都是這樣的情況，人們見即將結業就會前來。但為何平時不來支持，要到結業時才來支持呢？」

我聽著有些羞愧，為自己的想法感到臉紅耳熱。James 續說道：「當然這代表了那商業模式本身有著問題，即原本就難以延續下去……這效應究竟是好事還是壞事呢？我是有這些掙扎。」可見，期限造就出的消費效應非 James 蓄意策劃的，更像是一種不能不接受的事實。

但 Leanne 對此的看法卻相對正面：「我也做過讀者，會覺得半年計劃是有新鮮感的。當我預期會有受『期間限定』吸引而來的一批客人，對銷售額就會比較安心。」而 Lester 亦坦言自己能從中得益：「較多人來七份一，始終因為它有時間性。若長期存在，人們注意力有限，就未必會去關注……故我們可謂是受惠於這件事。」

而時間會影響的不只顧客的注意力，還關乎店長投入的精力。「如沒有限期或時間更長，人可能就有惰性。但當知道只有半年，如自己在某星期沒辦活動，就會覺得浪費了那星期似的，會有這樣的壓力。」期限令 Leanne 更珍惜每個辦活動的機會：「所以我就會絞盡腦汁去想，有什麼新事情可以玩呢？」

其他店長或與 Leanne 有著相似想法。若曾踏足這屆的七份一，相信都能感受到活動之多、形式之多樣化，這些都是七個單位共同創造出來的風景。當中既有嘉賓講座、小組討論及分享、興趣班、坊間少見的詩會，甚至有在郊外舉辦的讀書會，更意想不到的，是有不設主題的 Friday Night 傾偈會：「那次傾得很開心。」Leanne 笑著說：「有時辦活動不用想得太複雜，那門檻其實可以很低的。」

當沒有主題的純聚會都有人參與，足見七份一其實營造出社群。像 Leanne 的活動中總見到相熟的臉孔，曾有熟客多次報名參與，不同主題的活動都涉獵其中。我想這些熟客某程度上，是將七份一視為獲得知識的樞紐了。這意味著七份一即使只維持了半年，對推廣知識仍起了一定作用，是書友交流和學習的集中地，在那有限的時光裡辦了一場又一場思想的盛宴。

宴會總有結束的一刻，但散席時總有離愁別緒：「半年很快完，實在是有些不捨得。」Lester 這樣說。店長如是，而顧客如我，即使深明七份一只能存活在期限中，還是會有難捨的同感。

一期一會　彷彿季節開的花

「我想，七份一就像在季節盛開的花吧？」Leanne 打了一個詩意的比喻：「要用很多時間心機去栽種，即使它不會盛開很久，但我們都珍惜那段時間。」

這個比喻是這樣美。但坦白說，我的內心仍有點苦澀。若暫時撇開長達半年會否有店長願意參與的因素，一開始 James 會設計這麼一個美麗的計劃，

■ 我也有一次參與了「Kuma」舉辦的「小說交換大會」，有九個人參與。那晚每人帶一本喜歡的小說分享，然後與彼此交換。我分享了《82年生的金智英》，並換到了《二常公園》。那晚聊得很高興又輕鬆，也認識了一些書友。

乃出於不想有志開書店的人損手爛腳的善意，亦是為減低風險而爭取平租或免租，才有這期限的存在。

所以七份一的誕生，其實可謂是對應以下殘酷現實而生的策略：一、在香港這地方，開書店虧蝕的風險不低，貿然開始很可能陷入困局；二、市值租金對經營書店而言太高，如不解決租金問題較難維持；也許還有三，就是賣書的利潤太低，或閱讀人口不足以支撐書店在這租金高企的城市存在。

而這也是為何即使計劃迴響不俗、業績頗佳，但不多店長繼續經營實體書店的其一原因。而確實，坊間部分實體書店難以自負盈虧，須靠店長額外賺取收入來支撐。如此，一來店長無法專心經營書店，書店變成正職以外的副業，投入程度會受影響；二來那付出其實是無止境的，或會為店長帶來沉重負擔；三來，付出的金錢其實主要用作交租，能真正投放在營運書店的資源仍有限，即使店長燃燒自身，書店卻不易有所成長。

我想我心裡的苦澀，是源自這城市能孕育書店的土壤實在太貧瘠，這營商環境太嚴苛了。而在這瘦土之上，七份一的存在顯得很夢幻——它彷彿鑽入了一個異於香港的縫隙，在那偷來的有限時光裡，店長不需為租金而苦惱，資源全可投入於營運書店，並嘗試創造出心中理想的書店面貌。而在限期後，有些店長未必會再投身於書業，於是那些曾造就無數人書間邂逅的盛宴，彷彿是一期一會的緣分，又顯得它更稀罕而奇妙了。

此刻，那偷來的時空是還回去了。但放眼城市，還是有很多書店不分季節奮力綻放著，大家都在尋找於瘦土上生存及成長的方法。七份一此刻縱劃上了休止符，但曾經盛放的花始終會化為土壤的養分——用了創新的策略去嘗試創造時空和機會，用嶄新的方式去回應「書店如何能在荒漠生存」的提問。雖然它提出的可能性存在著期限，但是仍展現了一種令人振奮的勇氣、一種啟示：讓我們去嘗試更多不同的方法，一起累積更多的創意和智慧，那或許就是在我們能力範圍內，能滋養這片土地的方法。

| 2023年5月 |

備註

在七份一書店@集成中心之後，James再展開了新的實驗——就是位於土瓜灣U PLACE的「49份格仔書店」（於2023年10月31日結業），繼續試驗和實踐他對營運書店的想像。而「獅墨書店」的店長Dexter則成為了深水埗「閱讀俱樂部」（深水埗大南街203號閣樓）的夥伴，繼續營運「獅墨書店」的實體店。而「Kuma」店長Leanne、「小寫」兩位店長Lester和Amber現在則成為了界限書店的店長。如對他/她們在七份一書店計劃後的動向感興趣，請繼續留意「閱讀俱樂部」和界限書店的消息。

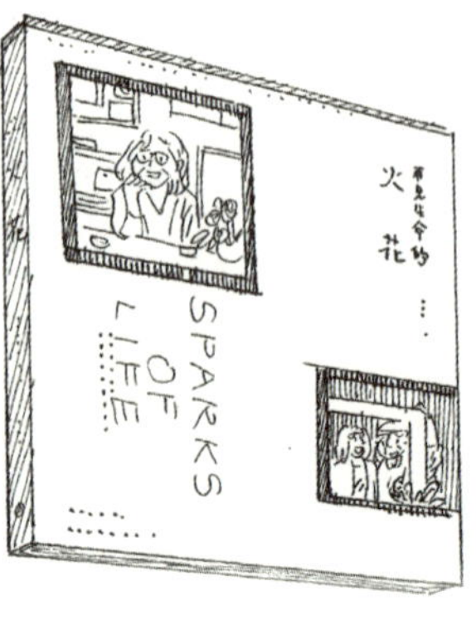

去年9、10月，七份一幾個單位都會辦活動，那期真的有很多活動，其他書店辦活動的頻率是沒那麼高的。其他書店，就是一間書店會辦的活動量，但七份一書店卻是六、七個單位辦活動的密度，那密度高很多。

我很常參加七份一書店的活動。半年內參加了十次左右吧。而各單位辦的活動形式很不同，有些是參加者圍在桌邊，一起聊某個議題，或是讀書會。我雖非很健談的人，去這些小組討論形式的活動，都是聆聽多於發言：但相比起講者單向分享的講座，我還是較喜歡這種小組形式，在其中能聽到不同人的想法。其他參加者可能是社工、教師，有不同職業，他們會發表相對專業、有建設性的意見。不會覺得悶，存在很多變數。

我選擇活動時心理很矛盾，會專門選一些不很熟悉的主題參與。即使沒太多意見分享，但我就是想知道一些不熟悉的事情，以及了解其他人的看法。而後期「Kuma豆熊」辦的活動，形式都很casual，那氛圍頗舒服的，也會想去玩一下。我平時週末沒什麼地方去，所以能參與這些活動很開心，令人感覺很充實。也試過在不同活動中，重複遇上相同的參加者，有部分有保持聯絡，雖不至於約出來吃飯行書店，但也會偶爾在IG聊天。

七份一書店令我更了解書店業的運作，雖然不知具體如何執行，但會有概念，營運書店是怎樣的一回事。會知道不一定很理想，有很多的雜務要完成。但我的確和「開書店」這件事變得更近，也知道多一個現實——就是開書店是很困難的事。

我很久以前會光顧三中商，後來知道博客來便宜一點，送貨又快，就會在那裡訂書。但通過七份一了解經營書店之難後，雖明知博客來便宜一點，但如在獨立書店看到心儀的書，我還是會選在店內買。這是七份一書店間接對我造成的影響吧。

七份一令嘗試去經營書店的門檻低了很多，不需要一人負責整間書店，大家都分擔了風險、工作量。我想會繼續留意它是否會辦下一屆，如會有，我真的會試，但不會有太多幻想。不過，它是一期間限定的活動，半年後怎樣也會完，一試也不會吃虧呢。

熟客眼中的

七份一書店@集成中心

寶文

「雖明知博客來便宜一點，但如在獨立書店看到心儀的書，我還是會選在店內買。這是七份一書店間接對我造成的影響吧。」

職業　資訊科技
年齡　32歲

我一開始不知道有七份一書店的。但本身在IG有follow素食或動物保育的專頁，於是知道有間叫「Humanimal」——一間動物書的書店開張。因此在開業首兩天，就去了集成中心找。因店的門口沒有寫明「Humanimal」，一開始總是找不到；但找來找去，附近最像樣的鋪位就是七份一書店，就走進去看，才發現「Humanimal」是其中一間單位。

那天我用了大半小時走了一圈，直到走到「不是書店」書架前面，當值店長Sabrina主動走來介紹她的書架。聽她說我才知道，原來七份一書店是一個店長培育計劃，會運作半年。

因知道它是期間限定，那半年我會去七份一多於其他書店，可能一個月去兩、三次，都是在週末下午。我偶爾在週末，會拿一本書乘電車河，在上面閱讀。我住東區，灣仔集成中心我很「就腳」，去到灣仔下一下車，不覺得和平時的行程差很遠，算是順路吧。

相比起行大書局，通常是有特定的書想看、有某本書想找才會去，那體驗很不同。大書店有很大的空間、有海量的書；但在空間較有限的小書店，那些書都是經過精心挑選過，是店長選了覺得很好的給你。所以即使每個單位只有一個書架，但上面真的都是很好的書——就像是「精華」似的。

若看七份一買的書，在「轉角」買的書較多。我覺得哲學、宗教這些題目很吸引，在他們的書架上，又選到一些相關而又易入門的書，其中有《宗哲對話錄》、《定見之外》，也有一本關於素食的《素系風格》。看過後，我又真的很喜歡這幾本。

另外有一本較特別：有次「不是書店」的店長在限時動態問：「大家有什麼書介紹？」我就回覆了和失智症長者有關的《上錯菜的餐廳》。聊著聊著，她就介紹了另一本書給我，那是《看見生命的火花：德國高齡社會紀行》——講的是德國高齡長者在退休後一些很精彩的生活。我後來留了書，那的確很好看，令我對老年階段有更多想像。知道即使老了，也可能有不同的生活選擇。但也會比較德國和香港的情況，本地有幾多老人家真的能有這樣的生活呢？這本書我在其他書店沒有見過，她不提及我就不會知道，即使在書架上看到也不知是否會翻看，所以店長的確成為了我與這本書相遇的觸發點吧。

ROOM 23

| 室內 / 空間設計 | 專業評介 |

- 七份一書店，是一個**期間限定的 pop-up 書店計劃**。通常在設計 pop-up store 項目，設計師心目中都圍繞「好玩」、「吸睛」、「流動性」這些概念去策劃，而七份一書店正另類地呈現這些元素，店鋪及擺設都很 raw，沒有刻意的修飾，有種平易近人的觸感。
- 七份一書店的**好玩之處在它的概念**，相信每一個人第一次聽到都覺得很好奇是怎樣在現實中呈現的。在一個大概1000呎的店鋪內，形形色色的小書架堆高成書店的牆壁，每個店長有自己的小角落，也有一些共同合作的豬肉檯。**七塊書店名稱的木牌**掛在店鋪門口，也有一個自製的**當值輪盤**，令人覺得這項目精密得來帶點隨意感，好像自自然然形成的木人巷。
- 各種不同款式的**書架亂中有序**，都是以淺色木材為主調，間中使用了七份一的主題顏色（橙色及藍色）作點綴。感覺書架從不同的地方收集回來，有各自的前身，集合在一起成為短暫的同伴。這**流動高的硬件及環保重用的理念**也是七份一堅持的信念，期待在下一個據點再見到這些書架。
- 從第一間七份一書店起，我們設計的 **RoRo 書架**便用作店主之間的分隔，是利用回收木材造的可疊高及重組的長方形書架。後來的七份一書店都有著這「層層疊積木」的 DNA，形成了別樹一格的 Branding。這點在不同風格的建築物及店鋪環境內都可以巧妙地呈現出來。
- 在灣仔集成中心的七份一，位於地庫的首間店鋪，**擁有部分向外的玻璃櫥窗**。灣仔人流比較多，比起之前的七份一書店，因為地利位置，這裡應該有一部分顧客都是街客，被隨意的書架群吸引進來，而七種不同的內涵才是真正的吸引之處。每個店主有著自己各自的主題，吸引力乘大了七倍。
- 空間的基本設備是最**平實的油漆、地台、天花及光管燈**，沒有多餘的修飾。簡單的長方形狀佈局，在玻璃櫥窗入口放了一些推介書籍，令店鋪內外的人都可以欣賞到。靠牆的是木書架及小椅子，最尾的是收銀區及後勤區域，形成簡單的線性走動。

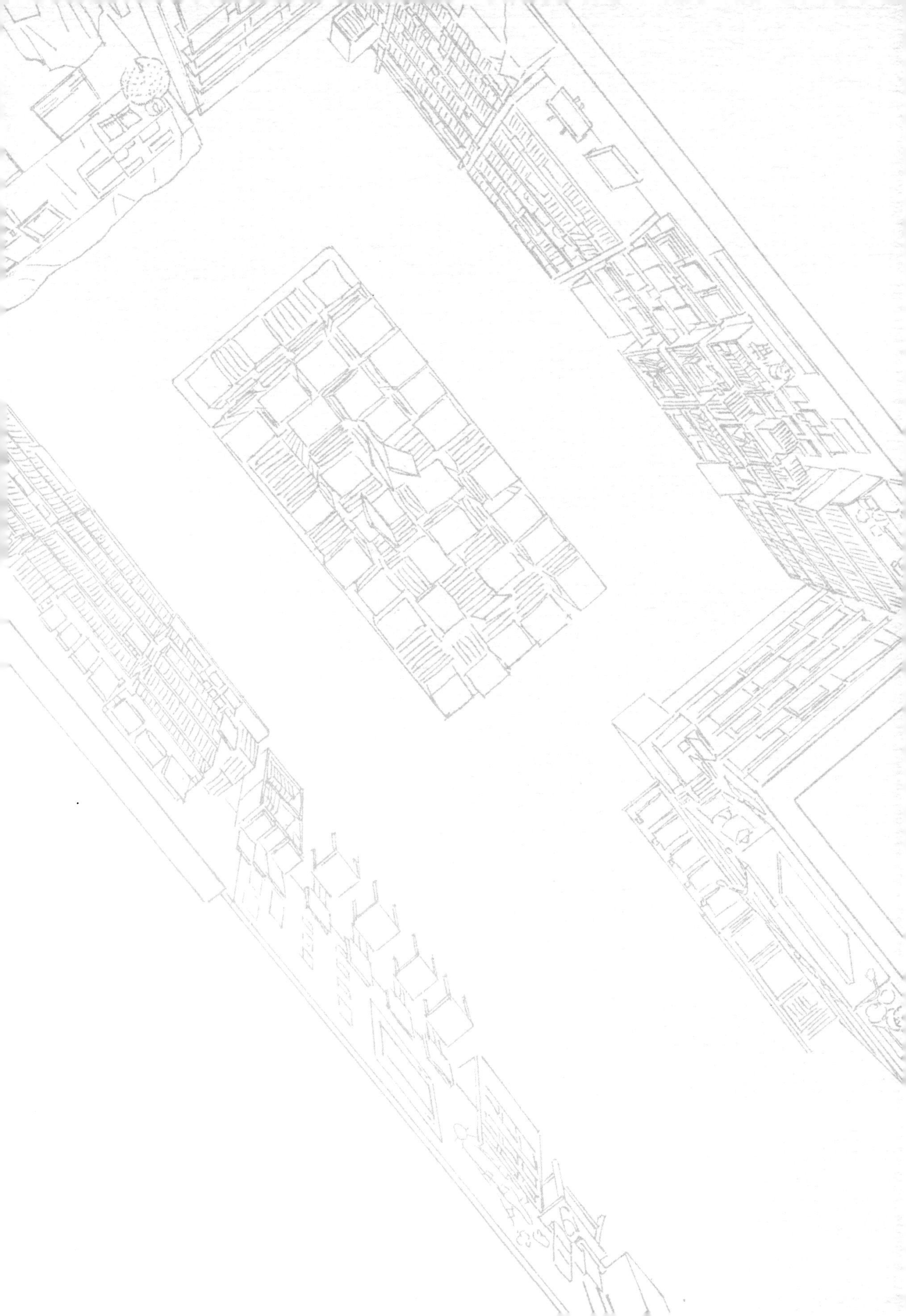

不完美但無悔的二手書店空間實驗

七份一書店@Wontonmeen

「活」第一部分書架（平台）：以人的存在為軸心，收集有關生死愛慾、情緒、自傳等系列的二手書。兩個木箱裡主要放中文書，箱上面亦有幾疊英文書，箱前面則是小型「豬肉檯」。

矮櫈：讀者可以自己將它們搬到喜歡的角落，享受閱讀時光。

Bookation 床位：書店開放時，三張下格床會用繩封住。有興趣在書店過夜的客人，可以向旅館預約入住，如此即可在床上與書同眠。這三張床與窗的距離較遠，早上較不易被陽光曬醒，客人應能在此發個好夢。

大門：貼滿文藝活動及深水埗社區資訊的單張。

「岸久書店」書架（平台）：以文學及哲學書為主，大部分書會用花紙包起作「盲書」出售，另有一個箱放著「店長表示包唔切但我就爛——好想推介嘅書」。平台四面擺滿選書，正中央則放上歡迎大家閱讀但不供出售的書籍。靠床的角落則有一個膠托盤，上面放著書店的吉祥物——嬰兒和搖頭小狗玩具。平台下方的鐵架，掛著書店介紹、活動海報及一塊「牆壁在説話」白板，旁邊的小木箱盛著白板筆和書店卡片。

「滾動的七份一」書架（下格床及平台）：由策展人主理，主要出售二手文藝書，包攬日本文學、人與自然、哲學、藝術、性別等不同範疇，亦有少量新出版刊物。

「岸久書店」休憩區（上格床）：這裡也放了一箱「店長表示包唔切但我就爛——好想推介嘅書」。另有卡通咕啞、信紙和「久朋友信箱」，讀者可以在床上靜靜地閱讀、寫信。

「文青信箱」第一部分書架（下格床）：此架名為「Chatuchak 跳蚤市場」，沒有特定分類，但以店長喜愛的華文文學為主，只有兩層木箱疊成書櫃，保留讓讀者安坐看書的位置。

收集讀者現場捐書的角落

招牌：七份一書店 @Wontonmeen logo 及七間書店店名的木牌。

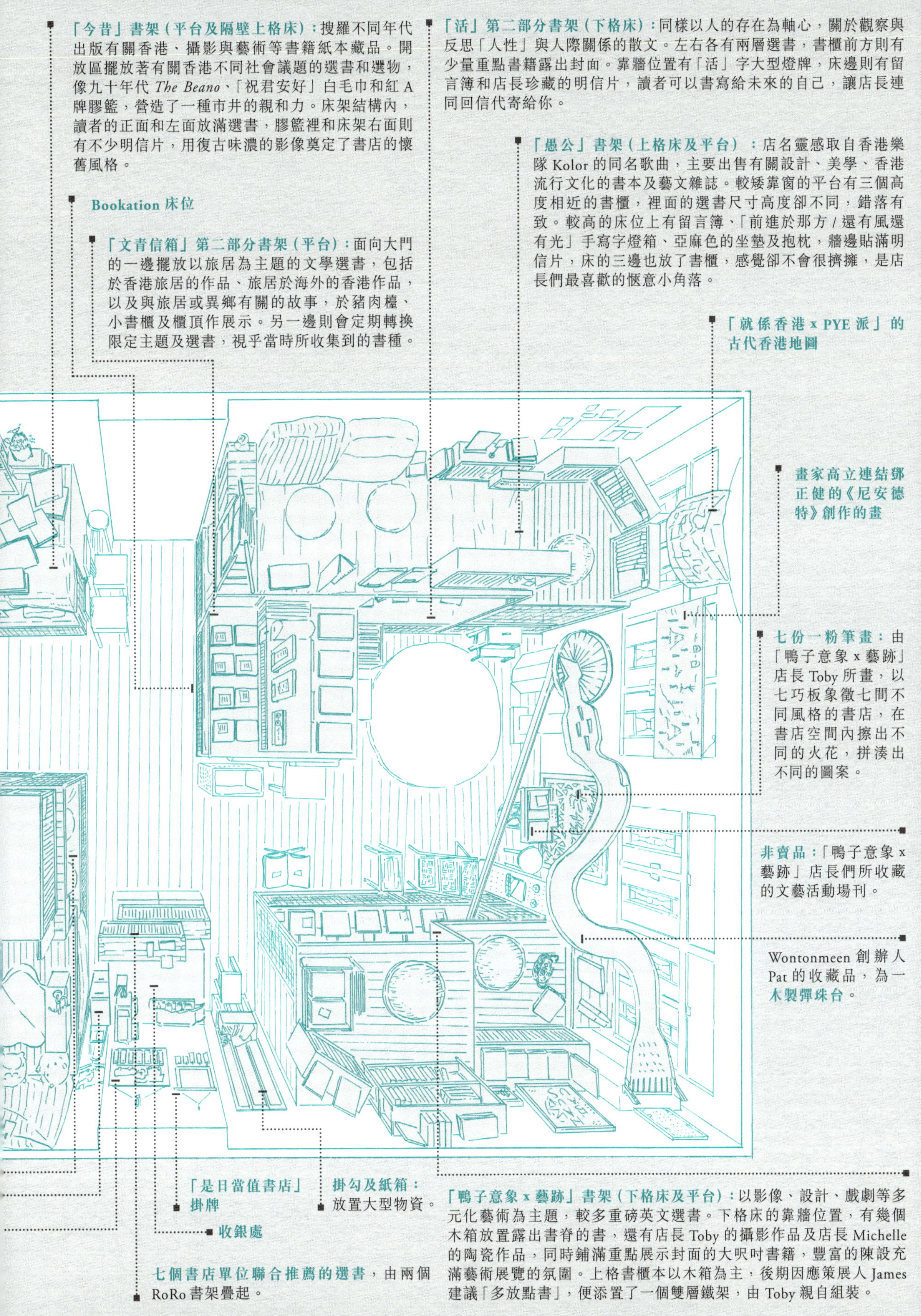

「今昔」書架（平台及隔壁上格床）：搜羅不同年代出版有關香港、攝影與藝術等書籍紙本藏品。開放區擺放著有關香港不同社會議題的選書和選物，像九十年代 *The Beano*、「祝君安好」白毛巾和紅 A 牌膠籃，營造了一種市井的親和力。床架結構內，讀者的正面和左面放滿選書，膠籃裡和床架右面則有不少明信片，用復古味濃的影像奠定了書店的懷舊風格。
Bookation 床位
「文青信箱」第二部分書架（平台）：面向大門的一邊擺放以旅居為主題的文學選書，包括於香港旅居的作品、旅居於海外的香港作品，以及與旅居或異鄉有關的故事，於豬肉檯、小書櫃及櫃頂作展示。另一邊則會定期轉換限定主題及選書，視乎當時所收集到的書種。
「活」第二部分書架（下格床）：同樣以人的存在為軸心，關於觀察與反思「人性」與人際關係的散文。左右各有兩層選書，書櫃前方則有少量重點書籍露出封面。靠牆位置有「活」字大型燈牌，床邊則有留言簿和店長珍藏的明信片，讀者可以書寫給未來的自己，讓店長連同回信代寄給你。
「愚公」書架（上格床及平台）：店名靈感取自香港樂隊 Kolor 的同名歌曲，主要出售有關設計、美學、香港流行文化的書本及藝文雜誌。較矮靠窗的平台有三個高度相近的書櫃，裡面的選書尺寸高度卻不同，錯落有致。較高的床位上有留言簿、「前進於那方 / 還有風還有光」手寫字燈箱、亞麻色的坐墊及抱枕，牆邊貼滿明信片，床的三邊也放了書櫃，感覺卻不會很擠擁，是店長們最喜歡的愜意小角落。
「就係香港 x PYE 派」的古代香港地圖
畫家高立連結鄧正健的《尼安德特》創作的畫
七份一粉筆畫：由「鴨子意象 x 藝跡」店長 Toby 所畫，以七巧板象徵七間不同風格的書店，在書店空間內擦出不同的火花，拼湊出不同的圖案。
非賣品：「鴨子意象 x 藝跡」店長們所收藏的文藝活動場刊。
Wontonmeen 創辦人 Pat 的收藏品，為一木製彈珠台。
「是日當值書店」掛牌
掛勾及紙箱：放置大型物資。
收銀處
七個書店單位聯合推薦的選書，由兩個 RoRo 書架疊起。
「鴨子意象 x 藝跡」書架（下格床及平台）：以影像、設計、戲劇等多元化藝術為主題，較多重磅英文選書。下格床的靠牆位置，有幾個木箱放置露出書脊的書，還有店長 Toby 的攝影作品及店長 Michelle 的陶瓷作品，同時鋪滿重點展示封面的大呎吋書籍，豐富的陳設充滿藝術展覽的氛圍。上格書櫃本以木箱為主，後期因應策展人 James 建議「多放點書」，便添置了一個雙層鐵架，由 Toby 親自組裝。

七份一書店@Wontonmeen

訪問月份 2022年11月

書店簡介

地址	深水埗荔枝角道135號康美樓1樓（旅舍Wontonmeen內）
策展人	James莊國棟
店長	（愚公）Erica、（今昔）Judith、（活）Jess、（岸久書店）Linda、4bo和Lulu、（文青信箱）Melody和Parsons、（鴨子意象x藝跡）Toby和Michelle
營業期間	2022年6月至12月 已結業

James

我就試試吧，雖然不知是否可行的。

Melody

大家去二手書店，很多時都覺得迷惘，不知應看什麼；但七份一書店@Wontonmeen就彷彿鋪了一條道路，令人尋書的時候方便一點，沒那麼迷失。

Linda

岸久BB正代表什麼都不太懂的我們，和剛開始接觸文藝的讀者——初出茅廬有許多事想嘗試，不太成熟但願意「落水」，有一種無懼的感覺。

最有趣的經驗

Linda：《不想禁文藝》Podcast 有一集提到藝術館裡的香蕉展品，後來有位聽眾特地帶了三隻香蕉來書店給我們吃。

Melody：沒有生意的時候，就會開始絞盡腦汁，思考原因是什麼、如何改善，是個又有趣，又苦惱，又沮喪的過程。

呎數	400呎（建築面積）
藏書量	約4000本
特別受歡迎的書	有關書店的書（文青信箱）、用凹凸質感的花紙包的盲書、推理小說（岸久書店）
推介書籍	《飛氈》（文青信箱） 《背影》（岸久書店）
老是常出現的書	《目送》
特色	# 主題精選二手書 # 除鞋躺平讀好書 # 期間限定 Bookation
個人感覺	適合對二手書及對書店空間實驗感興趣的讀者。如認為二手書店一定只能是環境狹窄又雜亂的，來到這裡一定會令你對二手書店有嶄新印象。經過七間書店店長策展的巧思，能令每本精選好書更容易被看見。它又鄰近大南街，方便在附近閒逛的文青順道來訪，當作「深水埗在地小旅行」的其中一站。而若對旅舍如何搖身一變成為書店感到好奇，這裡也是不容錯過的實驗場地！

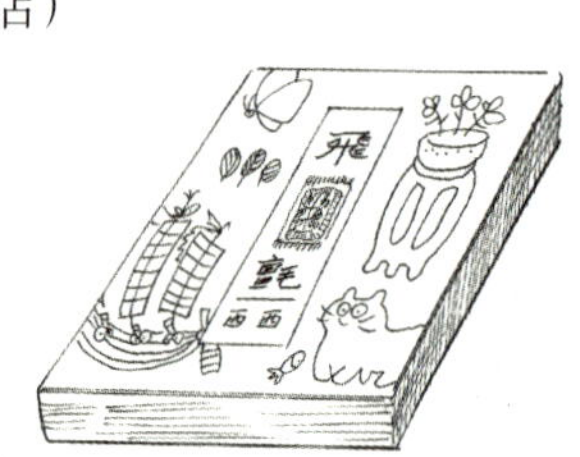

■ 七份一書店 @Wontonmeen 的入口

如你問我書店是什麼樣子，我的腦海裡總是有著一些前設。例如會有一些書架、會有豬肉檯，可能也會有活動的空間吧？但若你問我，旅舍如何變成書店？我就答不上來，而且會越想越好奇。

今次得悉七份一書店會與本地旅舍 Wontonmeen 合作，將其中一間十人房佈置成為書店，就覺得這空間實驗真是令人熱血沸騰！我遂前往深水埗康美樓，找到門口的掛布，按指示 WhatsApp 店長索取大門密碼——不諱言，程序實在有點繁瑣，但難得想到可以一窺旅舍 x 書店的實驗空間，我的心情仍然雀躍非常。

待電梯大門打開，向左轉一直走就是七份一書店@ Wontonmeen 所在。脫鞋進入，就看到不曾見過的書店風景。這裡沒常見的書櫃，而是放滿碌架床、貨真價實的旅館，其中七張床變成了書架，書本被放置在床上的 RoRo 書櫃和紅酒箱中作展示。床位和平台被分成七份，分配予七個書店單位所用。每個單位的佈置都有著獨特色彩。

■ 由岸久書店佈置的平台區，盲書四散在三邊，物件間似乎沒嚴謹關聯，有種隨性而自由的風格。

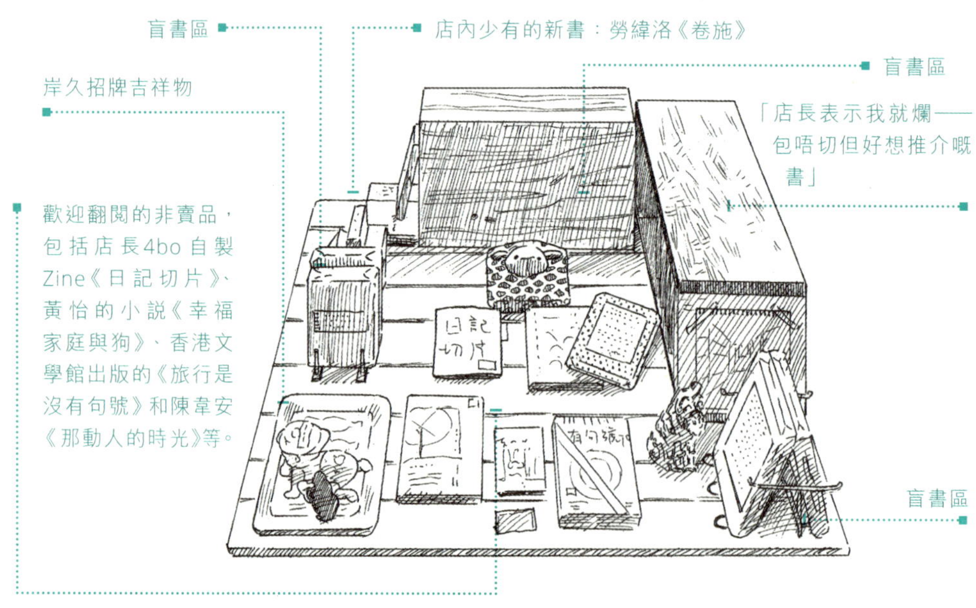

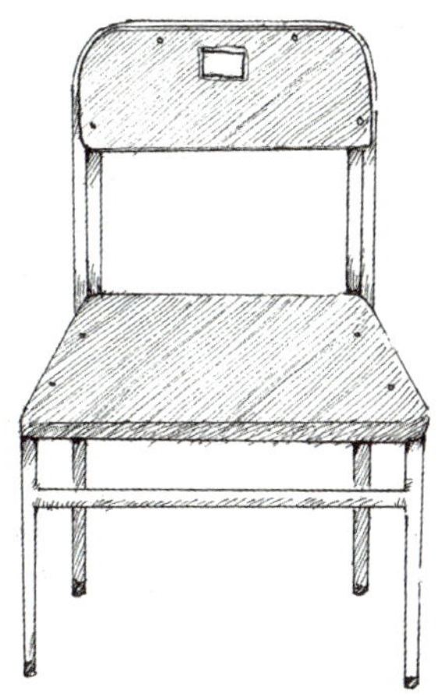

■ 店內不同角落都放有矮櫈，既讓人坐著看書，也讓人可攀上床架。

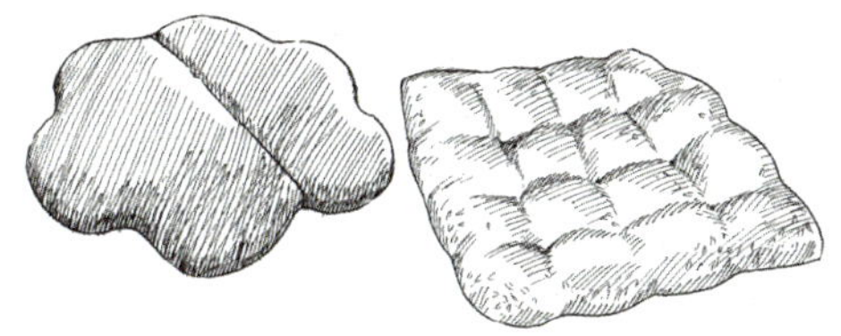

■ 由岸久設置，令人坐著就不想移動的坐墊。

雖在進門前，已有心理準備這是一間二手書店，但這裡和坊間的二手書店大相逕庭——別處的書櫃往往闊大如牆，書本密得插不了針，擠不進書櫃的書總一幢幢堆在腳邊。我總要小心翼翼行走，避免一大動作就釀成書浪傾瀉。雖在那亂如叢林的書堆裡，若能找著心頭好或絕版書，確實會有「眾裡尋它」之滿足感，但狹窄的環境往往令人難以坐下靜心閱讀。所以每次踏足二手書店，我都會以尋寶買書為目標，不會待上太長時間，任務完成就立即撤退，半小時就是極限了。

但在七份一書店@ Wontonmeen，不只走道寬敞無阻，自在得令人可闊步而行；而因書本集中放在碌架床上，你想讀書嘛，少不免要爬高爬低——在書店裡攀爬、尋書、看書，確是與別不同的尋寶體驗。於是我踩上矮櫈，爬上了「岸久書店」（下稱岸久）的上格床位，那裡放上了軟綿綿的坐墊，旁邊更寫著「溫馨提示：隨便坐啦」，真是貼心！令人老實不客氣的坐下來。

哇，坐下來後因太舒服，爬下去又有點費力，就自然不想動了。瞧見旁邊放著一個箱，上面寫著「店長表示我就爛——包唔切但好想推介嘅書」。單從這句，就能察覺到這裡和坊間二手書店營銷策略上的差異：坊間部分二手書店未必有「推介」的機制，基本上都將書本按書種分類、並列展示，少在選書與推介之上太用力，採取的是「以量取勝」的書海策略。店主的姿態普遍較被動，客人要主動鑽入書櫃之間，更要有萬裡挑一的金睛火眼，才能覓得好書。

但在七份一書店@ Wontonmeen，即使我很被動、很慵懶，還是能輕易找著好書。因這裡陳列的書量比其他二手書店少，每本書都被清楚的展示，彷彿都是店內的主角；當中亦有很多能引起我興趣的書，可謂好書的「能見度」且「密度」皆高吧？如岸久放出來有展示

■ 平台區放的這箱「店長表示我就爛——包唔切但好想推介嘅書」，都是一些沒有被包成盲書，但店長期望能被讀者注意的書籍。我很欣賞店長們有點「擺爛」的任性和坦率。

封面的書，可能少於五十本；但當中已有村上春樹的經典作《國境之南太陽之西》，有能一窺獨裁者思想、希特勒自傳的《希特勒——我的奮鬥》，有三島由紀夫的《反貞女大學》及《我青春漫遊的時代》，亦有歷盡顛沛流離、奇人赤松利市的紀實作品《下級國民 A：日本很美好？我在三一一災區復興最前線，成了遊走工地討生活的人》，亦有由智海和江康泉描繪的《大騎劫——漫畫香港文學》！

選書精湛，還不是岸久的真本領。她們最馳名的本事是推書，使出的是絕技——「盲書」。在岸久的平台上，放著不少用花紙包得密實的書，令人無從稽考其書名、封面或作者。而線索只有兩個：其一是店長改的「新書名」，部分書名相當無厘頭得來有創意，「岸久」味十足，如「比起做人，我更加想做便利店嘅零件」、「中國的狗都比北韓的醫生吃得好」、「每個字都是一顆飽滿圓潤的栗子」等，令人興味盎然，創作時想必花了不少心思。當然也有些比較正經的，如「唔知自己想做乜，就係一隻『怪物』？」、「贖罪之後，係咪一定代表幸福？」都能勾起讀者的好奇心、引發思考。

第二個線索是貼在花紙上的，由店主親筆撰寫的書介。書介上標示了相關 Hashtag，例如作品來自哪裡、是什麼文體、甚至書頁有否泛黃，讀者可從這些枝微末節了解書本的種類、區域和狀況，再按自己的喜好及接受程度來挑選。

■《下級國民 A》是我在 Wontonmeen 的收穫。作者赤松利市曾收入頗豐，後日本泡沫經濟爆破後，其創辦的公司倒閉，人生從零開始成為基層。此書為他首本紀實隨筆，記錄他在三一一災區擔任土木工人與輻射除污員之見聞。有著從底層仰望世間的視角，也描述了身為災居前線工人被歧視與剝削的經歷。

■ 能充分表現岸久書店形象的兩個吉祥物：BB和掏頭狗。啟動 BB 就會發出奇怪嘈吵的歌聲，深受客人喜愛。

店長的書介亦寫得委實吸引。不只簡介書的內容，亦會精選吸引文句作引述，令讀者不只能淺嚐書中行文風格，更能一窺作者思緒。打個譬喻，像是放在料理最頂端的魚子般，以一種前奏的姿態，散發著誘人食指大動的鮮味吧？而若自問熟悉書，也可作為謎面，猜測書本的廬山真面目。如想揭開謎底，就買書來引證答案吧。真相只有一個！

■ RoRo 書櫃放滿了改上新書名的盲書。

而我猜，「盲書」也是一種就二手書特性而言，特別有效的創意行銷方式。二手書因曾經歷被購買、閱讀、再流轉回市場的過程，狀態未必如新書般無瑕，書頁或有泛黃、書皮或有缺損，偶能看出歲月痕跡；而部分書籍出版年代久遠，其設計就現今美感標準或屬過時。而利用「盲書」，就能合理的用花紙將這些缺點掩飾，將其影響暫時縮到最小；並用書介及引述精選句子，將其吸引力所在的閱讀價值放大到極致。令讀者能在接觸書本的決定性瞬間，將注意力聚焦在其優點並忽略其缺點，提高消費的機會，真是很聰明的做法。

然而當我想像，每一本都要去寫書介、想書名，真是很耗時也耗腦力的做法，像我這個懶人一定堅持不來。新書的銷售當然不簡單，但畢竟其外觀新淨、設

■ 聽店長 Linda 說，包格仔紋的盲書最少人買。盲書本來的用意，是減少人們對書籍外表的考慮，但莫非人們對盲書的外表都有偏好嗎？真是有趣。聽聞客人來到後，會逐本拿起盲書來看其書介，可見閱讀岸久的書介是逛 Wontonmeen 的獨特經驗。

計符合時下美感，推出時亦可能有出版社及作者作宣傳助攻；但二手書販賣卻無以上的優勢，大多只能藉其稀有度獲讀者青睞，其餘就靠店長下調價格及自行努力了。

從岸久的盲書策略中，令人意識到二手書的銷售真的很不簡單。我躺在那舒適的軟墊上，仰視著天花板，開始對七份一書店這次的實驗感到好奇：當賣二手書是這樣困難，經營二手書店亦不容易，為何 James 和一眾店長們還是想嘗試呢？

想探索二手書市場的欲望

「我為何想做二手書店、認為那有意義——乃因我在整條書籍供應鏈上，只有這個位置未做。」James 坦言其一原因來自個人因素：他想對香港書業生態有更整全的了解。作為「阿麥書房」前店長、現任 Rolling Books 創辦人，其實他涉足過的領域已甚廣，包括出版、發行、閱讀推廣、新書店的經營、派發二手童書……「童書是一件事，但一般的二手書店我是未做過的。當我做過後，我就體驗過書籍出版供應鏈上的每個位置，就能了解整個書籍流程的全貌，知道每個位置可做些什麼，又有什麼值得改善。」

「一路以來做 Rolling Books 收二手童書，是因覺得很浪費。」其二是他很重視，讓資源有效調配並發揮作用：「雖然香港有二手書店，但並不 efficient。」他遂思索，如何能令二手書更廣泛、更快速的流轉。出於這樣的動機，遂有二手書店精品化實驗的構想，希望能創造嶄新的二手書店面貌，及採取更有效率及創意的營銷方式——如由多位店長進行風格選書。這一直是七份一書店行之有效的策略，但能否應用在二手書店上，刺激二手書的銷售及散播，其實屬未知數。但 James 仍希望能大膽嘗試：「我知道經營二手書店的方法很不同，但我覺得是要試的、也值得嘗試的。」

參與其中的迴異理由

James 的想法如上，店長則各有動機。像岸久店長之一的 Linda，參與其中是因開店門檻較低。如今次七份一書店 @ Wontonmeen 有數個免費或低價二手書貨源：一、七份一書店設有中央捐書

■岸久店長之一的Linda。特別喜歡文學類書籍。

機制。由公眾捐出相關書籍並由 James 運到店內，店主會輪流選書並上架，基本上不需掏錢；二、靠店主自行收書。如岸久三位店長有辦《不想禁文藝》Podcast，聽眾很樂意捐書以支持她們開店。當經營新書店要投資數以萬計的入貨成本，開二手書店的成本真的低很多。

而書店單位之一的「文青信箱」（下稱文青），參與其中乃出於對二手書的熱愛。兩位店長都喜歡逛二手書店、購買二手書：「二手書本身的故事及價值，比新書更吸引。」每當店長之一的 Melody 找到很早期出版的書，就興奮莫名，一來市面上難尋；二來是作者撰書時總會考慮當時社會環境，而她總能透過書的內容及面貌，想像那不曾有機會經歷的時代；三來是書本在二手市場中往往是限量的，能否有緣邂逅很視乎運氣：「買一本就少了一本，今日不買、明天就沒了。」Melody 笑著說：「若終於找到想讀的書，就會特別珍惜它。」

因此，她希望能擴闊大眾對二手書的理解：「大家總覺得二手書霉霉黃黃、又髒又有氣味，又有些人會著意於其版數、出版社、作者，將重心放在金錢價值並炒賣，卻少聚焦於書的本質。」她想藉七份一書店這平台，進一步宣示及推廣她的信念，讓讀者能領略二手書的閱讀價值：「書是用來閱讀，而不是用來炒賣的。」

要突出二手書的閱讀價值，文青的主要策略，是設主題選書。有了主題作為框架，就能引領讀者將注意力，重新放在出版了一段時日的舊作。故在平台區，能看到店長設置了常設的「旅居」主題書區：「旅居是想呼應 Wontonmeen 這空間的特色。因為是和旅館合作，就會思考如何將書和這裡結合，讓事情變成一個整體。」

■文青店長之一的Melody。本科修讀翻譯，畢業後成為編輯。比起新書，更傾情於二手書。現在為「閱讀俱樂部」店長。

■ 這平台區是「文青信箱」的常設旅居主題書區。此處被佈置成超小型豬肉檯，店長將八本精選書籍的封面平放，務求能盡吸顧客的目光。RoRo 書櫃右上方放了「文青信箱」眼鏡 logo 的木牌。此書區後方則為定期轉換的主題書區，曾籌劃的主題包括 Zine、書店、雜誌等。

細看這書區，會有意想不到的發現。除預想中會有的，不同作家記錄生活體驗的散文集，竟然讓我看到《小王子》。讀過千百萬次，但放在此區才驚覺：「啊！對，小王子原來是旅居地球的！」令我深深陷入震驚，想以「旅居」視角重看一遍。又例如米蘭．昆德拉的一系列作品，之前都不意識流亡也屬「旅居」範疇：「其中一種旅居，源於人的迫不得已。如因政治因素，要離開原居地去其他國家生活、流亡；這類型的作品，於當下的香港環境閱讀，會有不同的感受。」Melody 致力透過此主題，呈現迥異類型的旅居狀態，及狀態下衍生的創作。

■《玩笑》作於1967年，即米蘭．昆德拉流亡之前。Melody 認為閱讀此書，有助理解作者流亡前的狀態，洞悉流亡對作家創作上的影響。

為了推書，這區選書全都附有店長細心撰寫的書介：「每本收回來的書，我們都會至少讀三、四個章節，上網做資料搜集、看訪問，了解作者的作品，才去寫書介。」Melody 認為二手書的銷售上，書介的作用很重要：「它像一個入門，客人來到讀了書介，有興趣再去揭。它先吸引大家的注意，令大家對這本書有興趣。」

虛擬書介 x 舒適氛圍
創造真實人際連結

而事實上，文青的書介不只出現於實體書店空間，在更早的時候就已在網上發佈，像其首篇 Facebook 上的書介寫於2013年，是遠先於七份一書店 @ Wontonmeen 的存在。Melody 確實很早開始實踐閱讀推廣，更累積了一群喜歡閱讀其書介的網友。故今次文青的進駐，其實亦將一些本來在網上的互動帶來現實：「真的能和網友相認。」Melody微笑著說：「有書友會上來書店和我說，他看了『文青信箱』很久，令我很驚喜。」從寫書介推書，到將網友帶進書店鼓勵買書，可見到她在閱讀推廣工作上的「進化」和盡力。

實體空間所創造的人際關係連結，除能帶動銷售效益，更帶給Melody滿足感：「面對面的互動，始終是最開心和舒服的，因為大家的回饋很即時，立即知道大家在讀什麼。」而她相信，Wontonmeen的環境在其中發揮了重要作用：「無論在大型連鎖或是獨立書店，大家都較拘謹，通常會自行閱讀，較少和別人包括店長或店員聊天。但Wontonmeen的氛圍很輕鬆，沒那麼大壓力，就會樂意和不同人聊天。」

她這樣一說，我亦深有同感。或因床總是令人聯想到休息，而這處的書籍與床完美融合；脱鞋才能進入，會令人連結起回家的溫馨感覺；各處都放上了咕啞和坐墊，無論是趴著、坐著、躺著看書都任人自由發揮……以上各點都有助營造出悠閒及放鬆的氛圍。

這些面貌，大概是將書店放進旅館空間所產生的正面化學作用吧。

書店可存在於任何空間？

說到這裡，就要提及James想藉今次計劃，冀達到的第二個目標：「就是想示範，書店可存在於不同空間。」以前我總認為，要租一個吉的單位，有足夠空間放置書架，才能開書店；但James今次在旅館辦書店的嘗試，卻令我開始想像，書店或可與各種現有空間並存融合。此舉能降低開店成本（如裝修所需資金），更能開拓更多關乎書店的空間實驗：「能提醒我們這些經營書店的人，可利用這些資源來持續創造。」

當書店不由一己所佔，而是與他人營商的空間共存，應能產生協同效應（Synergy），彼此的業績應能藉合作有所增益。像今次的合作，Bookation理應能為旅館引進更多生意，而Wontonmeen作為旅館的優勢，亦能吸引更多人造訪書店：「Wontonmeen是一持牌旅館，亦即可合法在書店裡睡覺。」這種設定在港史無前例，對鍾情書店的人如我，確

■ 因是在旅館中辦書店，床架和書融合共置，為 Bookation 創造了條件。如圖中床架的上方是「今昔」放書的平台，但下格床卻是讓旅客可預約過夜的床位。

實有一定的吸引力。

理論上，以上提及的各種魅力和優勢應當能令計劃成功。但半年下來，「是比想像中少生意和人流……每天可能只有不多於十個人來，作為一間開放的書店，這人數太少了。」James 有點無奈的說：「是『踢唔郁』這件事。」

聽著，坦白說我有點錯愕。經歷過第一屆，七份一書店算是一有保證的品牌，港版「Book and Bed」亦應有足夠吸引力，計劃亦可謂得廣泛報道——為何結果會這樣呢？

也許將書店放進旅館，既是大膽創新之舉，同時亦有它的限制。

在旅館辦書店的限制

今次七份一書店 @ Wontonmeen 的計劃，沿用著上一屆的營運模式：由 James 去尋找能免租或平租的場地，再將空間一分為七，培育店長經營書店。我覺得，要游說業主用低於市值的租金租出，實在是充滿挑戰的一環。像我這種缺乏口才和膽量、臉皮又薄的人，完全猜不透要怎樣才能游說成功。畢竟從經濟角度觀之，業主如能用市值租金租出，為何要平租予人呢？何況香港一向有不少寧可沒人租，都不願降低租金的業主。

James 明白願意合作的業主是少數，遂會採取「漁翁撒網」式的策略——逢人就問。他分享箇中祕訣時，眼裡閃爍著慧黠的神色：「每次見到不同人，當我知道對方有場地，我無論如何都會說：

『如能在這裡開書店就好了！』每月問上數十遍都不意外。我是在試探對方有沒有合作的興趣。」而 Wontonmeen 的店主 Pat，就是其中反應最為積極的人。

疫情期間本地的旅舍少人租，香港亦未對外開關，生意較淡；所以當 James 提出在那裡辦書店，對 Wontonmeen 而言是合適時機。Pat 遂同意平租出一間十人房，其中三張床予旅客過夜，其餘七張床用作放書，這共識成為了七份一書店@ Wontonmeen 的雛型。由此可見，是次合作有一部分是時機促成，另一部分則來自 Pat 認同書店的價值——糅合這兩個因素，James 才能平租空間半年，達成開設七份一書店的先決條件。

James 搖頭道：「所以，其實場地不是由我選的。揀鋪？我冇得揀鋪的。不像別人租鋪，會有經紀帶、逐間鋪去看，因我不是用市值租金的形式進行商討，而是搵人平租給我的。」他坦言，在這運作模式下，空間的選擇有限：「所以當有人肯，我就會想如何去用盡它的空間。」當空間不由他選，就要全然接納空間的特性。而他能作的，是在空間的現有基礎上，盡可能提升其吸引力。

Wontonmeen 自然有其獨特的魅力，但它終究不是為開設書店而度身訂造的空間，必然有其限制，而這些限制未必有利於經營書店。

第一，旅館被列為「表列處所」，它在疫情期間受599F 的限制，只能將不符合疫苗通行症要求的人拒之門外，即排除了一群潛在客戶。

第二，因為 Wontonmeen 位於康美樓其中一層，而其他樓層是普通住宅，樓下安裝了一道閘。坦言，雖明白其原意是為保護住客、避免閒雜人等進入大廈，但要致電店員拿取開門密碼確實頗繁瑣，怕麻煩的人或寧願不造訪。

第三，書櫃的存在是有理由的——它充分利用高度，令人能用最小的面積放最多的書。而當 Wontonmeen 是一間旅館，為滿足住宿需要而放滿了床架，就難再額外放書櫃。用床架和紅酒箱來放書，書量就不如放在書櫃的多。像 Melody 就曾說過：「床架看上去很有特色，但有些位是死位，沒有可能擺書，很難完全運用那空間。」而如果我穿著短裙，亦未必想爬上床架，放在上層的書應相對較難被人接觸。

以七份一書店@ Wontonmeen 為封面的《U Magazine》，刊載有關於此書店的深度訪問。

露營燈，提醒我「露營」也是旅居的一種。

Melody 家人由土耳其帶回來的地氈

富郊外、自然氣息的松果

■ 這是由 Melody 名為「Chatuchak 跳蚤市場」的書架，刻意佈置得充滿異國色彩，呼應書店「旅居」主題。從此圖可見，普遍下格床左方高度較矮，很易撞頭；床架雖深又闊，但沒爬進去的餘裕，就難以用盡其深度。加上前方亦放有雜物，故此店主用地氈遮掩，放棄使用這較矮的空間來陳列書籍。如何用床架放置書，確是對店長的考驗。

放書好像太擠迫，客人亦難看書；權衡之下，店長還是選擇放坐墊讓客人能安坐看書，但就犧牲了陳列書籍的空間。

此區以紅酒箱來放書。沒有刻意作分類，但主要是店主喜愛的華文文學。

荷蘭特產「粟米人」，乃當地人利用粟米葉及鬚製作出來的玩偶。

收了回來但沒有上架的二手書貨存

第四，則是空間令活動類型受限制。「房間本來很四正，但放床架後空間就被切割得很細，在辦活動層面上並不實用，如工作坊就較難辦。」Melody 回想在八月曾試辦的「製 Zine Workshop」，因店內沒有桌子，參加者只能在床上剪剪畫畫，可能要半跪坐、趴著進行；又因大家所在的床架有距離，分享工具就要靠人鏈傳來傳去：「活動後，大家的回饋是正面的，但一定覺得不方便……我作為主辦方就覺得非常不好意思。」Melody 難忘當天的尷尬，面上仍有幾分歉意：「所以之後就沒再辦工作坊了。」眾所周知，辦活動是吸引人踏足書店的重要途徑；所以當少辦某類活動，自然會喪失一群潛在客人。

以上限制都和旅館空間有關。然而當七份一書店的營運模式，需要免租或平租作為開店的先決條件；在這條件下，能選擇的空間本來就很少。故當 Pat 願意出租這富特色的 Wontonmeen，我如果是 James，大概也會躍躍欲試吧？雖不知是否奏效，亦明知有它的限制，但它確有其他空間無法比擬的吸引力。計劃是否成功，大概就在兩者的爭持：究竟是限制帶來的不利因素，還是其特色帶來的有利因素影響較大呢？所有的實驗都伴隨著風險，而有些事情未經過實踐，就永遠得不到答案。

而我想，疫情也是其中一個不利因素吧。七份一書店 @ Wontonmeen 有一部分參考了日本曾掀起熱潮的「Book and Bed Tokyo」，但其實疫情亦令後者多間分店難以支持而結業。雖然兩地疫情和防疫政策有異，七份一書店 @ Wontonmeen 和「Book and Bed Tokyo」的經營模式和營運成本皆難相提並論；但從其結業潮來看，也能隱約感受到疫情對經營 Bookation 頗為不利。

主題選書 vs 傳統書海策略

最後一點，則和空間沒太大關係，較關乎經營策略上實行的困難。本來 James 作這新嘗試，是為了擴大二手書的顧客群，以加速二手書的流轉效率——要達成這目標，首先要保留原有消費族群，同時令本來不買二手書的人都願意消費。

雖然七份一書店以精選書籍作策略，不欲與傳統二手書店用書量比拼；但

James 認為書量太少確實難吸引舊有二手書客群：「普遍行二手書店的人，未必喜歡這裡，應覺得書量不夠多，不足以『尋寶』。」平時行二手書店的人少來，那七份一書店的忠粉呢？「會去七份一書店的人的確會上來，但會持續造訪的，就沒想像中那麼多。」

要吸引人短期內不斷重訪，不只要選書精湛，亦要經常更換陳設書籍。但二手書畢竟不同新書，會收到什麼書、幾多書，不完全受人控制。即使收到大量書籍，亦未必適合上架。如在乎選書質素的 Melody，就認為難再增加陳列書量：「因為我們有設主題選書，要找到合適主題的書本身就有困難。」即使收到有關旅居的書，她亦不會全部陳列：「我要想，市場和讀者是否接受？有時是過不到自己那關，連自己都不覺吸引，為何還要推介呢？適合主題的書本身就很少，當還有這些考量，就篩走了更多。」

在今次的實驗中，要兼顧風格選書吸引而來的二手書新客，與追求尋寶經驗的二手書舊客，且要吸引兩者多次來訪；則要在增加書量及常換陳設的同時，不損店內風格及保持選書水準，因著二手書「可遇不可求」的特質，實行上是存在挑戰的。

不完美但無悔

和 James 的訪問間，會感受到他的懊惱。因即使是平租、收書亦無成本，但始終要交租。「這裡的收益比想像中低很多。」他坦言此店無法自負盈虧，半年來要藉其他收入來源補貼。

在這情況下，更見七份一模式的重要。作為其先決條件的「平租」與「期間限定」，確實設置了一層安全網，令 James 縱有虧蝕但「蝕極有限」，即使疼痛出血亦不至重傷，仍處於能承受的範圍：「即使成果未必理想，還是慶幸曾作這樣的嘗試。」他彷彿已從挫折恢復過來，準備好投身新的冒險：「未來我還是會繼續做關於二手書的實驗，那始終是需要解決的問題。」

不論成敗，七份一書店@ Wontonmeen 終究是實踐了創新的二手書店經營模式。即使當中有不完美的地方、有所遺憾，但並非一無所獲。而是一小步、一小步，緩緩向前走著。我想，這就是作為「實驗」的可貴。它確實不是一理想書

■ 印有七個書店單位名稱的木牌，象徵著這段在 Wontonmeen 發生的二手書店空間實驗之旅。

店完全體，乃是一場開宗明義的期間限定實驗，但它提供了一個容錯的時空，而即使有問題出現，也不致於一敗塗地、無法振作；其模式中存在一份韌性，為參與者創造了在未來修正錯誤的可能。

今次參與的所有角色，都在過程中更了解二手書市場的實況、書店空間與銷售的關係——這些「唔試唔會知」的得著，都是進步的養分。只要在這些基礎上持續檢討、反思、嘗試，終會一天比一天更能摸索到可行的模式。那不只會帶來利潤，更能加速二手書的流轉，讓更多人在重生的書裡獲得渴望的知識，當中有著社會價值。

雖然這次因各種原因，七份一書店@Wontonmeen 的空間實驗或算不上成功，但在這經營環境越發困難的社會中，真的沒有什麼是必然的。當有人肯在這險境裡做實驗，抱著不屈不撓的精神去創新，而我有幸能見證這過程：即使短暫、即使不完美、即使有遺憾，其實都已很難得。

是的，連遺憾亦很難得。因為遺憾意味著期待——我期待著下一次，或未來無限次實驗的到來。

| 2023年6月 |

備註

在七份一書店@ Wontonmeen 之後，James 再有展開新的實驗——位於土瓜灣 U PLACE 的「49份格仔書店」（於2023年10月31日結業），繼續試驗和實踐他對營運書店的想像。岸久店長之一的 Lulu，則加入了界限書店成為其中一位店長。而「文青信箱」店長 Melody 亦在2023年5月於深水埗大南街203號閣樓，開設了實體書店「閱讀俱樂部」，以文學類選書為主，既售新書亦售二手書。同時與「今昔書室」、「獅墨書店」、「藝跡文化」成為合作伙伴，故也有售不少精選攝影、歷史及藝術類書籍。可惜製作此書的時間和篇幅有限，今次未有機會訪問「閱讀俱樂部」，了解其背後故事；但若對「閱讀俱樂部」感興趣，不妨到訪其店內逛逛呢！

熟客眼中的
七份一書店@Wontonmeen

Julie

「書店有個舒服的空間讓人躺著歇息，是很難得的。」

職業　文職
年齡　35-40歲

我從上兩期七份一開始（按：「七份一書店＠東南樓」及「七份一書店＠大南街」）就有關注書店的Facebook專頁，看到在旅館裡開書店的概念挺有趣，就去看看。書店於七月初開業，我是七月尾第一次去，其後每個月也至少會去兩三次。

我自己比較關心社區議題，例如小店及公共空間。在書店營運的半年期間，疫情仍算嚴重，沒有太多地方可以久留，更何況像書店是在旅館房間內，讀者可以好好停留、放空，甚至躺在床上閱讀。

我通常在週末才會上去，有次遇到一行幾人帶著一堆攝影器材，到書店休息。可能平日人流很少，我不清楚，但我感覺週末到訪的人數不少。雖然這個地方未必很顯眼，但默默照顧著一群讀者和這個社區。

我最喜歡「活」樓上、「愚公」的上格床位，可以一眼俯瞰書店的環境，又可以看到窗外的街景。

選書方面，我最喜歡「文青信箱」的旅居主題。本來自己喜歡讀旅行文學，也是和社區觀察有關，而旅居選書就可以看到一個異鄉人如何與異地城市互動。他們的主題「豬肉檯」讓我發現不少好書，例如已絕版的《世界中心的貧民窟：香港重慶大廈》。

活動方面，「鴨子意象x藝跡」的活動我參與得最多，例如手沖咖啡聚會、針孔攝影工作坊、展覽分享會等，欣賞他們很積極地分享藝術知識。

在這裡的收穫……太多了，很難說出最大的一點。我在書店認識了很多其他地方少見的書，有次在這裡看見一本藝術書，想在圖書館找找看，結果找不到；又有一次，「今昔」店長跟我分享一本舊相集，看到過去的攝影風格跟現在的很不一樣，我覺得這些是值得人眾看見的時代記錄；「岸久書店」的盲書也很有心思，她們用花紙包起每一本書，上面還會寫長篇書介，就好像把一份漂亮的禮物送給讀者。

這裡擴闊了我對書店的想像。

ROOM 23

|室內 / 空間設計|專業評介|

- 七份一期間限定二手書店與深水埗青年旅館 Wontonmeen 合作，**將旅館內的碌架床改裝成書本展示空間**。Wontonmeen 中包含「籠屋」概念的共用睡房、香港電影感的懷舊空間、霓虹燈下的咖啡店等，早已被認定為香港最具本土特色的背包旅館。這次加入了七份一書店，讓顧客可在床鋪上隨意走動、躺下看書，甚至在書店過夜作 Bookation。

- 400呎的空間裡，基本設施有：4組雙層碌架床座落於每個角落，當中3張單人床保留作睡床，其餘的7格床位則改為書店。書店只是置入了木製書架與回收木箱放書和擺設——用木箱堆砌，並配合原有一層層的鐵籠，做成高高低低的小山丘。因為書本利用平放的木板和企身的書架展出，比較難「一眼過」看清楚有多少書，所以**整個場景就像籠屋居民堆積物件起來的模樣，更能體會到他們生活空間的狹小。**

- 館內的**「Zigzag 形」走廊**令每一個轉角位都可以放置展品，店長更預備了**矮櫈給顧客「擒高擒低」尋寶**。從下格床爬到上格床的過程中，可勾起一些兒時回憶，可見身體動作令在這個空間的體驗更添玩味。

- 店長的收銀位置藏身於2組碌架床中間，比較隱蔽，也**沒有明顯的買賣流程**。同時亦沒有特定的閱讀區，惟床位和矮櫈均可任意就坐。**入夜後更屬「無人書店」**，是一個讓顧客自行發掘事物或讀物、充滿探索氛圍的空間。

- 上一篇「七份一@集成中心」提到七份一的品牌管理(Branding)，而是次「七份一@ Wontonmeen」除延續了「品牌」的**特色標誌**（木色系書架 RoRo 與書店名牌）外，就著跟同有獨特風格的拍檔合作，撞出新的思維和體驗，令原本只是閒逛書店，突然變成尋寶之旅。

- **部分書上都有店長花心思寫的書介**，是與顧客間接的交流，也是吸引他們買書的方法。可是，這次七位店長的個人風格卻稍為減弱了。雖有不同的特色主題選書及藝術創作，但畢竟現場環境已是一個「大型展品」，相對上難以在視覺上分辨到七間書店有別的地方。

- Wontonmeen是一個**適合放置二手書的空間**，有歷史的書籍配上會說故事的地方，可謂完美的配搭。書店和旅館的策劃人都打破了傳統的框架，強調的是**文藝創作和本土文化**，實屬勇氣可嘉。這是個非常有趣的另類結合，實際環境像博物館內的體驗設施，而在「賣書」這功能上確實是有難度的。可以考慮在回復旅館用途時，每個床位旁保留一個七份一書架，放上本土文化的二手書，喜歡的話可自由定價拿走作為紀念。

漫畫愛好者的小宇宙狂想曲：創造一萬人造訪100次的漫畫店

紙本分格

獨立書店表揚獎獎座：是第一屆獨立書店（圍爐）表揚獎（2021-2022）「最相信漫畫相信到喺香港開實體漫畫店獎」獎座。

自由定價閱讀區：此區的書都是只看不賣，皆為兩位店主以前儲下來的書，有已絕版無法購買的畫集，也有比較多期數的連載漫畫。顧客可通過自由定價方式使用此區，在此坐下閱書。參考價格為 $10 / 半小時。由於此區書籍珍貴，希望讀者們在取書、放書、翻書時都多加小心，免得書籍受損。

《排球少年!!》牆畫：由店長 Karman 所畫。他很喜歡《排球少年!!》內「咚」跳躍的描繪，故嘗試在牆底畫下來記錄一下。

《排球少年!!》牆畫2：由 Karman 所畫，他很喜歡烏野高校守護神西谷夕，特別是在烏野 vs 鷗台內救球時的一幕。因覺得沒有畫家會躺在地上畫牆，故選了在冷僻的牆角作畫。

簽繪牆：這裡展示了不同畫者的親筆畫作。設置此牆是為了讓漫畫家及藝術家能作畫留念。參與的既有本來認識的朋友，也有碰巧上來看看的，也有作品在紙本分格售賣，既要過來做展銷和簽書，遂會一併在牆上作畫。以畫留念的漫畫家及藝術家們，包括利志達、黎達達榮、柳廣成，最驚喜的竟然是看到作家喬靖夫的畫！

《排球少年!!》度高企劃：原本店長是希望將日向的跳躍最高點刻劃在牆上，怎知他那摸高點 327cm 比店內天花板還要高，最後變成記錄角色的身高刻度。最開初由店長用鉛筆將球員名字和高度刻在牆上，之後邀請有看《排球少年!!》的客人參與這「度高企劃」：「不同人的獨特筆跡，用不能擦走的 marker 再寫一次角色們的名字和身高，那就好像角色從漫畫中走出來親自寫下自己的名字，每個也是獨立的存在。」

紙箱人阿楞和四葉妹妹：兩位都是《四葉妹妹》的角色。阿楞的設定是以錢作為能源，最適合負責接收自由定價閱讀區的收入了。

紙品展示牆：這裡展示了不同的海報、Art Print 及明信片，當中既有非賣品也有可供出售的。值得一提的是他們貼海報的方式，是先將圖釘釘在木板牆上，再用細磁石把海報夾住。是一種不會傷害到紙張和牆壁的黏貼方式。

柳廣成的漫畫 *Cube Escape: Paradox* 的 A3 1:1 Art Print：這張複製原畫由紙本分格印刷及設計，選用的是厚磅紙張，用了三種不同灰度的金屬銀專色印刷，細看可見墨色裡有微微泛光，冀貼近原畫中的鉛筆筆觸和5B石墨質感。

漫畫家麥少峰的作品《香港未來》：是《Comic O》漫畫雜誌第四期〈未來日常〉的封面插畫。此插畫由紙本分格設計及監印，用的是厚磅塗層紙張，超人身上的黃色部分使用了螢光專色印刷。

孫悟空模型：是全店惟一一個由ET擁有的模型。（意思是，店內其他模型都不是屬於她的……）ET表示她很喜歡這模型沿用《龍珠》初期孫悟空的設定：「肥嘟嘟、勁得意、傻吓傻吓」。

大友昇平相贈的簽名板

大友昇平《平成聖母》複製原畫

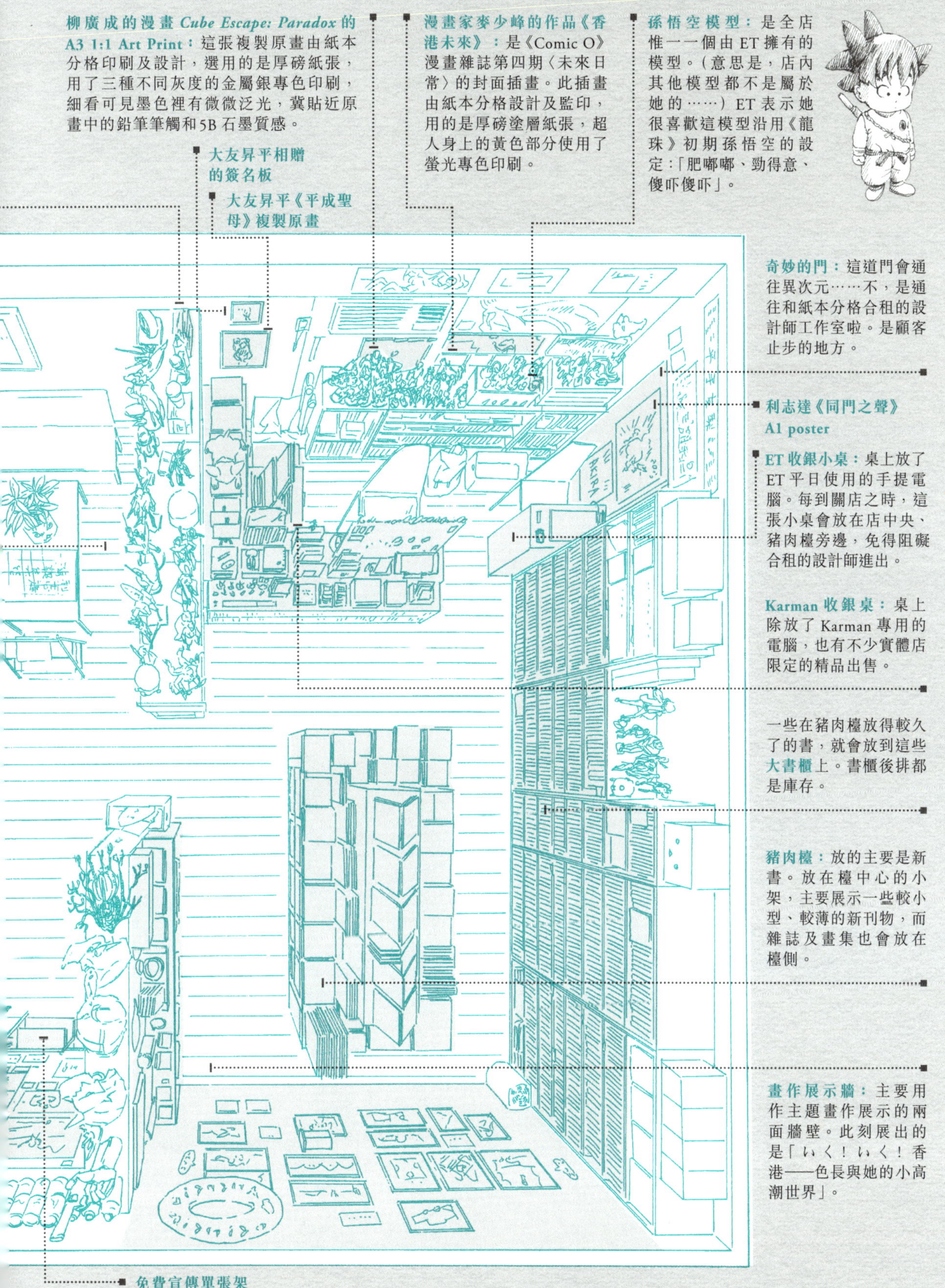

奇妙的門：這道門會通往異次元……不，是通往和紙本分格合租的設計師工作室啦。是顧客止步的地方。

利志達《同門之聲》A1 poster

ET收銀小桌：桌上放了ET平日使用的手提電腦。每到關店之時，這張小桌會放在店中央、豬肉檯旁邊，免得阻礙合租的設計師進出。

Karman收銀桌：桌上除放了Karman專用的電腦，也有不少實體店限定的精品出售。

一些在豬肉檯放得較久了的書，就會放到這些**大書櫃**上。書櫃後排都是庫存。

豬肉檯：放的主要是新書。放在檯中心的小架，主要展示一些較小型、較薄的新刊物，而雜誌及畫集也會放在檯側。

畫作展示牆：主要用作主題畫作展示的兩面牆壁。此刻展出的是「いく！いく！香港——色長與她的小高潮世界」。

免費宣傳單張架

紙本分格

實習月份 2023年6月
空間記錄月份 2023年6月
訪問月份 2023年7月
書店簡介
地址 觀塘敬業街65-67號
敬運工業大廈11樓A室
開業月份 2021年3月
店長 Karman & ET

ET

（入貨準則）最基本是，那本漫畫好不好看。好看就入，不好看就不入。

Karman

漫畫其中一個最獨特的地方在於，只要你不揭頁，就可以停在那一瞬間。

經營得辛苦時會看什麼書激勵自己

ET：不要這樣問啊！小心他（Karman）會選「鹹書」啊，可能會選《星期一的豐滿》。

Karman：可能還是《三魔女》吧，就是把我們想做的事，做了出來。

呎數	400 ~ 500呎左右
藏書量	沒有統計（Karman：如要統計，非常痛苦。）
書種	漫畫、畫集、獨立出版、Zine
暢銷書	《龍珠超》、《SLAM DUNK》漫畫及畫集
較少入的書	期數太多的連載漫畫、沒中文版的歐美漫畫
特色	# 如小宇宙般精彩的畫作展示角落 # 反映兩位漫畫愛好者迴異喜好的選書 # 漫畫編輯及出版
個人感覺	麻雀雖小，五臟俱全的漫畫店。雖然空間較小，但是應有盡有，既有主題畫作展示，又有閱讀區，所選漫畫及畫集類型廣泛，不同喜好的圖像愛好者應都可發現想讀的作品。兩位店長「百足咁多爪」，精通漫畫賞析、撰文、設計、選紙及監印、編輯、策展，凡事親力親為。紙本分格是作為通才的他們，費盡心思為漫畫愛好者所經營的天地。

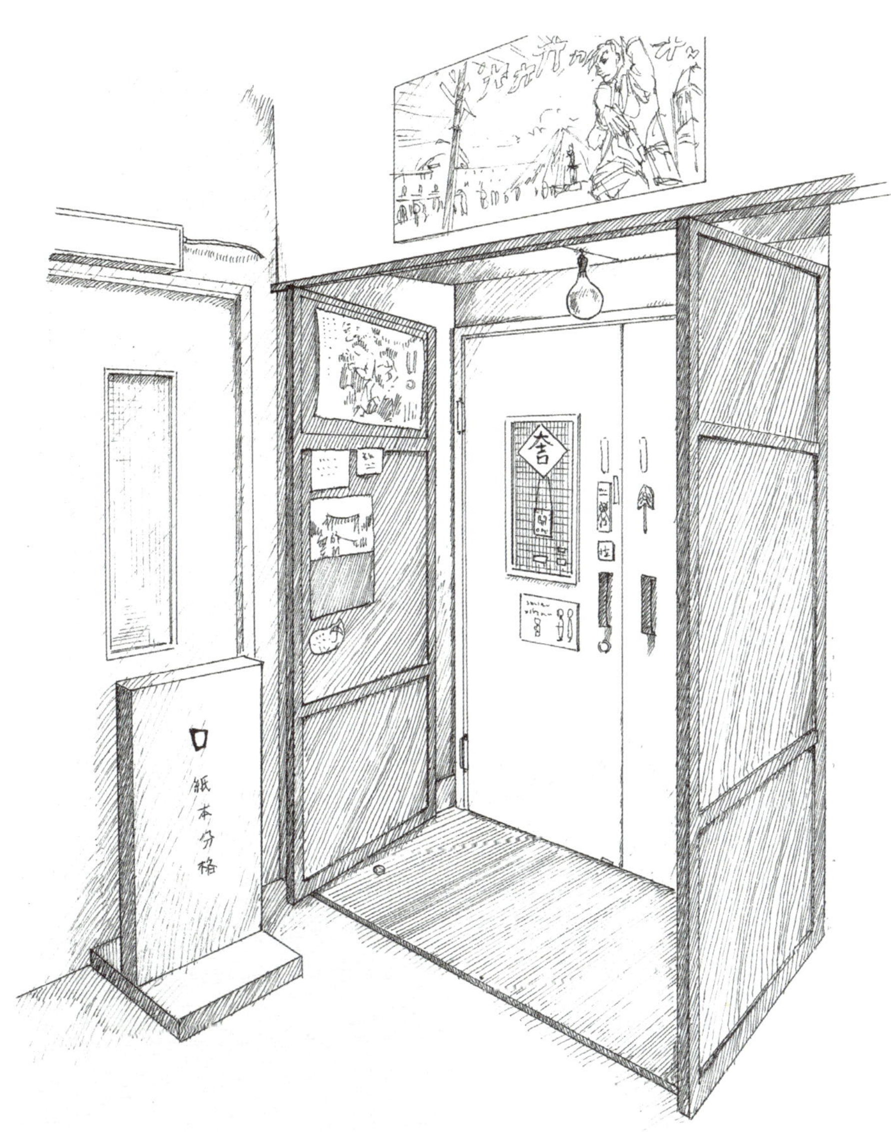

■紙本分格的入口

此刻我站在人生的交叉點上：「要買，還是不買呢？」

我看著魚豊的漫畫《地。－關於地球的運動－》。理智告訴我，它的畫功實在算不上漂亮，人物比例有點奇怪，又有教人慘不忍睹的血腥情節，不是我平時愛看的類型。第二，題材圍繞著「地動說」，我怕科學白痴的自己消化不來。三來，它是長篇漫畫，共有八期，而家裡的空間很有限。難得前月才將過千本舊漫畫送往二手漫畫店，難道現在又要再買新的一套放在家嗎？

但是，看紙本分格專頁近月大推，關於它的介紹帖文出了一次又一次，更有長達兩千字的推薦文，寫著令人熱血沸騰的「求知，無人能阻；真理，無人能敵」、「作者強烈渴望發表自己內心話語」，一時用心分析封面構圖、一時闡析漫畫主題思想……寫得很是吸引，所以我很是猶豫。

「這本漫畫好看嗎？」下不了決定的我忍不住向店長搭訕問道。

「很好看的。」店長 Karman 毫不猶豫說。

「買回家會後悔嗎?」我再小心試探一次。

「不會後悔的。」他一副信心滿滿的樣子。

Karman 的神色，不是一種「想做生意」的狡黠眼神，更像是一個燃燒著熱情的漫畫同好者。看著這雙眼睛份上，好，那我就買吧！萬一不好看，只買一期好了。然而，結果超乎我預期——《地。－關於地球的運動－》成為了我2022年最為印象深刻的漫畫，內心被它所深深撼動！而這對我亦有另一重意義：那意味著我破戒了。這是我自中學畢業後，首套再次購買的長篇漫畫。沒

■《地。－關於地球的運動－》是新進漫畫家魚豊繪畫的作品，獲「2021漫畫大獎」第2名，「這本漫畫真厲害！ 2022」男生篇第2名、第26屆手塚治虫文化獎「漫畫大獎」。故事講述在15世紀的歐洲，當「天動說」被視為惟一的解釋時，有一群人為了追尋真理，即使需要付出代價、被視為異端，都希望能堅持相信「地動說」，並將學說承傳至後代。

■紙本分格的店長之一 Karman。喜歡欣賞漫畫家精湛的畫功。

想到隔了十多年，我會重新投進長篇實體漫畫的坑裡，又再意識起自己終究離不開漫畫。

「有些書如果不是因為紙本分格推薦，根本就不會知道，也不會買吧！」想起家裡密得幾乎插針不下的書櫃，認識到好看又想帶回家的新漫畫，是一種甜蜜的煩惱；但對於能重拾閱讀漫畫的熱情，我對這家小小的漫畫店，有著滿滿的感激。

看漫畫的童年

我從小就喜歡看漫畫。小學時會讀哥哥買下的漫畫，升中後就愛在放學後，走進租書店放滿漫畫的密集書櫃間，逐本漫畫拿上手，窺探其中畫風及內容。那時還沒有社交媒體，遂藉網上論壇、繪畫留言板、甚至是同人活動，了解不同繪者喜歡看的漫畫，作為認識新漫畫的途徑。一本本累積下來，漫畫構成了我成長中很重要的記憶，也成為我開始繪畫的起點。

當自己開始有樣學樣的繪圖，就更意識到畫漫畫是多麼費心而困難。雖然很多人說漫畫是「公仔書」，只是一種消磨時間的娛樂，但我覺得漫畫一點也不簡單，那些格子明明廣闊得能裝起一千億個宇宙，內裡是複雜無限多元的世界，盛載著各種思緒、情感、慾望的流轉和碰撞。

但臨近公開考試，就將漫畫放下了。升上大學住進宿舍，生活遠離了漫畫店。即使回到市區，以前光顧的街坊漫畫店都逐一消失，曾經流行的時租漫畫店亦

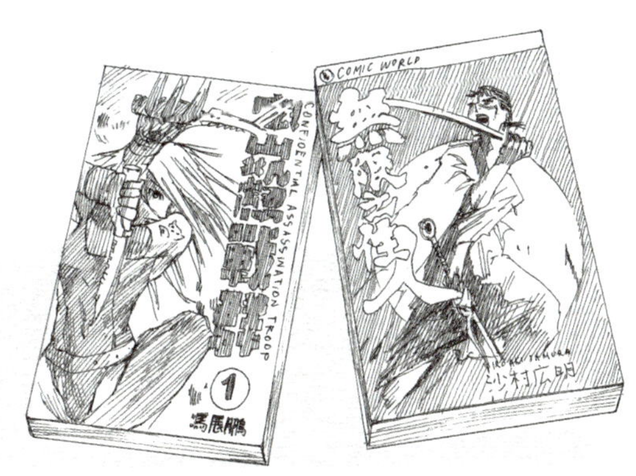

■ 中學時很喜歡馮展鵬的線條，就試著去看曾影響他甚深的《無限之住人》。在紙本分格自由定價閱讀區同時有馮展鵬的首部長篇作品《密殺戰群》和沙村廣明的《無限之住人》。

不復見。會和漫畫漸行漸遠，有一部分是環境因素吧。

然而，當住處附近開了紙本分格，就成為了我重拾漫畫的轉捩點。已忘記是哪年開始追蹤紙本分格的專頁，得知它開設實體店，實在興奮莫名。畢竟這年代漫畫店越來越少，竟還有認真賞析及推薦漫畫的有心人開實體店，覺得很難得：「即使很多年沒有看漫畫了，亦幾乎不太認識這些年出版的新漫畫；但還是必須要去逛一逛，支持一下。」我心想。

我本來是抱著對舊式漫畫店的懷緬而踏足紙本分格；然而這家面積只約500呎的漫畫店，完完全全超越了我的期望。它藉來自多國的漫畫、精心策劃的主題畫作展示、自由定價閱讀區，開拓了我對漫畫店的想像，彷彿帶我見識了更廣闊、更深邃的漫畫小宇宙。於是我就成為了紙本分格的常客，雖未至於造訪上100次，但回訪數十遍卻總是有的。因為太喜歡這家店了，相當好奇箇中運作，遂向店主們提出採訪邀請。為安排實習，店主傳來他們平日的工作時間表後，頓時心裡大驚：

「3pm 開門……9pm 關門

10:30pm-12am：
回店處理還沒完成的工作/清潔/執貨上架/拍照/補書清單整理/覆電郵/設計工作/包書之類

12am 後：
一位住較遠的回家（也是工作，5-6am 睡覺），一位家在較近的留在店裡，也是繼續工作（看時間，一般最早3am 回家，有時7-9am，有時會在沙發小睡）」

原來做漫畫店店主是這樣血汗，工作至凌晨竟是家常便飯嗎？而關店後的工作時數甚至比營業時間更長！心情遂從興奮轉變成緊張，手心開始冒汗：「哇，不知我是否能勝任呢？」

從網店自然而然變出實體店！

「哈，我們本身的作息都有問題啦。」店主之一的 ET 苦笑說。她曾任職展覽設計，當時忙得甚至要在公司通頂。或因曾身處地獄，相較起來，現在紙本分格的工作並不算最辛苦。想到這裡，我對兩位店主的敬意更深了。

我隨 ET 踏進那未開店前的紙本分格，瞧見這熟悉又陌生的店內風景。ET 平

■ 紙本分格的店長之一 ET。喜歡顏色鮮豔、較平面的漫畫風格，也喜歡讀獨立出版作品。

日使用的收銀小桌被放到豬肉檯旁邊，堵塞了通道；而招牌就放在畫作展示牆的前方，整間店幾乎沒有行走的空間，佈局顯得比平常更狹小。ET 搬來了電腦，將我帶到店中央的小桌前，然後說：「趁未開店，我們先來包書吧。」這句説話彷彿令我如夢初醒！一直都是實體店的顧客，那時我才真正意識到：對啊，紙本分格是網店起家的啊，而實體店和網店是同時運作的。

在下一剎那，ET 開始以神速操作電腦，先登入網店後台、確認收件人及地址、為送貨標籤填寫寄送資料，在我的眼睛追不上其速度時，她已完成以上步驟。然後拿出一大卷泡泡紙，動作俐落的開始將「紙本分格流」的包書法傳授予我。

「因為包書是需要空間的工作，所以營業時間內無法做到。」因此 ET 多會在開店前後，以及星期一、二的休店時間處理此一工序。其網店的歷史比實體店還長，而且時常辦預購，累積下來的顧客不少，有機會佔營業額的一半。一週的訂書量因時勢而異——在一年的高峰期中，最多一次要包上過百本書，又要分多批推到順豐站。但無論工作量多沉

■「紙本分格流」的包書法有著獨特的學問，既能節省泡泡紙又能包得穩妥，是兩位店長經過反覆實驗後得出來的成果。重點是在角位包上用泡泡紙捲成的「春卷」（由 ET 命名），裹在四個書角邊，使書在粗暴的運送過程中仍得保護。「這樣子，在海外的客人就會放心。有些客人重視書的狀態完好，若書角崩了，就會不開心。」ET 說：「因送貨員會『飛書』，幾百元一本書，我真的『肉都痛埋』。我們都算『錫書』，這樣包會穩陣得多，至少四隻角不會出事。」

重，店長都只有兩對手。我才意識到：星期一、二雖休店，但不代表店長能休假，只是將時間分配到處理網店店務而已。

想到欠缺休息的兩位，我的鼻子忍不住一酸。把要寄的書包好送往附近的順豐站後，我們預備開店：到倉庫拿存貨補書上架、將全店吸塵消毒打掃一遍、出帖文通知營業時間……我想，開實體店雖更能突出實體紙本書的魅力，但必然會較開設網店更操勞、更大壓力吧。我想像這決定會令生活改變甚大，豈知 Karman 卻回應得很淡然：「有朋友問我，你為何那麼『搏』呢？但我沒有這樣的概念，沒有那種破釜沉舟的心情——因為不是由0忽然去到100嘛，而是慢慢演變的過程。」

紙本分格會成為實體店，大抵是有跡可尋的。它本來只是一個於2015年開設的 Facebook 專頁，是 ET 和 Karman 作為漫畫愛好者，純粹憑著一腔熱血分享漫畫資訊的平台。開專頁是一輕巧的決定，卻成為紙本分格之後一連串開展的起點，甚至是核心。

由於兩人撰寫的專頁帖文認真且獨到，讀者群越來越多，甚至得到出版社青睞邀請為漫畫撰文、設計宣傳海報，逐漸擔當起推廣漫畫的角色，自然而然開始了漫畫預購活動；由於太多人預購，又自然而然開設了網店，方便處理訂單；又由於累積了一班願意消費的顧客，售出的書量及種類越來越多，遂自然而然想到開實體店：「這些陸續的累積，得出來的結論是：覺得可以這樣做。」Karman 淡淡的說。

■ 2017年，紙本分格得到台灣大塊文化授權設計《乒乓》香港特別版絲印海報。海報選用了讀者都很喜歡的一幕：Peco 和 Dragon 決戰時的經典漫畫全版。紙本分格選用了純黑色的特別紙張，再用白色油墨絲印上去，概念來自作者松本大洋喜歡在色紙上加純白色油彩的畫法。後來 ET 有機會在安古蘭漫畫節和松本大洋見面，遂親自向對方展示這張海報、解釋設計意念，並得到松本老師的欣賞。

「畢竟開實體店的成本，在開店之前就已一直在支付。」首先是租金，這間店是由 Karman 的設計工作室改裝而成，即租金支出並無伴隨開店決定而上升；二來，他們一直都因經營網店而有入書，開設實體店只是數量上的增加：「而網店的數據及預購活動，能助我們推測人們的購書量，這些都可以減低虧蝕的風險，是有這些科技帶來的方便吧，所以也不是盲舂舂去搏的。」

進程雖自然，卻是一個非常認真的決定。記得紙本分格於2021年的開店感言中，曾引述山崎亮所言：「不是打造出只讓一百萬人造訪一次的島嶼，而是規劃出能讓一萬人造訪一百次的島嶼。」這樣的目標聽來很有野心，但當漫畫店越來越少，紙本分格會思考如何持續吸引人們前來造訪，其實是很務實的。至於如何實踐，Karman 回答道：「我想，是要有一些只有我們有，但別人沒有的東西——即要創造一些獨家的東西。」

小角落變出精彩陳列

紙本分格確實有其獨家服務。首選當然是主題畫作展示。一般漫畫店只著重在賣書，空間又小，哪可能有主題畫作展示呢？紙本分格卻是一個特例——空間的確不多，但還是可以辦，而且可以很精彩。

實習當天正值「いく！いく！香港——色長與她的小高潮世界」主題畫作展示，作為店員，可以看見到來的粉絲真是一浪接一浪。這也是自然的，這小角落既展出了台灣插畫師小高潮色計事務所（色長）不同系列精選出來的畫作，更有大量色彩繽紛又可愛的精品出售。當中更有紙本分格與色長合力製作、為香港讀者特設的限定畫卡！本來對色長不太熟悉，但看過她陳列的畫作後，會更了解她的故事、感受到其作品中的魅力。且畫卡實在太美了，連算不上是粉絲的我都忍不住入手了一張。

整個角落的主題展示十分精彩，背後的策劃自然不簡單。流程包括：向色長提出邀請、雙方就展示活動日期及方向達成共識、挑選展品請色長寄來、用設計軟件安排展品在牆上的排列方式、透過資料搜集撰寫有關色長的文字、排版印刷展板及作品資訊、將作品掛上牆、宣傳工作、接待色長到店與粉絲見面……

**手繪 x 實習 x 訪談，
透視 10 間港澳在地小書店**

展示了多幅由色長繪製的作品。小高潮色計事務所的創作題材主要圍繞著動物、性和旅行，配色鮮明大膽，風格扁平簡潔，希望能以插畫傳遞：「性是一件自然的事」。是次陳列的作品由 ET 所選，皆來自色長不同系列。

相信漫畫：這幅主題畫作展示牆印有由 Karman 設計的 Logo 及標語，是紙本分格具標誌性的風景。

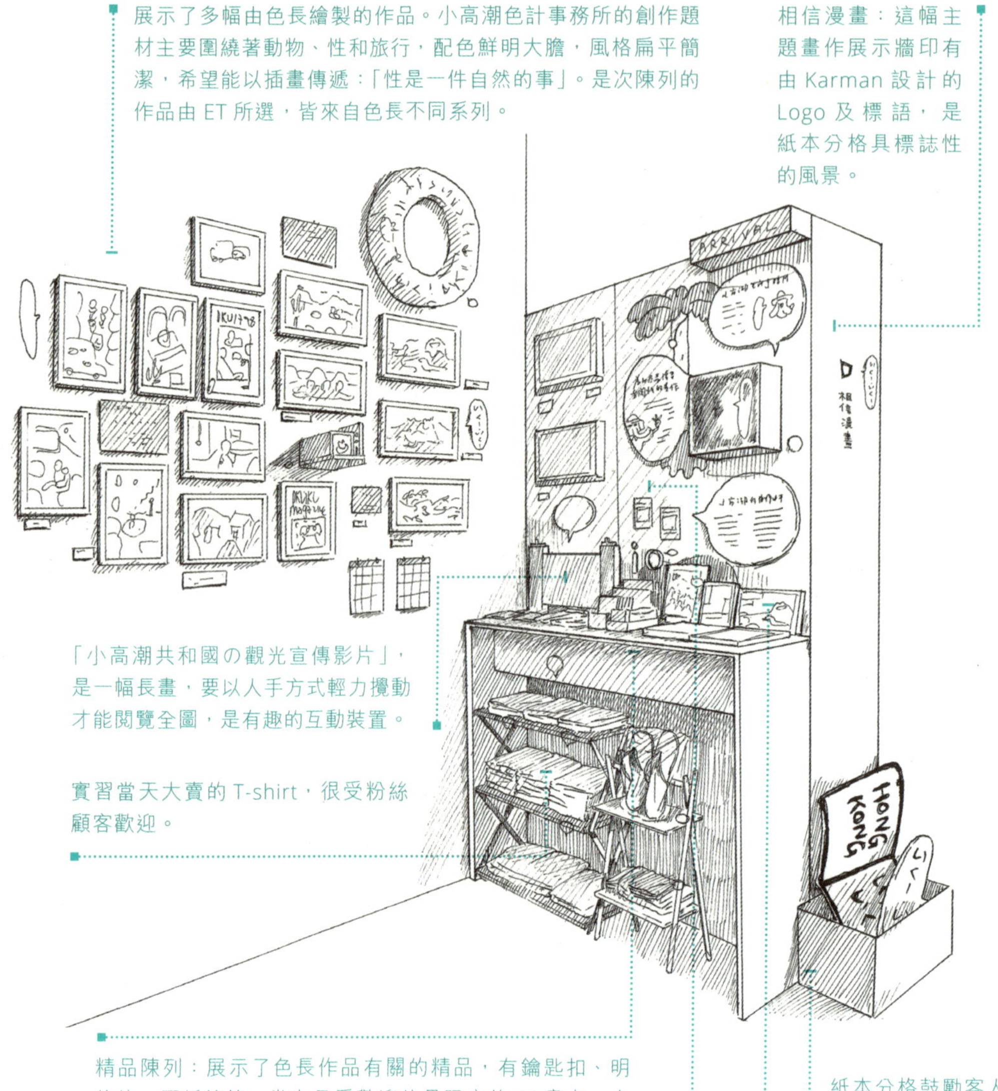

「小高潮共和國の觀光宣傳影片」，是一幅長畫，要以人手方式輕力攪動才能閱覽全圖，是有趣的互動裝置。

實習當天大賣的 T-shirt，很受粉絲顧客歡迎。

精品陳列：展示了色長作品有關的精品，有鑰匙扣、明信片、膠紙等等。當中最受歡迎的是限定的 A5 畫卡，由紙本分格與色長聯合製作。插圖是色長特別為香港此次活動繪畫的主視覺圖，畫卡由 The Memory Machine 用七色 risograph 印製，充分表現出作品的鮮豔色彩。選用的紙張為質感舒服又挺身的 Olin 卡紙。

紙本分格鼓勵客人在現場拍照，ET 遂特製了各種拍照道具供大家使用。其中包括色長作品中常出現的「A 書」。ET 非常喜歡這本「A 書」，並指製作「A 書」是為了「自肥」。

此處展示了由 ET 所撰寫有關色長的文字。既有色長的簡介，亦解釋了色長繪畫有關性畫作的用意，以及創作路上曲折的心路歷程。相信能讓之前不認識色長的顧客，對她有初步的了解。

色長的書籍作品《動物腥球圖鑑》和《高潮了！瀨戶內》。

不同工作環節都要與色長時刻緊密連繫，確保對方同意活動形式和內容。

ET從前雖有做有關展覽的工作，但主要是負責視覺設計，現在要與Karman兩人「一條龍」負責所有環節，她坦言是邊做邊學。但在決策過程中，她的方向很明確：「我是作為粉絲的角度去想，我會想有些什麼呢？」

今次活動的工作量已不算沉重。紙本分格之前策劃的主題活動，紙本分格甚至還會參與印刷、選紙、裱框等工序的溝通及決策部分。「連用哪一種紙張也要得到藝術家的同意，看看紋理會否太明顯。」每個細節都一絲不苟，為的就是藉獨家的實體展示陳列，讓更多人親眼看見其作品的魅力，用視覺衝擊創造感動。同時這份認真也創造了讓更多人造訪這間小小漫畫店的理由。

作為一間書店辦的主題活動，這成果實在是超額完成。至於為何如此盡心力去舉辦：「因為我喜歡做這件事。純粹是因為很開心！」ET的答案很單純，言辭間能感受到她的興奮與快樂：「我喜歡色長的作品，就想把它們帶過來。而且香港的環境很鬱悶，那就展示她的畫作來讓大家開心一下吧！」

ET會用「為了自己開心」、「自肥」，來解釋她為何盡心盡力付出。但我想，也許因她和讀者其實都共享著「漫畫愛好者」的身分，所以當她「自肥」的時候，同時也能「利他」，令大家也能從中受惠。實習當天，可見不少讀者在現場逛個不亦樂乎，甚至滿載而歸。我想這要歸功於ET擁有洞察自身作為粉絲的慾望，及將之實現的能力吧。

極罕有！漫畫店設試閱本

說到第二個獨家服務，必須要數試閱本。實習當天，有一箱真造圭伍的新書《平屋慢生活》第3期要上架，ET叮囑我要拆一本包裝作試閱本。我才想起，雖然坊間主要出售文字書的書店大多設試閱本，但以專售漫畫和畫集的書店而言，這實在是很罕見的操作。尤其一手漫畫及畫集讀者多重視書況完好，故漫畫店多將書包上膠膜。如提供試閱本，即變相接受了那本書是不賣的——因經多人翻閱，它被損耗的風險太高，能賣出的機會很渺茫。

當一套漫畫、一本畫集動輒數百元，紙

本分格仍願意付出代價，其實是考慮到顧客的需要：「因自己是顧客時，常被封面騙了，所以希望客人在購買前稍微翻看，確定有興趣才買。」而那歷盡滄桑的試閱本，則會留作店長自行閱讀：「有些店會覺得，每拆一本書作樣本書，就會蝕一本；但因為我們自己也要讀，所以就不覺得蝕啦。」聽到那一刻，無法不為店長的犧牲感到心痛又感動。

而試閱本的存在，其實亦突出了實體書店的珍貴。Karman 回憶，曾有客人到店揭書，他本想趁這機會介紹書籍，竟被對方嘲諷道：「你們賣的書比 Amazon 便宜時才說吧！」聽到他複述的這句話，我心裡實在感到不忿。明明你是需要試閱服務，所以才會到紙本分格來吧？其實試閱服務不是免費，只是店長為你承擔了而已。當別人為你付出了代價，你未意識到別人的好意，還佔別人的便宜又無禮待之，實在要不得。

惟有部分人，確實會有如此矛盾的舉動：到實體書店翻書，再到有折扣的網路商店購買。但亦正正引證了：雖然網上購物平台價格較低，但它們只提供數頁的試閱，其實不足令消費者放心作決定，於是讀者才會踏入能提供試閱本的書店——這「身體很誠實」的舉動，正正代表了實體書店有無法被取代的價值。在此前提下，實體書店售價或較網上稍貴，但若花少許錢就能消費得更安心，不是很值得嗎？而且當試閱服務不是免費的，消費者多付一點去支持提供試閱服務的書店，也是應盡之義務。

■《平屋慢生活》是漫畫家真造圭伍的作品，其第3期是當天要拆包裝上架的新書。此作品講述男主角生田弘人，得到熟識的婆婆過世後轉讓一棟獨棟平屋，便和表妹夏美一起在這棟平屋裡生活。作者在新冠疫情期間罹患癌症，接受治療期間感悟到平凡生活的珍貴，遂有這部作品的誕生。此漫畫得到「2021 Bros. 漫畫獎」第 1 名、「2022 漫畫大獎」第 3 名、「THE BEST MANGA 2022 這本漫畫必讀」第 3 名。

■《龍珠大全集1》是Karman第一本購買的畫集，當時是1995年，用的是讀小學時收到的利是錢。已絕版了，但是書的狀態仍保存得非常好。是Karman入坑的一面旗幟。

而重視書況的讀者，就更有理由要在紙本分格購書。首先網購書籍經過運送過程，書有崩角也是常事。即使書況慘不忍睹，退書手續要不沒存在、要不很麻煩。但紙本分格則不同，一來寄送時會盡量將書包得穩妥，二來也設售後服務：「我們是實體書店，如果書有缺頁、崩角，可以拿上來，我們可人手幫你處理退書、換書。作為消費者，這樣會安心一點。」如真的對書況有很高要求，就更應到店選購：「會有客人訂書後到店，在幾本庫存中選擇最完美的那一本。這些也是大型購物平台不能提供的服務吧。」

一次飽覽絕版作品！自由定價閱讀區

第三種獨家服務，則是店內享負盛名的自由定價閱讀區。「我們明白香港地方有限，希望沒空間購置實體漫畫的人，可以以自由定價方式來店看書。」顧客能在此一口氣看到各部精彩漫畫，甚至是絕版畫集，確實是人間樂土。倒是Karman帶點苦澀的說：「開這店最大的犧牲，就是要開自己的書給別人看。」作為惜書人，分享自己的多年珍藏需要勇氣，亦需要對客人有足夠的信任。

實習當天是公眾假期，閱讀區甚受歡迎，繁忙時間座無虛席，而這區亦令客人留待的時間較長，似乎是令讀者樂而忘返的角落，也令我連結起從前流連時租漫畫店的熱鬧畫面。

但以利潤角度而言，此區的收益難以估算。「如果要賺盡，應該不會設閱讀區吧？若這個區域也用作展示可供出售的書，一定能多賺不少。」ET解釋道：

■一直想閱讀這套《春心萌動的老屋緣廊》，可惜絕版了，遍尋不獲。難得在此閱讀區能讀到全套漫畫，令我非常感動。

手繪 x 實習 x 訪談，透視 10 間港澳在地小書店

■ 紙本分格的自由定價閱讀區

在開店時已有的閱讀區書架，由店長友人送贈，負重力強大。放的主要是畫集。

《JoJo 奇妙冒險》DIO 複製原畫：乃荒木飛呂彥為2018年「JOJO 冒險之波紋」大阪站展覽繪畫的主視覺圖，為了表現 DIO 沉思的面貌，作者參考了米高安哲羅的雕塑作品 Tomb of Lorenzo de Medici。店長非常喜歡這幅畫。

沙發：歡迎使用閱讀區的朋友坐下看書。椅背套由店長媽媽負責修整。

放了發財樹的盆栽。店長在盆栽上面畫了荒木飛呂彥《JoJo 的奇妙冒險》裡的貓草。

「排球少年 !! 展」的漫畫稿複製原畫，顯示了主角影山飛雄與日向翔陽兩人極具意義的握手再會。

門小雷為 4814「井上雄彥—非官方浪客行展」分享活動繪畫的真跡。

《鋼之鍊金術師》複製原畫：是《荒川弘 Artworks 鋼之鍊金術師》日本畫集封面插畫，是角色群的大合照！

《排球少年 !!》複製原畫，呈現了主角日向翔陽打球時的美好英姿。

茶几：平時供閱讀區的客人使用。

在開店約十個月增設的書架。此刻放有《幽遊白書》、《鏈鋸人》、《化物語》等。

供客人放下個人物品的小籃：一來是想讓客人能卸下行裝，更舒適的在店內閱讀；二來因店內空間有限，若揹著背包容易撞到漫畫或展品，故設有這小籃讓客人放下個人物品，讓客人能更無慮的在店內閒逛。

報刊架：難得放了一些非漫畫但歡迎客人閱讀的報刊、小誌，顯示了紙本分格關心社會的一面。實習當天放的是《我們的城市照顧者 —— 一本關於倒樓清潔員的小誌》和油塘社區報《集油》第十一期。這期有刊登紙本分格的訪問。

在開店約兩個月後增設的兩個書架。增設書架的資金來自課金支持、閱讀區的收入。可以讀到全套的《排球少年 !!》、《迷宮飯》和《SLAM DUNK》，也有不少松本大洋的作品。只限成人閱讀的作品放在最上層。

Acky Bright 簽名板：在 Acky Bright 尚未有其首本商業出版作品《BORDER LINE Illustration Book》之前，Karman 已透過社交媒體認識了他的作品，並邀請他把獨立出版的《Doodle 3.5》郵寄給店內銷售，後來賣光了。Acky Bright 為了感謝紙本分格，遂畫了這幅親筆簽名板。店長形容為「終極自肥大獎」。

■ 經 Karman 的推介下買了《十丸一家圖畫日記》第一集。下次再到店來，就買齊了一套。這套漫畫記述了作者一家和貓咪共居的故事，糅合了現實與幻想，是讀著會令人忍不住傻笑的作品。

「我們有收過別人定價一円，但也有人會給一百元。」雖然從自由定價收到的利潤有限，但 Karman 認為這閱讀區，是吸引人到紙本分格來的其中一個原因。而我想，這閱讀區放了整整四個大書櫃的書，如果要把這裡的書都讀遍，至少也要上來十數次吧！

一對一漫畫諮詢及推薦服務

至於店長為顧客作一對一的書籍推介，應可稱為第四種獨家服務吧。有時逛其他漫畫店，當店員臉容比較嚴肅，我就不敢請對方推介漫畫。

但在紙本分格，在聊天過程中被店長推薦書藉是很自然的。除了文首提及的《地。－關於地球的運動－》，記得有次買了石黑亞矢子的《ねこまたごよみ》，Karman 就和我說：「啊，這裡也有賣她另一部作品《十丸一家圖畫日記》。你也可以考慮看看。」又有一次，「港漫動力」資助了一批港漫出版，因太多作品難作抉擇，ET 遂和我分享讀後感，我才買下了張漢華的《這次真的拚命了》，亦因此認識到這位之前不認識的香港漫畫家。

有趣的是，雖然我總會在紙本分格買比預期更多的書，似乎比逛別的漫畫店更容易購書，但店長的推書其實絲毫不帶強迫硬銷感覺，更像同好間的友情分享：「我們本身都看過店內的書。那我們就能告訴別人，這本書關於什麼，最好看的是什麼地方，或我喜歡它什麼地方。當一對一這樣說，那說服力其實強很多的。」ET 如此描述愛好者間的奇妙引力：「當讀者覺得和我的漫畫喜好接近，那如果我說我喜歡，他們也會有機會喜歡、會購買。」

■《這次真的拚命了》是香港漫畫家張漢華的作品，令人充分感覺到，漫畫家即使死了也要把作品完成的執念。

■《地獄行》是本地漫畫家 Papaya Fung 獨立出版的作品。這本書在其他地方較少看到，它的畫風非常特別，內容發人深省。故事講述主角雪夫前往地獄之旅的經歷，是 ET 很喜歡的作品。紙本分格會出售不少獨立出版作品，因為他們認為獨立出版未必有太多商業考慮，無論是畫風、表現方式或題材，都比商業出版蘊藏著更多可能性。

範圍極廣的喜好選書

而會與店長喜好有所共鳴的人，可謂是紙本分格的主要顧客吧。因店長的喜好，直接反映在選書之中：「沒興趣的書我們都不會入，所以會入的書，都是我們感興趣的。」

實習時要整理書櫃，綜覽全店，發現店內書種、風格、題材、產地甚廣泛，難以一概而論。既有大熱日漫作品如《龍珠超》，小品如《貓向西走》，更有其他漫畫店少見、題材獨特的台灣漫畫如《廢廢子の充氣大冒險！》，亦不乏本地新漫畫如《0課特工》，或經典作品如《草莓妹》。既有畫功精湛的田島大介《超越界限》畫集，同時也有線條簡約的《水流向大海》。

這大概與兩位店長的漫畫口味相異有關：「我自己很喜歡看獨立出版，奇怪一點、或異色類作品。我不是很在乎畫美不美……通常喜歡顏色鮮豔、平面一點、或亂七八糟的風格。」ET 喜歡的漫畫家包括松本大洋、林田球等。Karman 的喜好卻不一樣，喜歡大暮維人、田島大介：「第一眼最吸引我的，始終是畫。但當去到故事很吸引的時候，也能忽略作畫上的不夠美，像《地。－關於地球的運動－》。」

如果只有一個店長，選書可能富其個人特色，惟範圍卻未必夠廣。當 Karman 和 ET 口味各異，遂能造就出一間能包攬不同風格的作品、能回應不同顧客喜好的紙本分格。實習當天，最為驚喜的是顧客年齡層之廣：有身為色長粉絲的年輕情侶、有買下《JOJO A-GO!GO!》的三、四十歲女性、將一整套《藍色時期》捧回家的廿多歲男孩，購入了《異獸魔都》的中年叔叔……在這店內，確實感受到不同年紀、喜好的人都在享受漫畫帶來的樂趣。

■ 兩位店長喜好其實也有重疊處。當中的最大公因數是井上雄彥。井上的《浪客行》是兩人認識的起點。

畫漫畫不是容易的事

接下來，就來到實習工作中最大挑戰、令人最為緊張的環節。ET帶著和善的笑容問道：「你要不要試試寫推介文？」我的臉色頓時鐵青，心裡面有千層浪在翻滾。雖然只是實習，但既然身處工作環境，喜怒不形於色才是上策；但實情我心裡在飲泣和咆哮：「嗚哇，我怕我應付不來啊！」

作為紙本分格的粉絲，我從來都很佩服店長們寫的推介文，無論是社交媒體上的帖文、還是在網站上的長文，都不乏獨到分析，資料又詳盡，而且寫得非常有趣，行文間總能讀到店長對作品的熱情。每次讀畢，也會勾起我閱讀其推介的作品的好奇心。

實習前，知道可能會被分配寫推介文的工作，故此嘗試分析紙本分格寫文章的角度和思路。但整理下來，頓覺難度滿分……因為他們擅長用多角度闡釋作品的魅力，包括：故事內容及主題分析、劇情鋪排、作者背景及個人經歷、作品於作者創作生涯上的位置、創作風格的變化、創作方法及過程、獲獎記錄、從連載作品變成實體漫畫本的改動……要能寫出以上環節，就要對作者、故事有深入認識，閱讀的作品量要夠多，還要做豐富的資料搜集才能勝任——然而以上所提到的，可能還不是最難的。

紙本分格最令我佩服的，是能從視覺角度剖析作品的魅力，包括仔細研究作品的分鏡、視覺敘事方式、作畫風格特

■ 竟然在豬肉檯看到這本日版漫畫《気になってる人が男じゃなかった（在意的人不是男生）》，很驚喜。店長才透露店內有一批客人會購入日版漫畫，有些人即使不懂日文也會買來收藏。即使是有中文版的作品仍然鍾情於日版。從這細節中，我感受到店長有考慮到小眾讀者的需要。

色、甚至是閱讀方向，亦會涉及人物設定上的優勢及巧思。如有需要，甚至會製圖詳盡解説。又由於兩位都有設計的知識與根底，所以能從印刷及設計角度去突顯實體作品的魅力，包括作品的印刷、紙張、特效、包裝特色，都能一一在文章中清楚寫出來。

如此認真分析，肯定作品的價值，當中有店長強烈的意志：「我覺得現在很多人都只看畫，覺得畫不夠美就不看了。但我會覺得，為何你們只以畫評論漫畫呢？明明當中還有很多元素值得我們留意。因為就是有畫得不美，但其實很好看的作品。」ET 期望提出更多賞析漫畫的角度，讓好漫畫能被更多人看見和重視。

Karman 則是回憶自己作畫的經歷，遂意識到漫畫之珍貴：「以前小時候抄鳥山明的畫，畫著就覺得自己畫到它的形，但畫不到它的神。所有事情都是這樣吧。越模仿到某個境界，就越意識到對方強大之處。僅僅是畫一張畫都不容易，更遑論之後的故事、分鏡或其他設計了。」

他續説：「畫漫畫並不是想像中，那樣容易的事。」Karman 的感受如此深，與現在嚴苛的網絡風氣有關：「現在的人不喜歡讚，卻喜歡罵，會評價某套作品是『垃圾』。」他認為這樣的風氣，會貶低作品的價值，故會試著分享作者下的苦功。然而最終要選擇喜歡或討厭，始終是讀者的自由，「但去到最後的最後，如果你不珍惜有人畫，那你就沒漫畫看了。」大概肯定漫畫，是因為珍惜漫畫。

■ 如這和月伸宏《浪客劍心》——「劍 X 心」複製原稿 BOX，如果不是對印刷特別敏感，未必會留意此 BOX 製作上的認真。但紙本分格會在文章裡寫到，這些複製原稿中，連彩稿插畫背面 marker 透底效果也有作印刷，漫畫稿中的墨線、白油塗改、對白植字與出版社的記號也有盡量還原。透過這些文字説明，能令讀者更珍惜出版社的用心，更意識到這些複製原畫的價值。

■ Karman 會懂得去想像及認識創作者下的苦功，相信與他喜歡看幕後製作特輯（making of）的習慣有關。他和 ET 最喜歡的 making of 作品之一，是井上雄彥的《SLAM DUNK 10 DAYS AFTER》。

又因珍惜漫畫，所以紙本分格認為要用真金白銀購買漫畫，支持漫畫出版社和作者，才能繼續有漫畫誕生。Karman 說：「幻想一下，其實買一本漫畫的價錢，都不足以令你在香港吃一頓飯。用那少許的錢，就可以看到別人畫了差不多一年分量的畫。」而那些畫還是經歷過磨練的作者（或和助手），經過深思熟慮，一筆、一筆累積下來的作品。如果是大熱連載日漫，作者更是在殘酷的競爭及選拔中勝出的，萬中無一的人才；而他們筆下的漫畫，很可能是捱更抵夜、以健康為代價下誕生的嘔心瀝血之作。ET 歎氣道：「其實漫畫真的是很便宜啊。」

漫畫背後是活生生的靈魂

撇開目的，ET 認為了解創作背後的故事，本身就是很有趣的過程：「像荒川弘作畫是真的從基礎一步、一步來的，整個過程很快、很流暢。但林田球的稿是有很多鉛筆筆跡的，她不擦就上黑線，然後整堆稿就這樣交給編輯，連鉛筆線都印出來了。那就會知道，這個人應該很不修邊幅，你感受到她的喜好與作品有連繫。」

ET 說起喜歡的漫畫家時，總展露出很開心的笑容：「我覺得這已類近一個 character。知道了這些之後，就會覺得很有趣，會更加喜歡這個作者。」當感受到作品之中滲透出來的人味，或從作者身上呈現的獨特個性，就自然會被吸引吧。Karman 補充道：「我覺得這種 character 就是 AI 所沒有的。除非 AI 也有靈魂，不然永遠也不可能有這種 character 吧。」

說到底，雖然漫畫中不少角色、情節都是虛構出來的，但塑造這一切幻想的背後，是一個活生生的人，他有自己的經歷、個性、視角、觀點、喜好。我們讀漫畫，其實是讀世上某一個獨一無二的人，他腦子裡千奇百怪的慾望和念頭。無論是刻意留下的、還是無意間暴露的，故事裡總是藏著幕後創作者的痕跡。

當然文字創作的虛構作品，也有著上述那種充滿人性的、活生生的魅力。

但是漫畫畢竟是一種獨特的媒介，如 Karman 所說：「文字書中，作者多用文字來描寫角色，但它沒有一具體面貌，而要靠讀者想像出來——這可能是文字書讀者，覺得它有趣的地方。但漫畫，卻很靠作者的描繪令形象更具體，令讀者更容易了解。而從中也能看到作者在畫面上的表現能力。這可能是文字書未必做到的事情。」ET 則認為，大家就著文字所想像出來的印象可能不一樣，但漫畫是具體的，「能呈現角色、設定、速度感，那資訊會多很多。」

如文字很需要讀者的想像，而動畫是將創作團隊的想像完全具體的呈現出來，那漫畫就介乎於兩者之間：那一格雖呈現了作者所想像的畫面，但格子與格子之間的空白，則需要讀者「腦補」：「較於文字或動畫，我自己就較喜歡漫畫呈現的版本，那對我而言是最有趣的。」Karman 說道。

被發揮得淋漓盡致的 500 呎小宇宙

硬著頭皮寫畢推介帖文（幸好只是篇幅短短的個人感想），便聽到耳邊有顧客問道：「不好意思，之前訂了浦沢直樹的《冥王》。本來選了送貨，但現在想在店內取貨，不知可以嗎？」Karman 和 ET 即回答道：「好！但可能要請你等等。」然後 Karman 遂一頭鑽進書櫃裡尋書，東找西找。作為實習店員，我其實很想幫忙，卻覺得有點無力，因我不知道那本書的存貨放在哪裡。雖然書櫃的後排放著庫存，但那未必是與前排一樣的書。

紙本分格的書櫃，常常都被重新排列。重新排列不是為了製造新鮮感，而是漫畫新書出得很快，豬肉檯卻位置有限，檯上的書若放了一段時間就會被轉移到書架上，但其實書架上已密得難以插針了。而為方便讀者尋書，店長總希望能將同類作品放在一起，如異色類的、同一位作者所畫的，但隨著同類的書越來越多，就有需要將書架重新排列——這會令前排作品被調到不同位置。如沒有同時調配後排庫存，就會令前後排的書不一致，增加了庫存尋找的困難。

歸根究底，就是店面的空間太小了，無論是豬肉檯還是書櫃的空間，其實都很不足夠。記得在紙本分格開業一周年時，他們有說過書量「一年間多了最少八倍」（ET註：只是第一年太少書了）；實習當天亦就此再問，ET回答：「今年比起去年，（書量）應該是兩倍以上吧。」屈指數算，那現在不就比當開店時多了十數倍的書量嗎？

回憶開業不久，初訪紙本分格，店面空間確實比現在開揚得多。然而隨著一次又一次造訪，會發現書櫃數量猶如藤蔓一樣，默默而緩緩地增長蔓延。首先是閱讀區的書櫃，然後是收銀處前方的小書櫃，再來是豬肉檯四邊的矮櫃……慢慢地，我佩服店長在運用有限空間時，所發揮的靈活創意小宇宙，但我有點擔心這裡的空間已飽和了。比較難想像下一個書櫃可以放在哪。

「我希望人們可以懂得飛翔，那我就可以在空中加多兩個書架。」ET打趣的說，似乎她對空間不足亦有些束手無策。惟香港寸金尺土，空間有限大概是每一間書店都必須要面對的難題，但紙本分格的境況似乎最為嚴峻。

「主要是我們會保存較早出版的書。」ET緩緩道出原因：「和其他書店相比，我們真的很少退書。少到連發行商都會和我說：『你都不退書的！』因為當我們相信那本書能賣出，或值得繼續放在店內，我們就會繼續放。」不願退書，背後其實是「相信漫畫」的表現。因此有些在兩年前開業時購置的書，至今還是在店內保存著，讓它們的價值仍可能被讀者所發現。當書量有增無減，而紙本分格仍然渴望能有讓讀者坐下閱讀和畫作陳列的空間，這小小500呎自然會被塞滿。

目前店長租了迷你倉放置庫存，以緩燃眉之急。但迷你倉有天終會飽和，而且店面空間似乎也有擴張的需要：一來，惟有陳列出來的書才有機會賣出；二來，由於店面擠迫，不少工作也只能留待到營業時間外進行，如包書、補書、執書等，以免影響客人的店內體驗，但其實會令店長工作時間變得更長。

因而問店長，可有考慮再租大點的地方？Karman的回應快得如反射動作：「日日都想，只是沒有錢而已。」想來我的確問得太天真、太魯莽了！確實，如搬到較大空間，租金成本自然會上升，能否持續經營遂成疑問。畢竟，每本漫畫只有數元利潤，即使賣出一整套

■《三魔女》是紙本分格與漫畫家 Kiu 合作的首部長篇漫畫計劃。「一直都想做長篇漫畫出版，因為覺得漫畫長篇是好看一點的。故事和角色也能深入描繪。」在這計劃中，Kiu 負責構思劇情和作畫，紙本分格則負責編輯、設計、校對、選紙、監印、宣傳、辦作品活動……「而最後在書店賣這本書給你們的，都是我們！」Karman 笑說。聽畢，我慢慢了解到他們缺乏休息的緣由。

漫畫，利潤都不足以在香港吃一頓飯。要靠賣漫畫來負擔起人人都喊貴的租金，談何容易呢？

漫畫愛好者的狂想

望向時鐘，已是晚上八點半了。一日即將終結，店內人群逐漸散去，實習亦臨近尾聲。其實這天我被分配的工作量不多，但始終有點倦了。知道店長在閉店後還要和漫畫家開會，商量漫畫出版事宜，我真的打從心底裡佩服他們，同時覺得自己很廢很頹……「為什麼他們可以這樣厲害呢？」我禁不住心想。

這麼一間小小的店，只有兩個人，卻兼營網站、實體店，還辦主題陳列活動、漫畫出版，社交媒體的經營亦相當認真；雖然空間不足，但我覺得在資源有限的情況下，在現實可行的範圍內，紙本分格已經發揮了小宇宙，已很接近我心目中理想的漫畫店，甚至已經超越了「漫畫店」的領域了。

但我很好奇店長心中的答案。遂問道：「紙本分格成為了你心目中理想的漫畫店了嗎？」雖然採訪其實不宜有任何前設，但我想像可能是一些比較現實的回答，如：「已經接近，但是還有可改進空間」、「在現時的情況來說，已算是很理想了」諸如此類的話語。

豈料 ET 十分激動地說：「當然是未啦！首先要大一點吧！大到 M+ 才真的差不多！很多漫畫要放閱讀區，要賣的書量也很多，又要辦主題陳列活動！」她希望能辦更多原稿陳列的活動，及邀請不同地方的漫畫家合作。「如果邀請井上雄彥的話……」Karman 馬上接著說：「隔壁要有酒店讓他能休息。」我心想：什麼？「我理想中的漫畫店是將現時所有部分乘大一百倍，閱讀區可以有勁大的廳，賣書的位置又勁大，展覽又勁大，簽繪牆也要勁大……所有東西加起來，就是 M+ 那麼大。」ET 越說越興奮：「要有可以躺著看漫畫的地方，像草地那樣的。」Karman 再接著說：

「出面要有1：1 Gundam⋯⋯」

我禁不住噗哧一聲笑出來，嗚哇，你們實在太可愛！也太有趣了！

可能有人會說這些想法是不切實際，但我真的很欣賞這樣狂想。說到底，漫畫就是作者將腦內的幻想畫成真實；而相信漫畫，可能就是相信幻想的力量。作為漫畫愛好者，我們明知漫畫是虛構的：哪能像《鋼之鍊金術師》那樣，一下子就能從石地鍊出矛呢？但每當愛德華一次又一次用鍊金術作戰，我們卻不會懷疑他強大的力量。世上明明沒有一支球隊叫湘北，也沒有發生過一場「湘北 vs 山王」的比賽，但讀者如我們，可能會覺得世上沒有一場賽事，比這場幻想中的逆轉勝更令人熱血沸騰了。

幻想是可以很有力量的——因為當中有某個真實存在的人，帶著無比認真的心，去想像並描繪存在於他腦海中的景象。即使這些腦內風景未必會成真，但是我們能從中洞悉到那個人的慾望、願景、執著，這些是無比真切的。

我相信這些真實但無形的東西，總能把人帶到很遠的境地。即使最後實體店未必真的可變得像 M+ 那樣大，但店主想與大家一同分享漫畫的心意、那份對漫畫的愛，必定會令紙本分格走得更遠吧！像紙本分格在專頁初開時，大概也沒有想過有一天，會能為一直喜愛的松本大洋製作海報並向他本人展示成品、能有機會與麥少峰合作並出版漫畫，甚至會瘋狂得開一間漫畫店。有些事在一開始看似不可能，但一步一步認真走來，總有無法想像的得著。

不知道紙本分格的幻想是否會成真，但我無法否定幻想成真的可能。要完全確定一件事不會成真，惟一的方法是不作任何幻想。但是我知道，無論聽上去有多荒誕、聽上去有多天馬行空，所有已經成真的奇蹟，必然始於幻想。

願紙本分格可以越開越大、越走越遠，讓一萬人可以來造訪100次。

| 2023年8月 |

ROOM 23

|室內 / 空間設計|專業評介|

- 紙本分格，顧名思義是漫畫本上的格子，又反映了實體店上密密麻麻的書架。淺木色的書架頂天立地，彩色的書脊好像已佔據了整個視覺，看不到書架，所以書架越簡潔越適合。比較傳統的漫畫店，紙本分格多了一張**黑色的「豬肉檯」**及**畫作陳列區**，令到店鋪的空間感變大了，加強了互動性，也透視了店主表揚漫畫藝術的心意。
- 小巧的空間鋪上木紋色的地板，不但增添親和力，也有一些**日式的氛圍**（日本的店鋪多用木板地）。
- 樓上鋪的紙本分格，主要顧客都已經是漫畫愛好者，或是紙本分格網店的支持者。工廠大廈內的單位**簡單直接**，沒有花巧的設計，門面只有店鋪名稱及天花燈，硬件以實用性為主，好像一塊低調平凡的白色畫布去襯托五花八門的漫畫作品，展示出它們各自的性格。
- 整個平面佈局是**四方形空間**，店主明顯地分了四格，展示區，閱讀區，藏書區及精品區。展示區在前廳像漫畫封面一樣，展出了海報、非賣品、畫作等限量收藏品，先吸引顧客的眼球，令人停留欣賞，定期的更換令前廳有新鮮感。
- 緊貼的是**閱讀區**，像漫畫背面的簡介，顧客可先欣賞表面再決定投放時間。雖然書架內擺放的都是珍貴而非賣的漫畫，但開放式的佈局，舒服的長椅，沒有店長直接監察，再加上自由定價閱書這標準，令人感到店主是非常享受分享自己的收藏，更希望別人認識到自己的愛好。
- 再深入店內是**藏書區**，是可買的漫畫，分門別類陳列於眼前，像進入了故事。香港式的走廊闊度善用每一分、每一吋，令走廊上的人可向前或向後都見到漫畫，要顧客互相讓位才可通過，走動麻煩，但這親切感給予顧客一種尋寶的感覺。可見店主有控制書本的數量，刻意「留白」出牆壁來展示畫作。對比很多小書店都把書架填滿每一幅牆，紙本分格的目標不只是賣漫畫，而是**分享漫畫文化**的地方。

- 精品及收銀區作為 happy ending ，找到心頭好的商品便直接付款。簡單的小櫃檯及店員椅子，謙虛地放在角落，反映出坐在這位置的**店員不打擾顧客**，不喜歡談話的顧客也不覺得尷尬，讓他們感覺置身圖書館內。

以對話和初心，大家一起構築的書店

舍下 Hiding Place

洞洞板：這道牆上裝設了洞洞板，無論是呈現哪種藝術作品都相當方便。「很多藝術家都喜歡這個洞洞板，因為能無限地嘗試不同的組合。既可掛畫、放衣服，也試過放很多的瓶子。」店長之一的 Kenneth 說。

訂造的大書櫃：放有新書、庫存和精品。店主最初打算同一時間只推十種書，那就能每格只放一或兩種書。但想推的書隨年月累積下來，就不再只有十種了。

落地玻璃窗：這片玻璃窗除能引進自然光，創造舒適的環境，也能讓路人看進店內，若感好奇就會走進來。後來店長 Frances 發現有小朋友想在玻璃窗上繪畫寫字，在店主們同意後，這道玻璃窗便成為了店員、街坊、孩子們交流的媒介。這裡同時也貼了有關店內活動的海報。

ENTRANCE

座位區：Kenneth 說：「我們很想有地方讓人坐下。尤其舍下位於山中間，所以來到這裡的人大多喘著氣，那就可以先坐一坐，喝杯水，再選本書看看。」故此區放有極多坐墊和咕𠱸，令人能舒適地閱讀和參與活動，放下袋子。如想坐到上層，就須脫下鞋履。本來座位下是放庫存的地方，但後來發現拿庫存時會打擾到座位區的顧客閱讀，因此才有將部分庫存放在書櫃上的變動。

功能牆：這片牆可用作掛畫，作陳列用途。全店牆身塗上了白色和綠色。「用綠色是因為想有返回大自然之感。因為書本也是由樹木造的紙組成，它是大自然給我們的禮物吧！而且綠色對香港人而言是很熟悉的，令人聯想起天星碼頭，帶有一種懷舊的氛圍。但與傢俬的木色撞出來，又有一種森林的感覺。」Kenneth 補充。

Karen Cheung 圖書館藏：此處放了 *Impossible City: A Hong Kong Memoir* 作者 Karen Cheung 的部分藏書。Karen 在舍下分享之後，主動提出在店內放上一些曾啟發過她的好書。因她有段時間不在港，與其放在家中無人問津，不如放在店內予人翻閱更有意思。當中包括馬奎斯的《百年孤寂》、Brit Bennett 的 *The Vanishing Half* 等，都為英文書。

二手繪本：繪本主要由店主 Joanne 選書，她希望能藉此推廣親子共讀，也期望較少閱讀的人能從多圖少字的繪本入手，重啟讀書的樂趣，既體驗故事的力量，也看到生命更多可能。她非常相信繪本的力量：「在繁忙的生活中，我每天最開心的時刻，就是跟兒子一起看繪本⋯⋯我往往能在短短十五分鐘被繪本所觸動，令靈魂也能回歸真實一點。」二手繪本的定價較低，不同家庭的孩子都能購買。店主也歡迎親子在店內閱讀。

留言桌：這裡放了留言簿和顏色筆，歡迎客人在此小桌上留下對書店主題活動的感受。

店主's 高質（自稱）二手書：這處展示了四位店主可供出售的二手書。例如有《繪本日常》、《刺殺騎士團長》、*The Year of Living Biblically* 等。

豬肉檯：除放上極少量的新書，也會擺放藝術品和陳列相關物品。如 Wusoul「靈魂在窗口」的主題活動期間，檯上就有 Wusoul 創作的明信片、貼紙、杯墊、書籤等產品發售。豬肉檯不是很大，也不是很重，稍為移開就有足夠空間舉行活動了。

座位：最初這裡放的是矮櫈，但結業前的一段日子這裡放的是吧檯櫈，彷彿吸引著客人坐下與店長聊天。

海報牆：這裡貼了一些其他單位的活動宣傳海報。即使與此店未必有關，店主似乎都很鼓勵大家多參與不同的文化活動。

室外天井空間：此處為露天的室外空間，但平時較少人踏足。地板上有不少落葉。

Seain 畫的壁畫：此畫由長居於香港的藝術家 Seain 所畫。她曾於舍下舉辦作品分享活動「When We Come Together」。而此壁畫主要呈現出人們的渴望：人與人珍貴的關係能超越時間地域，恆久不變。

樓梯：這條樓梯可以通往天井的室外空間。它同時是儲物櫃，放了不少活動用的摺櫈。

吧檯收銀處

自由取閱的免費單張箱子

「好書送給你」Hiding Place「贊助學生書券計劃」：這裡分享了夕拾 x 閒社「書券蛋計劃」鼓勵學生閱讀的理念，鼓勵客人購買不同面值及張數的書券，書寫鼓勵字句並放入扭蛋中，讓學生能藉抽扭蛋而獲得書券，資助他們買書。

店主的書櫃：此吊櫃放了四位店主自己的書，當中包括店主自己在讀、讀過的書和雜誌，也有一些讀過但認為未必適合舍下的書。

店長在讀：這裡是店長 Frances 當時在讀的書籍，例如《從前從前，有間古書店》、《二手書店店員日記》等。這裡也放有「正是留言簿」，讓大家可以寫下給店長、店主的話，交流閱讀心得和意見。

廚房：初時店主們想店內既賣書，也領取食物牌照賣咖啡等飲品，客人可在店內飲用，故在裝修時增設廚房。但疫情時食肆營業受「疫苗通行證」限制，為方便客人能更自由進出，最終放棄了賣咖啡的念頭。廚房最終只供店主自用。

洗手間：可供客人使用的洗手間。

舍下 Hiding Place

空間記錄月份 2023年6月
訪問月份 2023年6月、2023年8月
書店簡介
地址 西營盤保德街27號號地下
店長 Kenneth、Joanne、Gabriel、Michael
營業期間 2021年7月至2023年8月 已結業

Kenneth

開了舍下後，和我們想像的不一樣——其中的一件事就是聊天……客人付錢時，會來找我們聊天，分享他們的生命故事，甚至一進來就突然狂哭。我們才知道這空間，彷彿可以承載起一些人，讓他們不只可用語言交流，也能透過書寫留言、藝術，去分享自己的情緒、生活上不如意的事情，或多年來未解決到的事情。

Gabriel

對話真的可以產生改變，帶來想法上的轉化。而很多對話加起來的互動，累積下來的理解，就是社會所需要的。我們最開心的，就是有份參與各種的對話。

Michael

對話未必牽涉對錯、好壞，而是人與人之間作誠實的交流，那很重要。

經營舍下這兩年學到最深刻的事情

Kenneth：在 *Atlas of the Heart* 中有說到，原來絕望是一種情感，而盼望不是情感，卻是一種思想方法。所以人在絕望的同時，可以想方法去行動，去盼望。例如設定目標，思考如何用不同方法去實行……即使計劃不成功，都仍能忍受失望再嘗試、行動，相信自己做得到。

我們四位店長就是透過營運舍下，將盼望實踐出來。雖然我們經常失敗，沒有人參加活動。但不要緊，下星期又要構思新活動，就每天都出新的 post，又彷彿很有盼望！即使收支上又好像沒有什麼盼望。但重要的是去做，和相信自己做得到——當很多人問我們這兩年學到什麼，賺到什麼？這可能就是我其中學到最深刻的事情。

呎數	720呎
藏書量	100 ～ 200本
書種	基督教信仰書籍、繪本、短篇小說及散文、非虛構類、藝術類
好賣的書	《活著》、《詩控》系列（《詩控飲管》、《詩控餐桌》、《詩控城市》）、《秋鯨擱淺》
盡量少入的書種	枕頭書、艱澀的書籍
特色	# 貴精不貴多的選書 # 恆常舉行的讀書會 # 聊天休息好去處
個人感覺	雖由四位基督徒所開，但這書店絕不只為基督徒而設，其氛圍親切和溫暖，感覺它的門是為所有人而開。選書少而精，中英文書籍兼備，無論是平時較少閱讀的人，還是渴望平靜、想和人產生連結，或對美感有所追求的人，都可能從中找到喜歡而令人驚喜的書。這處很適合花一些時間慢慢細味、靜靜逗留，尤其適合親子前來享受閱讀繪本的時光。

■ Hiding Place 的入口位於保德街

■ Hiding Place 的標誌由 Kenneth 設計。設計這標誌時曾創作多個版本，後來店主一致決定，使用這個畫出一個人安然表情之設計。而頭上有書本的靈感，來自 Kenneth 和 Joanne 的兒子曾找一本書套在頭上，Kenneth 覺得很有趣，就在標誌上重現出來。

「你好，麻煩去香港大學站附近的保德街丫。」我上了的士，氣喘吁吁跟司機說。「保德街？沒有聽過啊，是否山道附近啊？」司機開始在地圖上搜尋，似乎有點迷惘。

我有點擔憂。但說實話，我之前也不知道香港有條保德街，司機不認識或許亦情有可原吧。的士飛快通過繞道，穿過熱鬧的中環，慢慢駛向我不熟悉的西區，眼前盡是陌生風景。

「到了。保德街就在前邊右方的街口。」司機氣定神閒地停泊在山道正中央，我有點訝異：停在路中心沒問題嗎？但前後確實不見有車，也不見有路人身影，恬靜得不像市區。

「哇，這區好像很靜啊。」我付款時跟司機說。

「對啊，這區沒人的。你是約了人吃飯嗎？畢竟除了幾間餐廳外，這裡什麼都沒有。」

我心裡想，才不是什麼都沒有呢！這裡有一間叫 Hiding Place（舍下）的書店啊。

錯誤的造訪策略

Hiding Place 的名字來自一本書——是一位荷蘭基督徒鐘錶匠 Corrie ten Boom 的作品 *The Hiding Place*，記述了她一家在二戰納粹肆虐時，如何明知危險，仍開放他們的家，收容每個敲上其家門的猶太人。書中的 hiding place，位於 Corrie 二樓臥室的一道假牆後面，能夠容納六個人，附有警報裝置和通風系統。建造這藏身處的建築師說：「蓋世太保可能要用上一年才能找到這間房……他們永遠都不會找到這裡。」

相較起來，要尋找這香港的 Hiding Place，實在容易得多了。沿保德街一直向前走，接近這掘頭巷盡處的地面就找到了這小書店。書店門邊是一大片落地玻璃，溫暖的陽光灑進店內，路人能輕易窺見店內動靜。比起 *The Hiding*

Place 裡的藏身處，這裡的空間實在明顯多了。

但店名 Hiding Place（舍下），也不能說不恰當——因為這保德街，彷彿是一條隱世小街，雖離香港大學站不過五分鐘步程，但因位於山腳，鮮少人會循著斜坡向上爬。故惟有特地尋找、造訪的人，才會覓得這間隱匿在市區的小書店。

坦白說，初次造訪舍下時，我感覺步伐急促的自己跟這家店格格不入。當天要到香港大學做一個訪問，難得有機會造訪西區，遂打算在工作前快閃一次。「你有十分鐘時間！」我在心裡跟自己說。遂用飛快的腳步走進店內，打算一窺有什麼書賣就離開。沒想到門一打開，就與店員的眼神對上了，迎面而來，是一個點頭和一抹燦爛的微笑——令我有一種被歡迎、被重視的感覺。

只是我有點不好意思，畢竟只想像忍者一樣低調的造訪，悄悄的離開，這下子頃刻就被察覺了存在！幸好店員觀人於微，洞悉到我可能只想靜靜看書，並沒有上前來搭話。時間有限，不能磨蹭了，從其他報道上知道，這裡的書都是「店長讀完而且推介的書」，且書量很少，以為十分鐘應該足夠吧？沒想到站在那書櫃前面，就發覺自己錯了。

啊，這本關於憂鬱症的漫畫《自ロ》好像沒有在別的書店看過……再看看旁邊，那本 *The Hiding Place* 也沒有見過……咦？啊，還有這本由烏克蘭作者所寫的 *Things that Just Make Sense in a Bomb Shelter* 也很生面口……雖然後兩者皆是英文書，但幸好薄薄的，應該看得完吧？

■ *The Hiding Place* 是荷蘭基督徒鐘錶匠 Corrie ten Boom 的回憶錄，是 Hiding Place 店名由來，也是店內早期就推介予讀者的重要書籍之一。Joanne 形容這本書「完全改變她對事物的看法」，分享了人如何在歷史上最黑暗的時刻，仍可以喜樂，仍可以盼望。

回想起來，其實我未必不曾見過這數本書，更可能是在書海中錯過了。當書量一多，逛書店就容易走馬看花；然而若像舍下僅設一個書櫃，就會令人貫注心神，容易把每本書都看得清清楚楚，更能留意到一些平時留意不到的遺珠。故書量雖少，卻仍有不少驚喜。本以為自己可像個來去如風的忍者，但實情我更像《忍者亂太郎》中被美食吸引而猶豫不決的忍蛋新丁一樣。

只剩下數分鐘，沒有時間猶豫了，惟有把這三本書都買下吧！我拿書到吧檯結帳，店員竟然展露出令人難以抗拒的笑容說：「哇！你竟買了這本 *Things that Just Make Sense in a Bomb Shelter* ！店長知道一定很開心呢！」

這句話的資訊量很大：店長是哪位店長？為何賣出這本書會這麼高興呢？難道購進這本書的過程，有很有趣的的故事嗎？腦裡冒出一大堆問號，令人突然有很多問題很想問。店員看上去又很親切，燦爛笑靨令人很想再和她聊上幾句。我心想：「如果不是趕時間就好了，這裡似乎很適合聊天啊。」

於是我就帶著點點不捨，和一堆問號，以忍者的步伐離開了第一次造訪的舍下。然而回想起來，這種造訪策略是大錯特錯了。無論是店內開朗的店員、未被翻閱的書、放在長櫈上的軟綿綿咕啞……用「快閃」方式來逛舍下實在是太浪費了！

我跟自己說：「下次來舍下，我要用悠閒的方式來逛。要放慢腳步，用平靜而開放的心靈前來……」話是這樣說，沒想到現實還是不如人願。

■ 庫存：方便客人選購包好的新書

■ 沒有包膠的樣本書：方便客人試閱及作店內閱讀。舍下的書量很少，全是店長們看過又覺得值得推介才會選購的書。本來是四個人要看完那本書才能入圍，後來因運作上有實際困難，慢慢變成只要有一個店主看完就可選購推介。

■「舍下恒常讀書會」相關書籍：放了該月不同類別讀書會研讀的書籍。

■ 該期推介的新書或雜誌

■ 此格放有舍下的 T-Shirt，共有黑白兩色，印有句子「Find yourself a hiding place」。

■ 此格放有本地樂隊 Christeen 的最新專輯《末日》，可洽店長試聽。亦有《我的感恩富裕日記》。

■ 這裡有品牌「一日一圓」主理人阿標創作的精品，也放了藝術家 Moon 及品牌「融雪日常」的明信片。

■ 此格放了插畫家小半繪製的精品，包括明信片、膠帶、公仔、貼紙等等。

大概我實在是太忙了。第二次再造訪舍下，就已是為了繪圖而來拍照。再一次急急腳走過保德街，打開門劈頭就說：「你好，我是今天來拍照的 Ikey ！」那一天在我眼前的，是全職店長 Frances。

度身訂造的一對一選書服務

關於舍下的氛圍，有點難以形容。所謂性格因人而異，本幻想應該只有上次的短髮店員才是那樣開朗健談吧？然而，即使現在是另一位店員 Frances，她身上仍是有奇妙的親和力。或許，「親切」就是舍下的基本調性吧。

在別的書店拍照，其實沒有什麼人會接待我的。一來，可能是書店業務繁忙，如非約了店長訪問，當值店長/店員總有千百萬種事務要處理：補書、出

■ 後來才知道，這本 *Things that Just Make Sense in a Bomb Shelter* 是全職店長 Frances 建議店主購入的，由一位烏克蘭作者 Valeria Shashenok 所寫。2022年，俄羅斯侵略烏克蘭，同時 TikTok 流行著一系列以「Things that just make sense...」為開頭的 Room Tour，這位20歲的自由身攝影師利用此種形式去介紹她在戰火下的新家——防空洞，一方面揭露了戰火如何破壞烏克蘭民眾的日常生活，另一方面又呈現了她面對戰爭的韌性，引起了網民和媒體的關注。這本書分享了她在戰爭發生後的種種思緒。

■ 店主曾分享，在聘請店員之前，當值要務由店主們分擔。但在舍下，當惟有能看完的書才能成為選書，為在選書表現上更出色，店主對自己閱讀量和閱讀速度有著要求。然而當值時要接待客人，總會打斷閱讀過程，影響閱讀速度。於是慢慢才有聘請店員當值的念頭。一開始只是聘請兼職店員，後來就請了全職店長 Frances，令店主能將更多時間花在閱讀選書，及思考書店業務之上。

post、收銀、上架、處理活動事宜……很多時我都只會被「放生」的自由拍照，完成後打個招呼就離開，不會有太多機會和店員/店長交流。二來，我畢竟只是來拍照，理應沒有什麼需要支援。而且只是個小薯，根本不須什麼隆重或恭敬的接待。

但是在舍下卻不一樣。那天我待在店內約一個半小時，除了拍照，過程中還和 Frances 聊了很久。她問我採訪計劃的由來，我也從她口中知道了更多舍下背後的故事。聊著聊著，當然離不開書：

「你們會怎樣推介書籍給讀者呢？」我隨口問道。

「你最近在看什麼書呢？」沒想到她反過來問我，令我方寸盡失。

「嗯，坦白說，我最近忙於趕稿，所以多零零碎碎地讀散文……因為沒有太多時間看太厚、太長的書……」說著，我真的「紅都臉晒」，一個寫書店故事的人連書都忙得讀不到，除了懷著羞恥找個地洞鑽進去之外，還可以怎辦呢？

沒想到她並不介意，倒是開始溫柔的問我：「請問你是基督徒嗎？」我搖搖頭。她再深入一點問我：「你介不介意看宗教書籍呢？」我只道不介意，並感覺到 Frances 的細心。她遂徐徐拿起一本《跟耶穌學安靜》，緩緩說道：「這本書可能適合你。」《跟耶穌學安靜》由一位牧師所寫，「他曾是個會在一天內完成六場講道，完成後會 call Uber 回家看功夫片的牧師。」我馬上回想起，自己也總是在忙碌時 call 的士，在目的地之間來回往返的狼狽。「這本書分享的是，他如何學習放慢生活步調。」

後來我真的把這本書買回家了。坦白說，我不是基督徒，很少留意信仰類書籍。可是如果世界上有一個比我更忙碌，更常叫 Uber 的人，都能放慢節奏生活，為什麼我不向他學習一下呢？

即使無法照辦煮碗，都總算有個方向可循。

另一方面，我真的不得不佩服起舍下能提供這種「度身訂造」的代客選書服務。而且那選書原則是有著深意的：當我說自己多看散文，常理而言，只要向我推薦散文類的應最為穩妥；但是Frances並沒有，她是從我表面透露的話語，洞悉了我背後的生活及心理狀態，從而給我介紹平日較少接觸的書種之餘，亦確保書中內容能對應我的需要。

這種服務是甚高成本的：店員首先要選擇與我打開話匣子，才能建立起信任基礎，讓我願意透露個人心情、生活狀態；又要藉細心聆聽，基於我所提供的資訊判斷可以推薦的書籍；還要自己讀過，才能從書中找著我能產生共鳴的細節和內容，吸引到我注意這本書。

那可謂一種基於「對話」才能達成的選書服務。聽來簡單，但有多少書店能做到這種服務呢？曾聽過有些書店形容，經營工作猶如「打仗」、「戰鬥」，入書上架出post都要鬥快；若要店員從百般業務抽身，騰出時間閱讀，將精神專注在你身上，耐心傾聽你的個人需要——這對經營壓力沉重、步伐急促、工作量龐大的香港書店而言，實在是非常奢侈的要求。

但是舍下做到了。而重視「對話」的背後，店主們有著怎樣的理念，他們如何創造條件，背後又作了什麼取捨呢？

對話之必要

「如果客人願意聊天，我們也很樂意。當然，如感覺到對方未必想說話，我們也會讓他安靜一下。」店主之一的Gabriel，向我如此解釋道。「但與客人

■ 店長會因應客人的閱讀習慣，選一些平時讀者較少閱讀，但可能有所啟發的書種。Frances為我挑選的是John Mark Comer的《跟耶穌學安靜》，分享了人可以如何擺脫過勞和沉迷娛樂的惡性循環，重新集中在真正重要的事情之上。

■ Gabriel 是舍下的店主之一，本為教師，辭去教職後曾往美國修讀神學，留美途中撰寫了《兩城相信：致不甘絕望的你》，回港後和另外三位夥伴創立了舍下。主要負責書店各種文字工作，如撰寫帖文、書籍推介等等。

對話，是我們店長預設的狀態。」

兩次造訪以後，為更了解書店的理念和運作，再來到舍下與店主進行訪問。這次我的心情忐忑又不捨，因為舍下公佈了將於8月結業。這時全職店長 Frances 已離職，由店主和兼職店員擔當起當值要務。

故 Gabriel 變相也需多和客人對話。他搔了搔頭，坦言性格較內向，不太適應這角色：「其實當值時要『拋個身出來』，去和別人溝通，於我而言未必是最舒服的狀態。」

但他仍硬著頭皮去做，乃因相信對話有著無可取替的意義。「首先人大了，沒有很多機會與人沒負擔、沒束縛地聊天，分享和交流看法。因此我們很想這裡有一個機會能讓大家展開對話。」而他亦相信，對話在這時代背景下意義更為深遠：「2019後，在城市中大家有時很難對話。無論家庭、朋友間，對話都會出現困難。但關係要再建立，很多時都需要一定的對話，所以我認為對話是非常重要的。」

「對話」於是成為舍下最為重視的方向之一。這取向不只影響其選書，更影響了整間店的營運方向以至空間營造：「我們希望能容許一些對話的產生。」

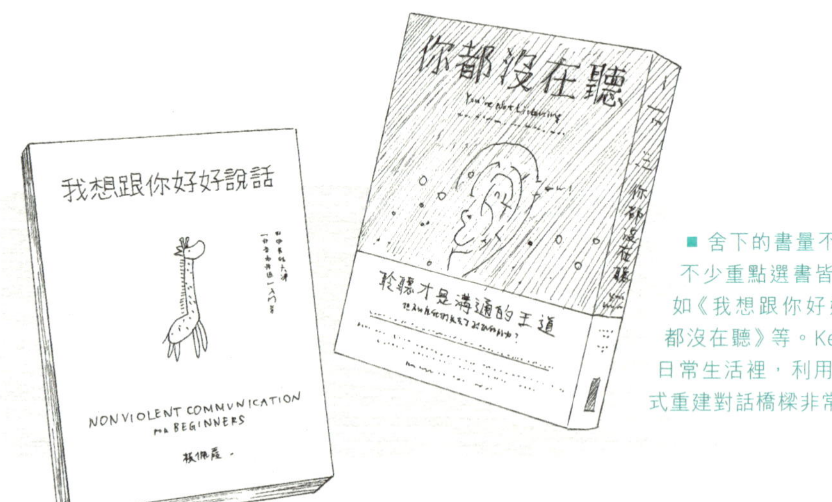

■ 舍下的書量不多，但當中有不少重點選書皆與溝通有關，如《我想跟你好好說話》、《你都沒在聽》等。Kenneth 認為在日常生活裡，利用非暴力溝通方式重建對話橋樑非常重要。

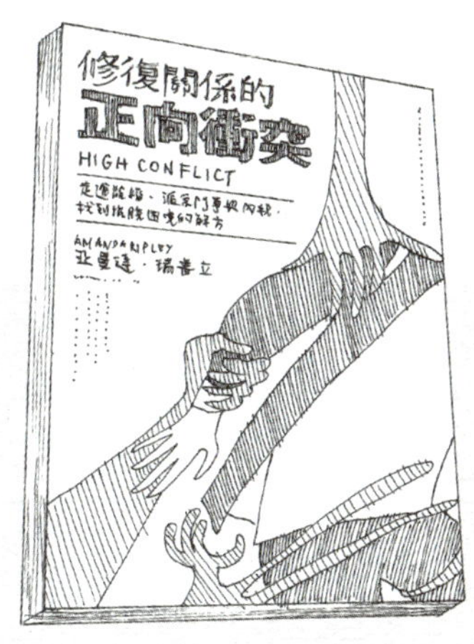

■ 和平世代曾在舍下舉辦了一個小型分享活動，結合活動介紹了 *High Conflict*（中譯為《修復關係的正向衝突》）這本書，令店主 Joanne 深深被撼動，並認為是2021年最好看的書。這本書分享了社會如出現了非敵即我、二元對立的高衝突情況，可以透過拒絕簡化事件、持續不斷對話來修復關係、解決問題。

多重對話的產生

上文提及店長為客人選書，自然是對話的一種；但舍下想要創造的對話關係，牽涉多個層面、多個對象、多種方向，既錯綜複雜卻又意涵深廣。

先說店長與客人間的對話。那不止於「店長為客人選書」的單向進路。在舍下裡，即使是客人都有著話語權，能反向影響店主的選書。如店主之一的 Michael，一直鼓勵客人向他們推介好書，收到客人建議後店主會閱讀該書，如覺適合就會選購該書在店內出售。

而在決定要否出售該書的過程中，亦牽涉四位經營者之間的對話。「我們一開始就想推一些能夠『看得完』的書，因為能看完也可謂一種『質素保證』吧。故當初想像，要我們四位店主之間有人能看完，而且覺得好看，還要跟其他店主講解入書的原因，才能成為選書。」故每一本在舍下選的書，都至少有一個以上店主看完，之後再在四人會議中提出，並向彼此講述值得「推」的理由。而其他店長聽過後，再共同就購入數量取得共識。

這種「開會選書」過程，本就是對話的實踐。而箇中的好處，可能在於能避免選書止於個人好惡，決策中能容納不同人的觀點，使決定更趨精確。

舍下熱衷舉辦分享會，也是在試圖創造更多人能參與的對話。Michael 分享道：「看書本身是很個人的事。雖然你能從書中有所吸收，或轉化成自己的養分，但有時看完好像石沉大海，未必有很多機會與人交流。但讀畢一本書，總會很想找人聊聊，若能一班人相聚，有

■ Michael 是舍下的店主之一，是 Gabriel 的兄弟。本任文職，辭去文職後和另外三位夥伴創立了舍下。主要負責處理書店的行政事務。

■ 以色列作者 Etgar Keret 筆下的 *The Seven Good Years*，是舍下受客人建議後才選購的書籍。店長們之前不曾聽說過這位作家，倒是在客人提起後才知悉，閱畢後認為很有趣，故此書成為了舍下開店不久的重點推薦書籍之一。

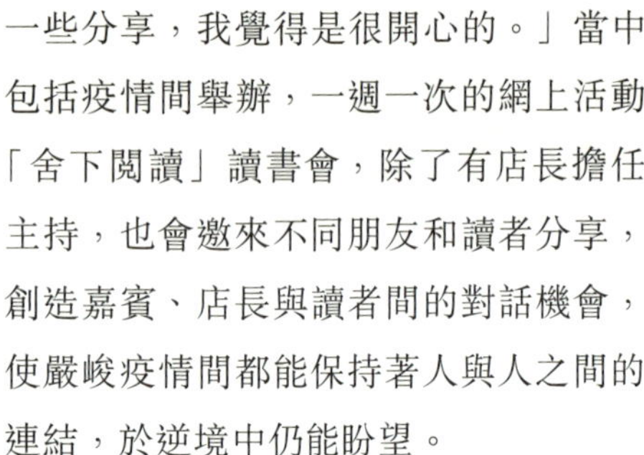

一些分享，我覺得是很開心的。」當中包括疫情間舉辦，一週一次的網上活動「舍下閱讀」讀書會，除了有店長擔任主持，也會邀來不同朋友和讀者分享，創造嘉賓、店長與讀者間的對話機會，使嚴峻疫情間都能保持著人與人之間的連結，於逆境中仍能盼望。

讀書會：實踐對話的場域

而在今年（2023年）2月，舍下更開展了更大規模的對話實驗——那就是 Light Club 舍下恆常讀書會。在之前，他們曾經舉辦過「浮游生物圍爐讀書會」、「老師圍爐讀書會」，但這些讀書會始終有對象上的限制，「現在真的希望大家都可以參與，故認為 Book Club 這模式可能是最適合的。」Gabriel 如此解釋舉辦 Light Club 的緣由。

Light Club 以每月一次的形式進行，可分為四個群組，每組人數上限為十人：「Light House」、「Candlelight」、「Lightbulb Moment」及「Light up you heART」，分別由店長 Michael、Gabriel、Joanne 和 Kenneth 帶領，讀的分別是基督信仰書、短篇小說或散文、非虛構類如科普書或傳記，及音樂文化藝術類書籍。參與者可參與單次讀書會，也可以每月參與不同群組，和不同的人作交流。

■ 在開店初期，有些選書甚至是四個人都有看過的。當中包括繪本《活著》。繪本文字來自谷川俊太郎膾炙人口的同名詩作，並由岡本義朗創作圖畫。

■ Kenneth 是舍下的店主之一，負責店內各種藝術活動的策劃，及店內所有插畫、設計工作，和 Joanne 是夫妻。精通繪畫、音樂、攝影等不同藝術範疇。

■ Joanne 是舍下的店主之一，是四位店主中惟一另外有全職工作的，是店內的繪本擔當。

而 Light Club 的好處，在於有恆常參與的可能：「報名參與讀書會，可以一次過報足三個月，價格會比較便宜。故有些人或因較便宜，或為迫自己每月都看書，或履行對自己的承諾，會三個月都參與同一讀書會。」這設定會令部分人持續出現在同一群組中，參與者在互相認識的基礎上，更容易進行深度對話。

「他們之間有些人甚至做了朋友，在讀書會後留下來聊天。」亦有參與者自行創建了聯絡群組，讓對話在舍下以外繼續延伸。Michael 笑著分享這意外驚喜：「他們做到朋友當然好，但本沒有預想過能令讀者間有這樣的連結。」

為感受讀書會所能創造的魔力，我曾試著參與舍下的 Candlelight 讀書會。那是結業前最後一個讀書會了，讀的是丘敬峰（即店主 Gabriel）和張浩嘉合著的《兩城相信：致不甘絕望的你》。

坦白說，我很少參與讀書會。或因這種活動形式對參加者而言門檻較高吧？畢竟參與者需在會前，就特定書目自行完成一定閱讀進度，還要整理好思緒準備分享內容。一來怯於在陌生人面前分享己見，故報名前總會猶豫；二來當要在會前作準備，心裡就會冒出各種想法，如「無法做好準備」、「對自己的分享沒

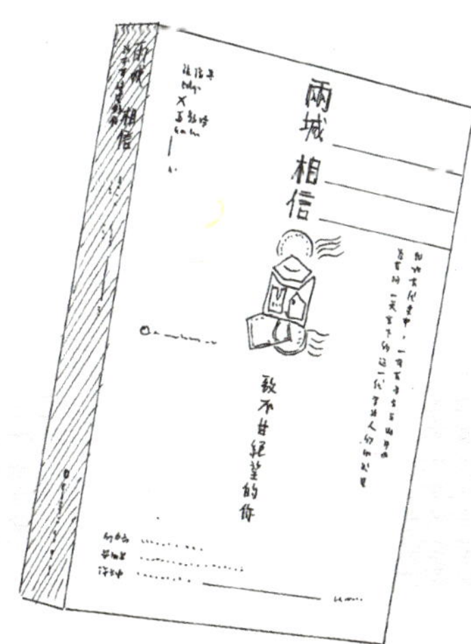

■《兩城相信：致不甘絕望的你》收錄了分隔異地的兩位作者，於2019至2020年間寫給對方的25封信件，內容盡是兩位就生活、信仰、感受等不同方面的交流。

■ 舍下由2023年2月起開始舉辦定期的 Light Club 讀書會，以促進更多對話。

有信心」、「怕在讀書會前無法讀完」而不敢報名。

今次硬著頭皮參與，心情既緊張又新鮮。畢竟忙碌時閱讀，有時會流於水過鴨背——尤其是睡前的閱讀，如不刻意寫筆記，或讀到一半睡著了，記性較差的我過一段時間就會忘光光⋯⋯但若知道要在讀書會作分享， 就有意識需要整理內容，在閱讀時更專注留神。

在讀《兩城相信：致不甘絕望的你》時，我強烈感受到，自己很羨慕兩位作者既真摯又深刻的友誼。我會想：「如果也有能如此分享的摯友就好了！」想法冒現後，又對自身有這樣的渴望感到驚訝。大概閱讀的過程本身，既是與作者的對話，也是與自己的對話；而在對話當中，我們總有發現。

該日參與讀書會的人有十位，達人數上限了。會中不同人展現出迥異的閱讀角度，如有參與者分享：「書信記錄了2019至2020年社會上的大小事情，令私人書信亦有著時代性」，有基督徒會用信仰角度思考：「信中從如何分配口罩的事件裡展現了對信仰的反思」，亦有讀者會發現相當有趣的細節：「兩位作者分隔兩地，但書信間可能只隔十多天，現在寄信能寄得那麼快嗎？」

當中有不少觀點，是只靠自己閱讀未必能發現的。而讀書會更創造了機會，讓背景各異的參與者就彼此的觀點作回應。這過程既能幫助讀者以多角度閱讀同一文本，也能了解其他人在關注什麼；而發現他人與自身觀點之不同，也有助洞悉自身的盲點。或許正如 Michael 所說：「我們辦讀書會，不是為了說或教什麼，而是從中大家能平等的，以不同角度去了解同一件事，那火花才是最『正』的地方。」

記得四位店主曾在不同訪問中說過，設立舍下是為了傳播希望，而讀書是其中的途徑。「因為你知道還有人在寫東西、在思考，還有人一起看書。當發現世上還有其他人正在努力時，就是盼望的緣由。」Gabriel 如此解釋讀書與希望間的關係：「書本令你知道自己不是一個人，至少有一個人正藉著寫作與你說話——那是一種思考和生命的分享，人能在這過程中看到這世界更多。而看到的世界愈大，就更易產生更多盼望。」

如此，讀書會上的對話其實也有著「傳播盼望」的功能吧？而參與者之間的關係，甚至比讀者和作者之間更為直接，更能讓人意識到不只自己一個人在思考。而不同的人展現出來的迥異思路，亦能讓人窺見世界之浩瀚。我感覺到，就「傳播盼望」而言，人與人之間的對話對舍下的重要性並不下於閱讀。

文藝活動創造之對話

至於舍下的文藝活動，其實也是冀藉藝術，讓參與者和作者對話。坊間的部分展覽有時較單向，多為作者向讀者傳遞信息，但負責藝術策展的 Kenneth 很著意於活動中加插互動元素：「參與者可以留言，繪畫，參與其中。活動完畢後亦能看到參與者的成果。」

如在和 Kathy Chan 合作的活動「你是最美麗的風景」中，亦會徵集觀眾參與明信片設計比賽，一起動筆畫出自身眼中

■ 舍下的藝術分享活動多由 Kenneth 策劃。舉辦這些活動最主要的原因，是希望能讓新進藝術家有公開作品的空間，對他們的努力予以肯定；以及透過藝術品與書本的對話，令相關主題能更立體地呈現。如 Wusoul 曾在店內舉行「靈魂在窗口」的分享活動，提醒參與者學懂善待自己和照顧情緒；那時舍下正展示選書 *Atlas of the Heart*，書中分享了如何覺察情緒的產生，鼓勵讀者反思成長和生活如何形塑自身的價值觀，並提倡人應檢視自身行為，以及意識到自身情緒帶來的後果。這本選書彷彿是活動的延伸，兩者間有著微妙的化學作用。

■「說 Go ！」是舍下最後一個主題活動，呈現了店長和關係密切的不同單位的一些對話重點。

最美麗風景——有人會畫一家人開心的打邊爐，有人畫了和喜愛的人共同看的日落……Kenneth 認為總能從觀眾的回饋中，讀到很多故事和情緒，令主題活動的內涵更豐富：「所以我們不只是在看藝術家的作品，亦在看來舍下的人。」

而我想舍下結業前的主題活動「說 Go ！」，更是以直球呈現出店長對「對話」的重視了。作為最後一個活動，有的不是什麼鬼斧神工、構思精妙的藝術大作，倒是呈現了舍下訪問二十多個相關單位（如當值店長、曾於店內分享的嘉賓、曾經合作的夥伴）的對話內容，留下屬於舍下的眾聲，期望大家能從中看到盼望。

店主邀請受訪者說說對舍下的印象、最深刻的經驗、店內趣事等；同時也鼓勵他們分享對不同議題的看法，包括閱讀、夢想等等……而舍下與友好單位連結之建立，其實亦有賴於這兩年來於店內發生種種對話的累積。我想，可以形容這是一個因為「對話」而存在，亦以「對話」形式進行的活動吧。

如果有人抱著看藝術作品的期望而來，可能會感覺失望，因為看到的只有受訪者的人像插畫，和全以文字作交代的內容。形式不花巧賣弄，甚至說不上精緻，但能從中感受到舍下溫暖而真誠的風格。作為結業主題活動也許再恰當不過，畢竟內容直接呼應著店主開店時，想建立對話與關係的初心。

Michael 再強調與他人的對話、連結，對構築舍下非常重要：「因為就是所有出現過、支持過、參與過舍下的人，擴闊了我們的想像，令到這地方更好。雖然舍下表面上是我們四位店主負責，但這地方不只屬於我們——而是大家有分去建立這地方，有著一份公共性。」

創造對話的條件：人流、閒暇與空間

「以前我去書店買書、打書釘，都未必有這種交流。所以在這裡發生的很多交流，我都不曾想像。」Gabriel 的話流露出一份不捨。我禁不住問：「你覺得為何舍下能夠令這些對話可以產生？」

「我都解釋不到。」他有點恍惚，說道：「這很難解釋。可能是這裡有種魔力吧。」

作為一個親身感受過其魔力的客人，我很有興趣去思索箇中原因。先從自身經歷開始好了，若論我與舍下的「對話」，必然要從和當值店長 Frances 的對話，體驗到其「度身選書」服務說起——是在什麼條件之下，客人和店長才能做到這種互動呢？

也許舍下的選址是其一原因。在開業之時，四位店主曾在附近找尋合適的鋪位，但最後還是選了較恬靜的保德街：「當時有另外的鋪位選擇，理論上比較多人流，但我們喜歡這裡較靜，而且這條街的 vibe 很『正』。」Michael 說道。

撇開租金因素，零售業的店主在有選擇之下，仍取一個人流非最多的鋪位，其實是很特殊的，因這對營商而言非最有利。回想數次造訪舍下，除了讀書會有較多人踏足以外，首兩次都只有我一人在店內，大部分時間並無其他顧客，於是我才能有機會與店長交談。「坦白說，開業時很多事情都預計不到，包括疫情下的人流。其實我們沒有刻意想少些人流，讓大家有機會聊天⋯⋯」Gabriel 搔搔頭，表示這些因人流少而得以衍生的對話乃其意料之外：「但既來之，則安之。既然有人流較少的優勢，那就讓這個地方發揮，令我們想要發生的事能夠發生。」

Michael 亦相信選址對訪客心態有著影響。「我們經常說這個地方，大部分人都是專程來的，較少是純粹路過的。當人們專程來到這裡逗留的時候，或都想帶走或放下一些東西。」因此大多會預留一段時間待在店內，心態亦應較悠閒。既有餘暇和心情，就較有機會和店長展開對話。（大概會來去匆匆的我是絕少的異數吧！）

■ 在收銀處前放了吧櫈，彷彿在邀請訪客坐下和當值店長聊天。

■ 舍下的座位頗深，如果挨後，腳就會離地，加上座墊和咕𠱸，似乎在鼓勵人採取一種悠閒放鬆的坐姿。

另一點則關乎運作。首先，舍下有「貴精不貴多」的考量，書量以少見稱，一些與書量有關的行政工作——如輸入書籍資料及庫存記錄、為書貼價錢標籤等，相對有限；加上選書、撰寫書介、舉辦活動的工作可與在幕後工作的四位店主分擔，當值店長就能花更多心神在接待客人之上。

而當一般書店會藉購入新書來增加人流，舍下卻因其運作規則無法使用這策略。一般而言，當出版社公佈某本書將出版，書店就會盡快聯絡發行商入貨，才能爭取到機會讓客人買到首輪新書。這流程亦意味著，店長和客人是同時看到新書的，除非私下得到出版社傳來文本，店長不會比顧客更早讀到新書。故當舍下著意，要在店長讀畢全書後才決定要否進貨，即犧牲了在店內出售首輪新書的機會。當沒有「看新書」作為誘因，除非參與活動，顧客不會短時間內重複造訪舍下。而且即使不論新書，單是換書上架的速度都受制於店主們的閱讀速度，代表店內換書速度不會太快。沒有新書、較少更換選書，可能是造成店內人流較少的原因。

當人流較少，加上顧客與當值店長都有閒暇，就會令客人有較多機會能與店長攀談，店長亦有較多空間了解客人的喜好並選書。

另一方面，空間的設計亦有助對話的產生。如收銀處採吧檯設計，而吧檯前甚至放了數張吧檯櫈，根本是在邀請顧客坐在櫈上與店長聊天吧！二來是空間設計得非常方便舉辦活動，只要稍為移開豬肉檯，就能騰出空間讓活動進行。且這裡的座位寬敞而舒適，又有大玻璃窗讓自然光能進駐——那種令人感覺溫暖的氛圍，確實會讓人想在這裡多待一下，也較有利於讓人們展開對話。

背後的選擇

然而如上文所述，舍下雖是展開對話的絕佳場所，但背後有著各種取捨。如人流少為對話創造了有利條件，但反過來說，對銷售卻是不利因素。

開書店畢竟是商業行為，背後有著各種營運成本。對店主而言，銷售非開店目的，卻又不能完全不顧：「我個人沒想過這件事能賺取收入。當然有收入不是壞事，但沒想過透過此事去賺錢。所以我們初期定的目標是財政上收支平衡。」Gabriel 如此說。

坦白說，我曾經疑惑：舍下的結業決定，是否因為難以達到收支平衡呢？如舍下書種少又少入新書，賣書的收入有限，亦不會無故突然有增長……「這裡賣書的收入是很穩定的。現況而言，能否令銷售接近收支平衡的因素，其實與賣書無關，而是關乎出租場地或售賣相關精品的收入。」Michael 坦言選書理念實踐下來，對財政有著影響：「如一定要看完整本書，才能滿足選書的條件——這可能直接影響到我們的現金流、去書的速度，這是真的。」

但 Michael 認為堅持「貴精不貴多」、「只賣看得完的書」的理念，不必然會令收支不平衡：「如果實際去思考財政上如何維繫，其實狀態稍為不同一點，可能已可以做到。」他認為在理念不變的前提下，去制定接近收支平衡的策略是可能的，他亦知道該如何執行：只要稍微調整選書種類、提升活動頻率、稍稍提升活動收費、多賣精品，就可能提升營業額；而租面積極小的樓上鋪，也能減低成本。

既有著各種策略未探索，為何還是會選擇結業呢？「大家覺得我們財政上困難，所以結業——其實也不完全是錯，至少前半部分是對的……」惟說到底，Gabriel 解釋財政只是其一考慮：「但即使能收支平衡，甚至有錢賺，都可能會在這位置停下來。因為我們做這件事不是想賺錢，即不是用財政角度去思考這件事。財政考慮對我們結業決定，所佔的比率其實很少。」

他指其中一個關鍵是，希望能休息一下，及生命中需要背負別的責任：「我們不想因為要把心機放在別的事情上，而令這裡與我們最初的想像有出入。」而當這數年有不少書店開張，令他們對要否持續經營上少了掙扎：「令我們在責任上未必會放得太重。」

他總結說：「結業的決定很複雜，那牽涉我們幾位店主本身的狀態，或這裡的營運細節，或社會整體氣氛。」Gabriel 話裡帶著幾分感慨：「其實很難用三言兩語去解釋。」畢竟書店經營的故事，其實就是人的故事。書店能否持續，與店主的處境和想法息息相關。想來我之前只留意到財政上的因素，卻忽略了結業決定背後牽涉著千絲萬縷的原因。

但我還是很好奇，想再聽聽店主如何總結這種「貴精不貴多」、「只賣看得完的書」的運作模式。一種理念主導的運作模式，會否不利於現實中持續經營？Gabriel 卻坦承不在乎主流社會定義下的「現實」：「我覺得我們考慮的都很現實。只是若社會的『現實』是要賺錢，那我們的確不符合社會對『現實』的定義。但我們認為做獨立書店、推動閱讀文化、創造休息的空間，這些事本身就是一種現實——因為人不能離開這些東西而活， 亦是我們認為要做的事。」

關心理念多於財政的他，不認為其商業模式在財政上能否持續是重要討論。比起能否持續，他更在乎店主們的共同理念能否在運作模式中得到實踐：「雖然我這樣子說可能有點自大，但其他人未必複製到舍下的模式，而我們亦不是要其他人複製這種模式。可能另外一些店

■ 保德街是一掘頭巷。人流有限，卻是城中難得幽靜的角落。

主的組合，所營造出來的書店不會是這樣的模式。但舍下就是我們幾個人的組合，而成就的一件事。」

因此，店主們皆接受實踐理念對收益的影響：「我始終喜歡那種選書模式，雖然有點慢，但我還是覺得頗滿意的。即使無法藉出售新書獲取收入，我仍覺得可接受。」Michael 說道：「我們始終想賣我們認同或喜歡的東西。當以這種想法去開店，就需要貫徹這理由。」

無法持續經營對別人而言，可能意味著失敗、象徵著運作模式存在缺憾；但 Gabriel 並不同意這種想法，舍下在他心目中其實已是成功了：「結業與否，和這種運作模式是否奏效，沒有什麼關係……因為要怎樣衡量是否奏效呢？別人問我怎樣衡量成功——我覺得成功是辦書店的初心不變。」

Kenneth 回想起在開店之初，四人在街上物色鋪位，向不同書業前輩尋求意見的過程：「如真要賺錢，或要做一場穩定的生意，就會選在電車路那邊，而不是這條保德街。」他們有著覺悟：不是要創造一間人流多、收入很穩定的書店。他們想的，是在這繁華都市中，創造一間任何人都能在此休息，藉閱讀展開對話的安身之所。「我們在此建立了一些東西，我覺得已足夠成功，其他東西不重要，或沒有那麼重要了。」Gabriel 緩緩說道。

近年，如何持續書店的經營、如何達到平衡收支，確實成為業界人人關心的課題。Gabriel 卻希望大家能在考慮財政之餘，亦思索初心：「最關鍵的問題是，為何要開獨立書店。這是無論在任何階段都要持續思考的問題。不然人很容易就會變質、會迷失。」

他回望在舍下開業這兩年間，由於收支難以平衡，過程中大家曾考慮要否作出調整以提高利潤，但最後害怕這種調整會違背開店初心，遂有共識維持原貌：「在這資本主義社會下，財政或知名度可能是很多人都會考慮的東西。會考慮是沒問題的，但若被它佔據了思考，就會有風險出現。」Gabriel 表達他對書店變得商業化的擔憂：「如一開始開店不是為了賺錢，但後來為世所迫，做了你本來未必想做的事——那就有些可惜。」

確實如只為賺錢，大概不會考慮開書店，因太多工作比賣書來得更容易賺錢了。但凡想能持續經營，就要在平衡書店理念和財政考慮間持續掙扎。在香港嚴苛的營商環境下，這彷彿是書店店主難以擺脱的萬年課題。

毋忘初心的舍下

2023年8月15日是舍下最後一個營業日，我再次造訪這間小書店。難得這天是平日仍有很多人到來，書櫃上能賣的書都所剩無幾，不少熟客都拉著店主聊天，在紀念冊上留言，表達對這書店的謝意與留戀。我厚臉皮的窺看訪客留言，看看大家在寫什麼——發現確實有不少人感謝舍下創造了一個令他們能安心看書、休息的空間，亦喜歡這裡的店長態度親切。

我幻想在另一個平行時空，如店主沒因

私人原因而考慮結業，而他們決定為持續經營而作調整——可能是搬到鬧市中心、增置書量、減少座位而放書架，那時候舍下將是怎樣的書店，留言冊上的字句又會有什麼不同呢？

也許那時，留言冊上的字句會變成：「書種很廣，訂書亦很快」、「雖然未必坐得舒服，但喜歡這裡買書很方便」，這些或許都是它的優點，但這樣可能就不是我們一開始認識的舍下了。作為顧客心情很矛盾，在期望書店能夠持續存在的同時，又會對其營運風格改變感不安。一方面明白為了營商，作出改變無可厚非；但另一方面又會暗暗地希望，它能保留其原初的特色。

最後一次走出舍下的大門，回望這溫暖的小店，終究明白那份無謂的掙扎不過是我的幻想。在這個時空中，店主既決定了結業，作為客人只能接受這事實，並尊重他們的決定……但也許我終究是自私的。我還是想感謝店主，決定讓舍下始終成為舍下——我會記得在那最後的下午，它還是那讓人可在明媚陽光下，在寬敞座位上坐一整個下午，和孩子慢慢讀一本繪本的場所；而店長總是隨時準備好聊天，令人可以卸下心防，感覺安然又平靜的一間書店。

如果這是店主想要大家所記得的模樣，那就讓這舍下永遠留在我們心中吧！

| 2023年8月 |

備註

舍下雖然結業，但實習店長 Noah、其太太及另外兩位朋友，接手於同址開設新書店「Knock Knock Bookstore（覺閣）」，並已在2023年10月中開張。舍下的店長都為此消息而欣喜。

Gabriel 在舍下最後的分享會說道：「我們知道 Noah（和他三位朋友）會接手的一刻，覺得很 amazing，因為這件事竟然是未完的。如此我們四位能繼續做要做的事之餘，這個地方是那麼被祝福的——它能服務街坊之部分，能分享閱讀和藝術的部分，做到人與人之間連結的部分，竟能用另一方法得以保留下來……這甚至可說是一個神蹟。

原來無論在不同的天氣和狀況，都會有人跟你一起走下去，所以不要害怕。很棒的是，這裡不單有著過去與現在，而且因著人與人之間美好的同在，有了將來——而這正正貫徹著我們一直重視的『盼望』，即要用信心去銜接。我們不知將來會發生什麼，這是人生的真相，但繼續走下去，就會看得到的。」

ROOM 23

| 室內 / 空間設計 | 專業評介 |

- 舍下給人一種置身於舍中看書的感覺，店主騰出了一半空間作**座位**，採用木家具及橡木色木地板，帶出親切及田園的氣氛，**木製品**比較溫暖，感覺上可以脱下鞋子，坐在木梯級上看書。
- 因為是**唐樓地鋪**，書店單位是窄長的，有一種前鋪後居的感覺。深入店內更發現有一扇小門（又好像窗），吸引人注意到鋪後的天井。這是香港少數的店鋪會讓顧客看到後勤的天井，通常都放滿雜物。店主完全善用了建築物本身的特質，透過天井，帶動無形的空氣、陽光貫穿窄長的空間，是屬於舍下的獨特流動性。
- 那登上**天井前的小小樓梯級**是全店最有趣的細節，向上走的動作令本身的鋪內空間錯覺地變成了地庫，明亮的天井像一幅風景畫，引人入勝地想走出去，成為舍下的地標。
- 店主巧妙地利用了**天井牆壁**來展現壁畫，天氣晴朗時到戶外看畫，下雨時就可以從室內看，更添上一點日常生活的點滴。
- 店主善用了地鋪的好處，比較其他獨立書店，舍下是十分通透的。前鋪用**落地玻璃窗**，令路人都可以看到舉辦的活動及閱讀空間，沒有特定的顧客群組，那舒適的氛圍帶動任何人都想進內逛逛。
- 舍下的**書架**比較少，用訂製入牆櫃更顯得每本榜上有名的書或物品都是精心挑選，像 museum shop 一樣展出，書本的選取跟當下的活動更是互相有關連的。
- 玻璃窗上的**留言**是一個偶然的誕生——由用家自然衍生的東西，用法永遠都是最珍貴自然的，往往令從事設計者會心微笑。西營盤這舊區再多一個展現社區人情味的地方，每天走上走落的街坊可見到留言交流。
- 店主的概念是**跟顧客互動**，好像顧客到家中作客。設有洗手間給顧客用，是店主有心思的安排，不怕顧客打書釘，更鼓勵他們坐下休息，在吧檯閒聊。作為斜路上的休息站，更體現到社區客廳的感覺。

靈活隨性有何不可？立足於小島的社區書店

渡日書店

豬肉檯：此處放上店長推介的新書。檯下放了不少二手書可供出售。

庫存區

書櫃：書櫃由店主親自設計、鋸木、組裝而成。此為店內主要新書書櫃，包含不同書種。

放影機：在書櫃頂延伸出一塊木板並放上投影機，方便在活動時進行投影。

太平清醮布袋：由長洲藝術家杜煥 Sugarman 創作的布袋，已有十多年歷史，極具長洲特色。

生態瓶：此為由店主好友送贈的蕨類生態瓶。它被放置在能曬到陽光的地方，不需每天澆水及店主打理，植物就能在在封閉容器中，自行形成一個穩定的生態循環。

展示架：這架由店長親手製作，能展示大型書籍與刊物的封面。放上了店長重點推薦的大型書籍、繪本、文字書、雜誌等。

繪本角落：這處為樓梯下的小天地，放了不少二手繪本、咕啞，地上亦鋪了軟墊，是為孩子而設的繪本角落。

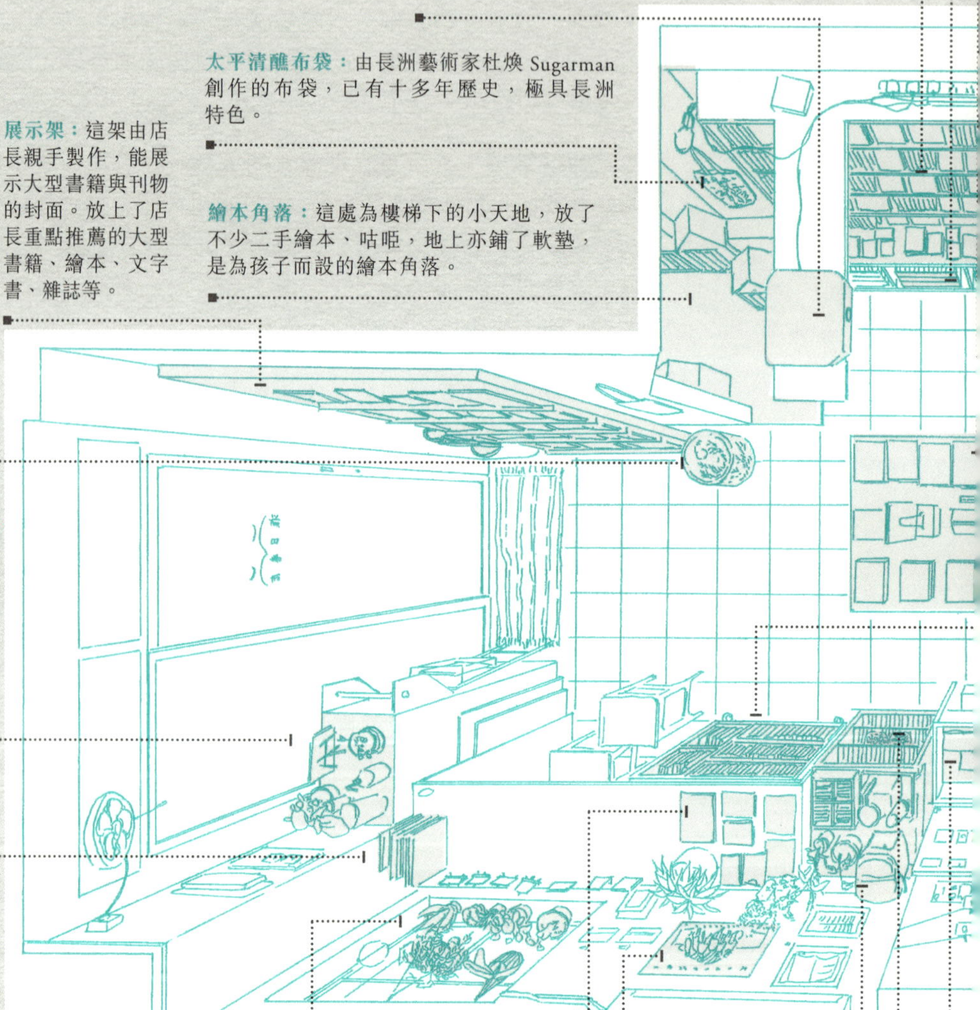

ENTRANCE

此處為**櫥窗區**，展示了店主當期推介書籍。當時正陳列《香港抽象遊戲地景（增訂版）》。此櫥窗區小車由前灣仔區議員送贈。

本地雜誌區：此處放有不少本地雜誌。這區亦為店主 Sim 店內最喜歡的角落，在沒有客人的時候，她喜歡在這張由店主親手製作、眼前能看見一列植物的長桌上辦公。

植物盆栽區：店主皆認為植物很重要，故在店內放上不少點綴著書店風景的盆栽，其中以此區較集中。此區放有月光虎尾蘭、空氣草、鏡面草等不同種類的植物。故渡日店員的日常工作也包括灌溉及照顧植物，而 Solam 是店內的植物部長。

免費單張區：此處放了一些單張刊物免費供客人取閱。這張長桌由店主親手製作。

喝茶處：這裡放了紙杯、茶包、熱水壺，歡迎不同人坐下喝茶。

「你們要努力進窄門」海報

雪櫃：書店一開始有賣汽水，遂設置了雪櫃。採訪時正放了經「大嶼食通信」訂的香港菠蘿，菠蘿出產自 Danny 主理的梅窩果園。

橫水渡船期表

玉記貓咪海報：此海報由藝術家玉記創作，名為《貓著》，繪畫了22隻花色不同、睡姿迥異的貓咪。店長Sim認為此海報「非常出色」且包裝精美，有厚卡紙托底，亦有用牛油紙保護表面。惟大概客人擔心乘船期間會弄皺，故陳列良久仍沒有人購買。於是我買下了第一張，認為貼在家很適合，散發著一種有助入眠的幸福氛圍。

zine展示架：此架展示了部分zine，仔細觀察會找到不少有趣的小誌。

非賣品區：此處放了一些非賣品供客人打書釘。都是店主的心頭好，以較大型的圖文書為主。部分為坊間不易找到的絕版書籍，包括楊學德的《標童話集》系列及小克的《偽科學鑑證》系列。

二手書櫃：這裡放了從街坊收來、經店長篩選的中英文二手書，不難在此覓得心頭好。

咖啡豆：引入了書店熟客、長洲街坊的炒豆品牌「SOONER」，以及來自坪洲的「鳳凰咖啡」。

生活雜貨區：此區有售Mil Mill廁紙及洗衣球、Pure Bamboo紙巾、香港婦女勞工協會手工製作的家事梘、洗手泡泡及蚊膏等本地出產雜貨，另外也有鄉驛習作製作，香港種植、台灣品種冬瓜、人手炒製而成的冬瓜茶磚。

悅和醬園產品

收銀處：桌上放有店主記帳用的iPad和手寫帳簿。凡有客人購物，就需用iPad查閱價錢與存貨數量，並用手寫形式在帳簿上記錄售出商品名字和價格。收銀桌子由店主設計製作，附有滾輪，活動時可移至門口旁的長桌下。選擇這個位置做收銀處，是因為保安問題，方便能一眼看到整間店內發生的不同事宜。

渡日門簾：門簾由店長朋友縫製及贈送。門簾上縫上了渡日書店由Solam設計的logo。因「渡」的意思是由一個點去到另一個點，故希望用簡單線條來表達點與點之間的路線，同時呈現一種海浪的感覺。這logo令人有多種的聯想：既像是一片浪上有兩隻小鳥在飛翔，或是兩隻船在翻浪，又像一個正在低頭看書的人。門簾後則是廚房和廁所。

第一屆獨立書店（圍爐）表揚獎，由趙曉彤提名的「鹹魚飄香獎」獎座。

CD和zine庫存櫃：這裡能找到不少外間難尋的香港絕版indie CD，有些曲目不見於串流平台，如Gaybird於2000年的作品*Multiplex Only*、Rachel Believes in me於2010年推出的首張同名專輯。CD由店長Chiu選購，大部分為他自己曾經的收藏或刻意搜羅而得。此櫃也是zines的庫存櫃。

精品櫃：展示了All Things Bright and Beautiful大為熱賣的明信片和zine。

渡日書店

實習月份 2023年8月
空間記錄月份 2023年8月
訪問月份 2023年9月
書店簡介
地址 長洲北社街68號地下
開業月份 2021年8月
店長 Sim、Solam、Damon、Chiu、Vanessa、邦、琳

Sim

覺得是因為這裡的規模，以及在長洲這個地方，容許我們可以去彈性經營這間店鋪。

Solam

我們不介意渡日「有機」一點，即使失敗了，也未至於會覺得很嚴重，或已預期未必一定會成功。但這也關乎有人合夥吧，如果一個人營運渡日，應該會緊張很多、壓力大很多。

對渡日的期望

Sim：渡日的運作是比我們預期中好的。現在可以無賺無蝕，亦有人開始認識我們，然後我們又會想再積極一點，將之視為生意去營運，想它可以持續做下去……但很難說之後會如何，我現在會思考，怎樣能夠維持到自己生計之餘，也能令渡日可持續生存。

Solam：我希望渡日有闊一點的空間，不止賣書，還有其他可能性可以發生。

呎數	200 ～ 250呎左右
藏書量	100 ～ 200本
書種	文學、社會科學、歷史、繪本、Zines
好賣的書	生活悠閒類及薄一點的書刊
盡量少入的書種	大部分的工具書
特色	# 社區味濃厚的書店 # 海洋及自然氣息濃烈 # 靈活性十足的書店
個人感覺	帶著什麼心態進入店內，會很影響你在渡日看見什麼。如果是遊客，可能會被店內一些關於海洋和魚類的書、精品、zine 所吸引；但如果是長洲街坊，則會覺得渡日是一間貼地，能夠令你不用將磚頭書「托」回家，可以買到糧油雜貨的社區書店。由於渡日面貌多變，入的書種貨類甚廣泛，所以無論是什麼興趣、背景的人，都會享受閒逛的過程吧！

靈活隨性有何不可？立足於小島的社區書店

■ 渡日書店的入口

還記得初次踏入渡日，是在七月的某個星期天。

我住在九龍，會坐船來長洲的理由無他，是為覓得旅行的樂趣。畢竟這年一直沒機會出遊，想稍稍放鬆心情的話，乘船去小島來個一日遊，似乎是最可行的選擇了。

於是我和伴侶帶著渡假的心情，乘渡輪前往長洲。當天風和日麗，站在船上欣賞景色，只見陽光灑在海上波光粼粼，又覺海之廣闊無垠，海風吹拂臉上令人有點想睡覺了。單是乘船這過程，已令我有種久違的放鬆感覺，令人心情大好！

下船之後，穿過碼頭前方的東灣路，經過人們掃街、瘋狂買魚蛋的廣場，往左鑽進新興街，一直往前走，就見到一棟外牆髹上醒目黃色、旁邊是伯公廟的小屋。這裡就是長洲唯一一間書店——渡日書店的門口了。門邊塗上了藍綠色，教人聯想到海洋。

推開趟門，首先感覺這裡的自然氣息很濃厚，或許是因為櫥窗放了植物，門旁邊也種了一列盆栽吧。這些綠意盎然的存在，令人心情更為悠閒。於店內走一圈，會感覺這店麻雀雖小但包羅萬有：它的書量不多，但囊括了不同書種，包括不同類別的文字書、zine 和繪本。除此以外，更有不少糧油雜貨，添了一股社區書店的味道。雖然感覺有點「雜崩冷」，但又不會令人感覺違和，而是有一份「貼地」的親切感。

之前並未為意，原來一種渡假的氛圍，對客人在書店看到什麼、買什麼，有著關鍵影響。像當天的豬肉檯，明明放了

■《水牛，大嶼山》是一本基於一段長期而持續、就大嶼山和人牛共同體社群研究，精選出來的田野筆記小誌。當中除收錄了不少大嶼山水牛的相片，也提供了不少相關的豐富知識，分享了人牛之間的關係如何隨經濟模式變遷而有所變化，不同人怎樣看待牠們的身分與存在，亦有對人牛關係之間的反思。字不多，但糅合理論、觀察與感情，純粹而深邃。

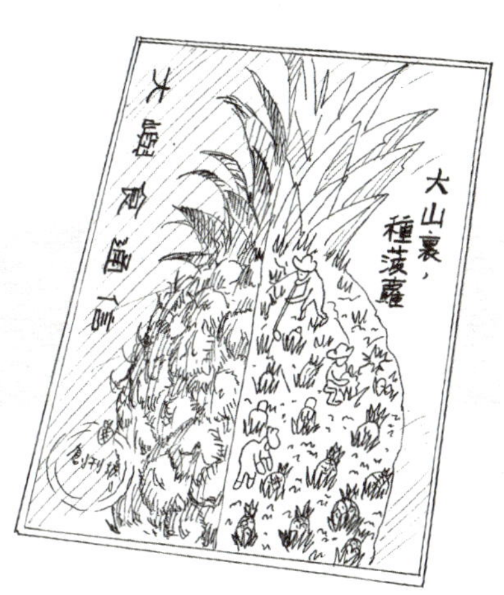

■ 渡日有跟梅窩「好老土」訂菜，故也有入它們的刊物。《大嶼食通信》旨在呈現土地與人食得到的故事，創刊號聚焦於由梅窩果園出產的本地菠蘿。

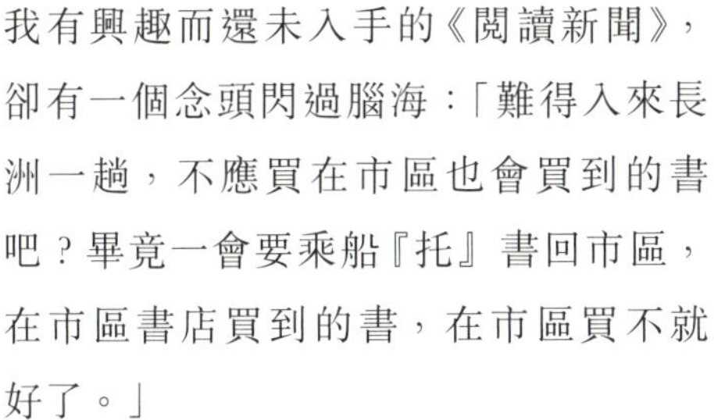

我有興趣而還未入手的《閱讀新聞》，卻有一個念頭閃過腦海：「難得入來長洲一趟，不應買在市區也會買到的書吧？畢竟一會要乘船『托』書回市區，在市區書店買到的書，在市區買不就好了。」

回想起來，這與買「旅行紀念品」有著相似之處：我會找尋具「長洲及旅行氣息」的書，也會考慮到行李的重量。故此，當天我在渡日書店買的，確實是平時未必會買、在市區很少見到、重量較輕的書本，包括鄭馬樂創作的《水牛，大嶼山》zine、小朋友 Roc 創作的《Naruto》小誌、《大嶼食通信》，以及《你聞到了嗎？》。這些似乎都是小島氛圍、遊客視角下，摻雜了自然、趣味、海洋氣味的選擇。

回程之時，我在船上望著反映著黃昏色彩的金色海洋，想起了從報道中讀到渡日書店的命名緣由：「渡」除了有渡海之意，也有寓意著和大家一起「度日子」的願景。而店長在小島開店，很大原因是因為「長洲沒有書店」，考慮的是長洲居民過日子的需要。

對來放鬆的旅客而言，渡日是一間充滿小島風情、旅行氣息的書店；但長洲居民感受到的渡日書店，應當是截然不同的風格——它該當是腳踏實地、度過每天的生活場所。彷彿糅合了旅客的「輕」與在地人的「重」，一間書店如何有著兩種面貌？長洲的地貌氛圍，又是如何影響人的連結，形塑出這書店的風格？

我對這間長洲的小書店越來越好奇了。

長洲獨特的運輸系統

時隔一個月，我在八月某個星期六再次來到長洲。

本來約了店長 Sim 於十二點開始實習，

■ Sim 是渡日書店店主之一。除了是當值店長，也是爵士舞導師，亦接翻譯及文字等不同工作。

惟前一晚收到她的信息：「你聽日打算搭幾點船？我諗住好冇一點先嚟鋪頭 meet ？我有啲驚我會食晏遲咗😂」我回答：「明白明白，如果一點先 meet 可以呀！」雖然渡日的營業時間本為十二點到七點，但是長洲的開店節奏一向與市區有別。在市區，店鋪大多準時開業，但在長洲的小店遲開早收是常見現象。從這小節中，可見離島小店的經營似乎較市區店更具彈性。

當天下船時正值滂沱大雨。我架著傘再次步進渡日，迎接我的是店主 Sim 溫暖又從容的笑容。她友善的為我簡介店務工作，及書籍不同分類位置。天雨關係，店內客人不多，聊上一段時間後，Sim 突然接到一通電話，收線後轉過頭和我說：「是強哥（化名）打給我的。」

誰是強哥？我頓時一頭霧水。她耐心為我介紹這號人物：「長洲有一個運輸系統是以中環為中心的，那裡有位叔叔負責收貨。」這位叫強哥的叔叔，習慣在中環碼頭「打躉」，部分不寄長洲的代理商或出版社會把書運到中環予這位強哥，「他就會幫我將書放上慢船，我們在長洲上船拿貨就可以了。當然要付錢給這位叔叔，但不是很貴。」

感覺這種營商方式有點原始。而且強哥沒設顯眼的攤位或招牌告知有這項神祕服務，似乎只有熟人及離島街坊才知曉他的存在。然而，這運輸服務卻非一人

■ 店主請強哥把書放上慢船，抵達長洲後就上船去執貨，沒想到這運輸方式如此簡單直接，有一種原始味道。

■ 這本《香港街市海魚圖鑑》在渡日首次未上架已售罄，可見魚類有關書籍在渡日頗受歡迎。它由黎諾維撰寫，介紹魚類形態、測量、生態、繁殖、分類和選購等基本知識，又附有600張彩色照片清楚呈現魚的形態，羅列不同魚類的來源、分佈、生產季節、販售方式、常見程度、建議烹調方式等資料。相信是逛街市買魚時必備的一本書籍！

規模，相信有著一定需求：「這位強哥是有『幾條嘅』的。我也不知他們是怎樣看到這個商機。」可惜沒機會看到這位強哥，但似乎他頗有商業頭腦同時低調又神祕：「很多長洲店鋪牌靠他，我們也是搬進來、開了渡日，才知道有這樣的方法。」

「所以他剛才打給我，是跟我說寄幾點船，我就定時定候出去拿貨。」她看上去很精明能幹，但似乎帶點冒失的可愛：「但我首先要設定鬧鐘。因我有時會忘記拿那箱貨，它就會原箱同船運出中環，那就要等它再駛來長洲才可以拿啦。」她續說：「我覺得跟強哥的關係也頗有趣，他經常都罵我聽不到他的電話……」聽來關係甚為密切熟稔。也令我發現如要在長洲順利營運一間書店，強哥的存在是非常重要的。

於是在那班慢船駛近前，我們離開渡日並鎖門，急步走往碼頭去。我們進入碼頭在吊板旁排隊待著，待下船的人潮湧浪消逝，就要把握這「未開船而船上又無人」的五至十分鐘黃金時間，衝上船倉尋覓經強哥寄來的書。

坦白說，我覺得整個過程有點兒緊張，畢竟即將又有人潮要衝上船了！倒是已習慣的Sim顯得氣定神閒又駕輕就熟。容易緊張的我心想：萬一來不及在吊板升起前找到貨物下船，難道就會無意間乘船返回中環去嗎？那未免太搞笑了吧？我們遂找遍放在地上的一箱箱貨物，終於瞧見一個寫有Sim的聯絡名稱和電話、包有膠袋的小貨件。Sim俯身將之拾起，我們步出船倉，迎面而來是猶如大軍般的乘客人海。成功找到貨品令我鬆了一口氣。畢竟在人潮間要限時找尋目標物——這任務實在是太獨特又刺激了。

回到店後，把膠袋剪開，發現當中有新書如《空城記》、《香港街市海魚圖鑑》

等。後者令我眼前一亮，就跟 Sim 說：「不知可以賣一本《香港街市海魚圖鑑》給我嗎？」這本書頗有實用性，應可助我在街市選魚吧！《空城記》雖也有興趣，但這刻的我還是先被這本魚類圖鑑吸引了。

就在那頃息間，它令我回想起先前察覺到的——小島氛圍對客人購書有著的微妙影響。

受遊客歡迎的悠閒系書籍

Sim 將她對客人的觀察娓娓道來：「確實客人在這裡的消費選擇，關乎他進入這間店時的心情、氛圍。若在旅行中，會令人不想看這麼嚴肅的東西、不想帶這麼嚴肅的東西離開。」

「來到這書店的一部分遊客，平時未必有一種恆常的閱讀習慣。來到長洲，比較像什麼店鋪都會逛一下。」她試著從經驗裡，爬梳及整理遊人的喜好：「有什麼會引起這些人的興趣呢？例如是 soft 一點，生活類型的書。」松浦彌太郎的作品、《大人的煩惱，由兒童記者解答》等，都是遊客的心水選擇。她徐徐續說道：「我覺得很合理的，我在這種情緒中也會想看輕鬆一點的書。像我偶爾也會想看雜誌，且通常是在放假的時候。」

「而當有一種旅行心態，來到島嶼，看到有關海、島、魚的書，就會格外想買，或者會留意到。」作為旅客的心態被說中了，令我有點兒不好意思。放眼望向店內，不難發現有關島嶼的書刊精品，並不止於長洲，亦來自坪洲和大嶼山：「因為長洲有橫水渡來往梅窩、芝麻灣和坪洲，船程約二十至三十分鐘，其實是很方便的。」Sim 偶爾也會到梅窩買西式食材，亦會聽到有旅客乘橫水渡來參加活動，足見島嶼間有著市區人未必察覺得到的連結。這些其他島嶼的書刊出現於渡日，或許就是連結的具體呈現吧！

始終重視居民需要

透過以上的對話，不難發現渡日書店甚受旅客歡迎。似乎書店雖為長洲居民而開，營運的實際情況卻有著落差：「長洲無可避免是一個旅遊區……在這裡真正多消費的，一定會是遊客，因為他們佔的比例實在是太高了。」長洲居民中雖有固定的顧客群，平常會來買書

■《一九二零年代長洲生活記趣》是渡日甚受歡迎、僅110多頁的小書。該書由美藝畫報社出版，由丘東明撰寫，分享了他在二零年代於長洲暫居的感受與見聞。在作者筆下的二零年代長洲，面貌與現今的長洲大相逕庭，有兒童文學的趣味和真摯，讀來令人饒有趣味。美藝畫報社的負責人選擇了將庫存僅餘的百多本存書全都交予渡日。故到店不妨購買一本，認識舊日長洲的生活與風貌。

■ 店長 Sim 認為 Hélène Druvert 的 *Ocean* 是渡日其中一本愛書，並堅持這是渡日必須要有的書。一本書內集合了精美插畫、laser-cut、拉頁，用各種印藝來令海洋知識變得有趣。只要一翻開它，總有客人為其美麗精緻而動心，願意掏錢購買。

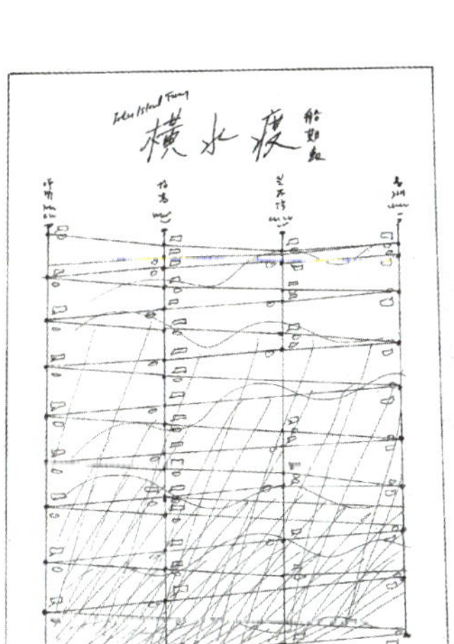

■ 這裡有寄賣坪洲設計師4res 創作的「橫水渡船期表」海報。清楚列明來往坪洲、梅窩、芝麻灣、長洲的橫水渡航線每天的抵達時間及行船方向。是兼具美感與實用性，且充滿小島色彩的作品。也能看見島與島之間的聯繫。

■《島民 ISLANDERS》是 Sim 非常欣賞的一本 zine，認為「做得很好」。它是一份由坪洲島民創作的獨立地圖雜誌，透過向島嶼發問，以探索可持續生活的原點。每期以不同主題切入，這一期以「在地生活」為題，從保育及社區營造角度探討坪洲「老是常出現的 T-shirt」現象。

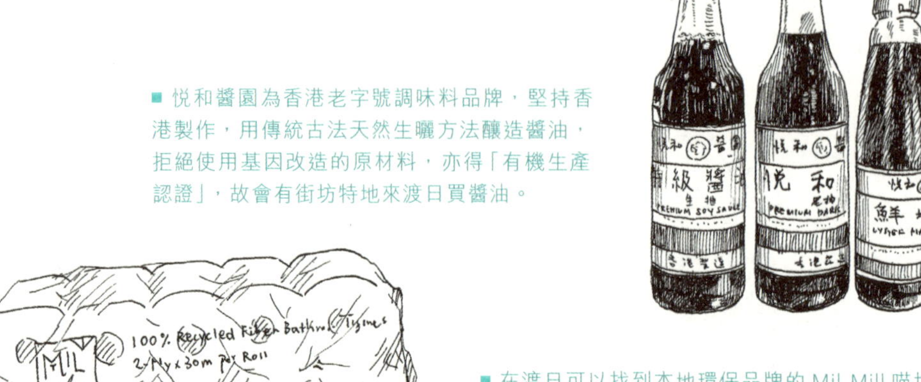

■ 悅和醬園為香港老字號調味料品牌，堅持香港製作，用傳統古法天然生曬方法釀造醬油，拒絕使用基因改造的原材料，亦得「有機生產認證」，故會有街坊特地來渡日買醬油。

■ 在渡日可以找到本地環保品牌的 Mil Mill 喵坊廁紙，成為了部分街坊每隔一陣子就會到訪渡日的理由。

和糧油雜貨，但是數量不多：「可能有十個、八個吧。」思索半刻，她眨了眨眼睛。恆常消費的居民數目少於我的想像，令人覺得有點可惜。

將目光放在當天的豬肉檯，會發現除放有較輕鬆的、可能適合旅客的《好好吃飯》、《香港散步學》、一行禪師系列，還有沉甸甸的《香港日記》、《失敗者回憶錄》、《末代港督的告解》等。

「《香港日記》在這裡的銷量是如何呢？」我禁不住好奇問道。在市區書店間，它大概是銷量保證，甚至有書店能賣上過百本。「雖有人買，但真的沒有市區那麼瘋狂……我們可能賣了幾本吧。都是居民買的。」畢竟它又貴又重，當在其他市區書店亦能購得，遊客不買屬意料之中。唯事情總有兩面，如從居民角度觀之，這些磚頭書如能在長洲買到，當然不會在島外買啊！只是長洲人口僅約兩萬多，閱讀人口自然較市區少，會買這些磚頭書的人就更稀罕了。

於是，當這間開在旅遊區的書店，始終將這些沉甸甸、內容嚴肅的書放在豬肉檯——彷彿顯示了渡日書店的宣言：這裡最大的消費族群雖是遊客，但渡日不會忽略長洲居民的需要。確實，為了回應居民的需要，渡日也會替居民收二手書、訂書、訂菜，店內亦有售長洲不易買到的本地生產日常用品，可見書店對島民的重視。

靈活又隨性的渡日風格

時間來到五點多，在毫無預警之下來到了今天實習的高潮。

中午時下了一場暴雨，令今天的客人不算很多。Sim 和我說：「今晚我要出市區，要趕上七點的船，之前要回家一趟換衣服。」她以一種自然不過的態度說道：「我會在六點半左右回來。應該不會有太多人到店的，這段時間就交給你看鋪了。」

我愣了一下。今天我們才第一次見面，你連我的全名都不知道，竟放心交給我獨自顧店嗎？我可是要幫忙收銀和管錢的！沒把話說出口，但我心裡問了一百次：「你是認真的嗎？」

她確實是認真的。Sim步履輕快的拿起袋子、奔向門口，笑著對我喊了一聲：「靠你了！」然後就頭也不回離開了。書店於是剩下我一個人。望著她瀟灑又不羈的背影漸漸消失，我心中頓覺不可思議。雖然我不是第一次在書店實習，但是以往總有店員在場，如有任何疑問都能馬上向他人求助。但獨自顧店嘛，真是史無前例，作為數學白痴的我能應付得來嗎？我連留書的位置、精品的存貨放在哪，還不是很清楚啊……

於是心裡陷入了天人交戰。一方面雖希望當日有更多人光顧渡日書店，令營業額更可觀；但另一方面我心裡默默祈求：希望這段時間不會有太多人來店內、希望客人不要問一些我不懂得回答的問題、希望店長能快點回來……緊張的心情佔據了我的腦袋。

「嗚啊，為什麼會這樣的呢？萬一我是小偷或不負責任的人，那要怎麼辦呢？」我心裡不禁覺得，店長Sim實在是太鬆懈、太隨性了吧？但另一方面，又感覺到她對我的信任，亦佩服起她的敢於放手。雖然惶恐，但她的做法其實可謂是「善用資源」吧？只是在這容易產生猜忌的城市，這種對人始終保持信任的處事方式，顯得甚為稀有。

於是我唯有硬著頭皮顧起店來。

不知是老天爺眷顧我還是作弄我，天一放晴，客人在傍晚時分一下子湧了進來，最高峰時這200呎小店足足塞滿了十人。我面上掛著勉強的笑容，暗地裡卻緊張得要命。突然有人問道：「啊，我是留了書的R（化名），已經付款了，訂了的是《日常運動》和《未知的香港粗獷建築》。」我心內盡是惶恐不安，幸而憑著直覺翻找桌底一格，馬上就找到了寫有R名字的這兩本書。

R遂心滿意足的把書拿走了。這小小的成功令我稍稍安下心來。心底裡也感激起店長們設立了方便店員輪替當值的系統，至少留書全都放在桌底一格，又有寫上名字，不致令臨時當值的我無所適從。

安心下來後，環顧店內客人動態，發現確實如 Sim 所言，當中以遊客為多。而部分遊客不會作消費，踱步一圈就離去。令我感覺在遊客區營運書店，人流是不少，但要吸引客人也不是想像中般容易。惟渡日某程度確實能把握部分遊客的脈搏，在我當值的短短一個半小時，也做了好幾單生意，難怪其週末的營業額能高達平日數倍。售出的書籍確實都是較為輕鬆或頁數偏少的書，包括《詩控飲管》、《香港散步學》、二手雜誌《方圓：遊離》及《箭藝與禪心》等。

一直撐到六時半，終於等到恍如救星的 Sim 歸來。她看見帳簿上多了幾條帳目時說：「嘩，在你顧店時，竟有這麼多人來！」她的笑容，來自營業額的上漲；而我的欣喜，則來自可以結束這段獨自顧店的階段——終於可以鬆一口氣了，嗚呀！

雖未及七點，Sim 已在做各種的閉店功夫，包括把店外的茶餐廳櫈搬回店內，又將大書架豎放的書刊重新平放，以免書豎放得太久會變形：「因為要趕七點的船，所以早一點關門好了。埋數就留給我翌天回來再計算吧！」連我都對自己的數學沒有信心，Sim 竟寧可延後埋數，令我感覺她對我有著極大的信任，心裡有點五味雜陳。

當晚，我們雙雙乘船離開長洲。這次實習令我感覺到：渡日真是一間獨特的書店——它靈活而隨性，而且其營運風格散發出一種難得的自由。是什麼條件，令它可以在這極度高壓的城市中，仍能別樹一格呢？

這令我內心暗自期待著下一次的訪問。

店主喜好至為重要
讓書成為渡日良伴

九月，黑雨警告高掛的那天，我以為島上情況該很惡劣，也以為船程必然顛簸難耐，幸而終平安到埗，過程比想像中順利平靜。再次步入長洲渡日，由於區外天氣惡劣又是平日，今天人流較上次實習時少得多，可謂是適合訪問店長 Sim 和 Solam 的日子吧。

鑑於實習觀察到，客人有著購買輕鬆悠閒類書籍的傾向；今次的訪問，延續之前述及的「選書」話題。Sim 有點打趣的笑說：「如我們全部都賣一些輕飄

■《雲雀與夜鶯》出版於2023年6月，是由鍾曉陽和鍾玲玲合寫的一本書，字句中流露出兩人多達40年的情誼，既探索人生又思索創作。Sim 如此形容：「這本講述的是一段歷時很長的關係，這是它好看的地方。她們數十年的友誼，說的話真的是很 sweet。」

飄、小確幸的書，可能會發達的！」但語氣馬上又回復認真：「我不是說那些書不好，但我不想定了一種這樣的調，販賣一種美好小島生活想像。」

縱使書的輕重與銷量有關，卻不是選書重點；而市場反應，亦非 Sim 唯一考慮因素：「有一部分是我知道大家會喜歡的，那我當然會盡量去滿足他們；但另一邊就是我們覺得很棒的東西，我們會想主動介紹予別人——我覺得這兩方面都要平衡。」她會隨生意情況，持續調整兩者的比例。

惟她坦言收到書單時第一時間會想的，始終與個人喜好有關：「如何選書，只是純粹覺得頗有趣、自己有些想看、議題是我們所關心的而已。」而這些因個人喜好而入的書，佔全店的比例並不少。渡日面積僅二百多呎，書量本來就不多，當中文學類卻佔據不少空間，選書包攬了一系列本地、台灣、日本及歐美翻譯文學作品，當中不乏經典。

「其實我自己最喜歡看小說和散文。」Sim 拿起了由鍾玲玲和鍾曉陽合著的《雲雀與夜鶯》，語帶興奮的開始介紹這部她最近在閱讀的作品：「其實我沒有看她們之前的作品，但是一對老朋友的友誼真的很好看，他們寫得很感人，我經常都看得雞皮疙瘩。」她謂自己不至於是書不離手的書痴，但會希望有書、有閱讀能伴著她過日子：「不至於必須到，沒有書就會死；但有的話，生活就會好很多。閱讀經常都有點漫無目的，但偶爾讀到某些情節或句子，覺得很能回應自己當刻或思考的問題，就會覺得很好——因為你會覺得有人明白你，能和作者產生共鳴。」

Solam 對此也有同感：「生活中有不同情景發生，那時總會選相關的書閱讀，從中總能令人獲得力量。」她拿起繪本《小黑咪與星星》，說起這本書帶給她和

■ Solam 是渡日書店店主之一。是當值店長，也是自由設計師。是渡日的植物部長、繪本擔當和設計師。

朋友的啟發：「之前朋友的貓咪身體出了問題，會思考是否要放下。那時剛好出現了這本書。身邊的書，能夠影響自己當下的一些想法。」

從 Sim 的話語中，能察覺到她感激生活裡有文學：「我覺得閱讀能給予人的慰藉，是與朋友、伴侶聊天不同的。與人聊天經常都要給予很多回應，我覺得那很辛苦。但閱讀就有不需回應的空間，純粹讓我能靜靜去思考、和作者交流。」惟 Sim 的笑裡有點無奈：「但我發覺自己選的文學書，經常都『不去（無法賣出）』的。」

像放在豬肉檯當眼處的，有 Sim 喜歡讀的雜誌 *Science of the Secondary*：「這個不算超好賣，但我信慢慢總會賣完，總會遇上喜歡它的人。」另一位店長 Solam

■《小黑咪與星星》是 All Things Bright and Beautiful 與明愛嬰幼兒工作小組合作的繪本。這是一個關於愛與被愛的故事，講述小黑咪得到了一顆懂得發光的星星。但當牠將之留在身邊，星星卻逐漸黯淡無光，並希望回歸星空。在執著與放下之間，小黑咪必須作出抉擇。

■ *Science of the Secondary* 是自新加坡的雜誌，每期以身邊平凡之物作為主題，從不同角度將其抽絲剝繭拆解重組，既認真又幽默。店長 Sim 道：「每看到一個段落，就覺得很好笑。如果我是在顧店時看到，就會覺得開心一點。」

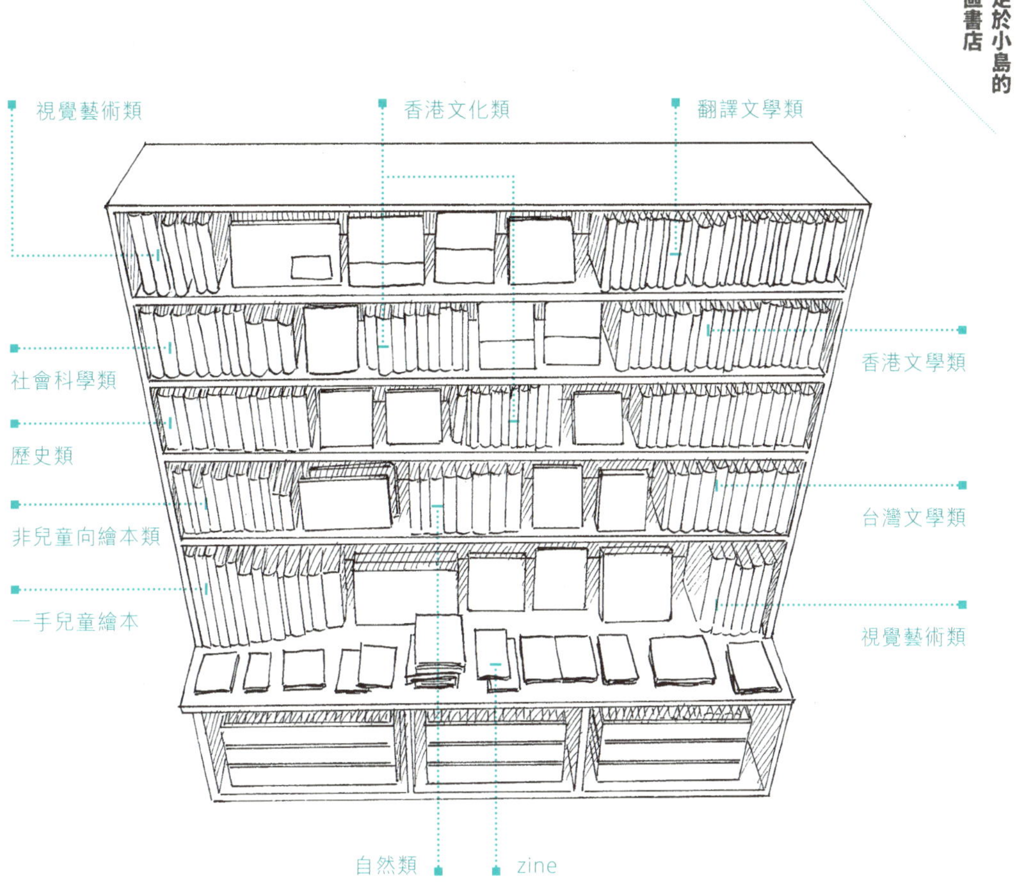

補充說道：「如果發現有時入貨入多了，而它不好賣，那我們就會說：『賣一輩子吧！』」

明知投遊客所好，應能令生意更上一層樓，渡日卻不從此道；其選書雖會顧及長洲街坊的需要，但確實不只按居民喜好入貨，而是摻雜了不少私心。我想，這也是自由的一種體現吧！Sim 認為這與其開店緣由和初衷有關：「這項目一開始，真的是一個 Friends' Project 來的。故按我們想做的實踐，是最重要的。如果連我們也不喜歡自己正在做的事情，或完全只為去滿足大家的期望，那我就覺得沒有意思了。」

長洲孕育出來的 Friends' Project

Friends' Project——這個名詞對我而言有點陌生。做了不少書店有關的訪問，當中也有由多位店長共同營運的書店，但會用「Friends' Project」來形容的，只有渡日書店。我頓時發覺，這個詞彙蘊含的信息量很豐富，而這段在長洲孕育出來的友誼，也許是影響著渡日運作模式和風格的關鍵因素。

渡日的店長共有七位，都是近年搬進

長洲的「新長洲人」。長洲面積小，彼此住得非常近，Sim 和 Chiu 走到 Solam 家，需時不過一分三十秒。地理限制令良朋容易相伴，即興約飯聚吹水皆為等閒事，七人變成非常熟稔、能深入參與彼此生活的好朋友：「幾家人一起吃完早餐，就會想想有什麼可以一齊搞。」Chiu 如是說。

幻想過開街邊車仔檔，後來想到大家的共同興趣都是閱讀，又察覺長洲沒書店，一同開書店便變得順理成章。當成本和風險由七人共同負擔，個人要背負的壓力就較小，令他們願意放手一試：「我們都是茶餘飯後聊天，見到有個租盤，那就試一下吧！是抱著一個就算真的虧損，也不會蝕到入肉的心態去做，所以我們沒有把事情計劃得很清楚。」

Sim 回憶開業時未有清晰目標、亦無宏大理念，契機屬因緣際會：「是那個時空底下搬到了長洲、認識了一群朋友，又想試試不做全職工作，亦想長洲有些另類一點的空間，是所有條件加在一起，才生了開書店這念頭⋯⋯故我們沒有商業計劃、沒太多的計算就已開業了。所有的構思、佈局規劃，都是邊做邊想。」

「半書店半 X」的 Friends' Project 實踐

雖然七人都是店主，但生活狀態和忙碌程度迥異，參與度自然有別。現在書店日常運作主要由 Sim 和 Solam 兩位自由工作者打理，她們的工作時間相對彈性，一週每人輪流當值三天。開店資金、工作量、煩惱則由多位店主共同分擔。Sim 和 Solam 雖將不少心力投注於書店，卻仍會接其他工作。坊間有所謂「半農半 X」，所以 Sim 和 Solam 也可說是「半書店半 X」吧？由於自由工作總來得既急且趕，如趕工時沒有人能抽空當值，無計可施下甚至會選擇閉店一天。可見在她們心目中，書店雖重要但其他生計亦佔生活一席位。

書店雖會帶來收入，卻不至於是任何一人的主要收入來源；當沒有人「等書店賺的錢開飯」，令渡日書店經營較少商業考慮，如 Solam 所言：「人們會 100% 投入在書店經營中，可能是將之視為一盤生意吧⋯⋯但我們不是這樣。」Sim 坦言未將之視為生意，或將店長都視為生意夥伴：「我們都沒有當大家是商業夥伴，我比較將這視為一朋友間的項目。當然它會涉及金錢，但也不至於會令我們身敗名裂或者爭產，畢竟又不是什麼大數目。」

似乎渡日像「Friends' Project」多於生意的其一原因，關乎書店收入暫時不算很多。其二，也因店長喜歡多重職業的生活模式，未有捨棄其他工作、全情投入於書店經營中的打算：「我也不知道自己會否只想做書店⋯⋯因為很貪心，會想做其他工作、想繼續教跳舞，所以我覺得現在這工作模式是挺好的，就是分散從事幾種工作，但全部都是我喜歡的事情。」Sim 邊想邊說。

從書店經營角度視之，這種沒有人100%專注的 Friends' Project 經營方式有著一體兩面。先説缺點，乃其營運效率未能達至最高。如當不少書店著重將新書快速上架以吸引首批讀者，Sim 卻坦言渡日未能追新書追得最貼：「雖然我大部分時間都放在這一家店裡，但我不是一個完全全職，天天盯著博客來會有什麼新書出的全職店員。」加上渡日採「保守穩陣」的進貨策略，每本書不會入太多貨，有時達不到 MOQ（Minimum Order Quantity，最小訂貨量），無法免運費；店主為減低成本，就要待有空出市區時親手取貨，以致上架速度很視乎店長的行程編排。惟對位於長洲的渡日而言，因主要顧客群是抱著旅遊心態而來的遊客，新書未必是最吸引他們的商品，故遲了上架也影響不大。

至於優點，當這是共同營運的 Friends' Project，就具備可互補、提點的優勢，彌補沒人專注經營的漏洞：「像我經常會走漏眼，像《異鄉港孩——願歸來仍是少年；30個移民家庭的教養歷險記》，是 Solam 告訴我才知道這本書出了。」而當遇上困難或疑慮，也有能商量的對象，亦有集思廣益的可能，店長的經營壓力能大大減少。

Solam 認為「半書店半 X」的 Friends' Project 方式亦直接影響店內面貌趨多元化：「我們各自有不同的長處、工作環境、人際網絡。」不是完全專注於書店內，就代表會將心神放在其他發展，能從多方面為書店帶來刺激。如 Solam 是自由設計師，包辦店內設計工作之餘亦負責繪本及藝術範疇的選書；Chiu 熟悉獨立音樂，能擔當起選購 CD 的角色；任藝術行政的 Vanessa 認識不少小

■ 像這本 *NARUTO* zine 由店長 Vanessa 在西班牙旅行時購入。zine 在巴塞隆拿印刷，全文採西班牙文，文字圖畫都由當地的一位小朋友 Roc 包辦。雖然我不諳西班牙文，但是只看圖畫也覺充滿童趣，令人佩服起孩子的創造力。

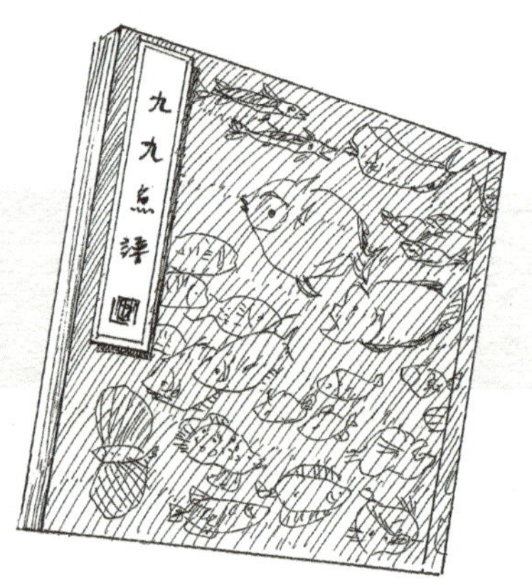

■《九九魚譜》可謂渡日的鎮店小誌，由店長的藝術家朋友 Kensa Hung 於2021年創作的小誌，畫了九十九條魚，定價 $99，即一蚊一條魚。

■《你們要努力進窄門》海報由藝術家陳素珊 Sushan 於2018年創作。Sushan 為店主阿邦的朋友，故海報由阿邦引入到此店。這張海報的創作靈感，來自一張新聞圖片和聖經的話：「報紙常常有這樣的新聞，發生緊急意外後，救援人員合力將車輛或倒塌物扶正。一班有心人嘗試搶救、移正一些歪倒崩壞的事，卻又好像隨時反過來被緊急狀態的黑洞吞噬，驟眼看來一片黑暗不知通向哪裡。」這張海報成為了渡日的熱賣商品，有客人買了貼在辦公室，他的同事看見很喜歡，又會想入手。有客人認為它是送禮佳品，既可用作聖誕交換禮物之用，亦適合送予即將移民的朋友。

誌作者也多留意小誌出版，能為店內帶來題材形式多變的 Zine；正職為海員的 Damon，負責書店的空間設計，亦會偶爾幫忙選購科普及歷史類書籍 ；身為藝術家的邦和琳，能串連藝術家朋友寄賣作品；已為父母的他們亦能為書店的親子活動提供意見。

故渡日店面雖小又看似「雜崩冷」，乃因集合了七個人多元的喜好與長處，書種夠廣且貨品種類出乎意料的豐富。我想，這也許是不同背景、興趣的客人，總會從中找到心頭好的原因吧！且縱然新書上架速度不是最快，但七人自有其發掘書刊精品的獨特途徑，使店內會出現坊間較少曝光的商品，使這兩百呎小店充滿著驚喜。

最關鍵條件！長洲租金相宜

然而，能促使這 Friends' Project 發展順利，於長洲開業是非常關鍵的條件。為確認心中推論，我如此問：「渡日是否算是 site-specific（場域特定）的書店呢？」沒想到 Solam 笑著回應：「我覺得其實是『租 -specific』！」縱帶有開玩笑的意味，卻突顯了長洲租金相宜的重要：「租金一定是我們考慮的因素，我不覺得在市區我們會有同樣的決心。」

在市區，縱有共同協作的渴望，但礙於租金高昂，要共營實體空間的心理及資金準備都會比在長洲開業沉重得多。長洲租金比市區平一截，而且假日人流不俗、也多遊客消費，使渡日能自負盈虧之餘，亦能賺取些許收入支付兩位當值店長的兼職時薪。當渡日未出現虧損情況，店長又有其他收入來源，使店長們在選書上始終較自由，能按自己心意，選一些未必暢銷、但值得推薦給客人的書目。

對店長們應否100％專注於書店經營中，可能人人想法各異。畢竟「半書店半 X」的經營方式有其得失。但渡日依然存在，還建立了它獨特的風格，似乎肯定了在有利的輔助條件下（多店長制及長洲選址），「半書店半 X」的模式有著一定可行性。

「如不是在長洲，首先我們不會無緣無故形成這樣緊密的關係，更不覺得能有一間實體鋪。」Solam 承認無論是從店長連結還是租金角度而言，惟有長洲才能提供契機，令此時此刻的渡日能夠出現。

可以孕育出信任感的社區

然而長洲帶給渡日的，還有更多。

租金相宜，令店長們能在不考慮太多的情況下開業。Sim 笑言自己開初的想法很 vague（含糊）：「我當時沒有想得很確切，會有什麼事情發生。只是覺得有了這樣的空間，投入一些資源，就希望能有機生一些東西出來，例如是和島民的關係。」

坦白說，我一開始有點不解：為什麼會有這麼大的信心，確信有東西能從無到有的生長出來？她耐心的解釋，那與他們在長洲的生活經驗有關：「那種有機，都是我們在長洲這社區吸引到或經驗到的東西，因此想在渡日將之延續，讓它們繼續發生。」

「長洲本身有一種歷史文化氣息是挺強的。」Solam 記得一到傳統節日如太平清醮，就能感受到街坊間存在一種凝聚力，不論男女老幼都有著共同目標，並會各守崗位參與其中及互相認識。這使長洲街坊間，在多年的節慶傳統中培養出共同的意識與習慣，人們遂容易打開話匣子、交流資訊。另一原因，也源於長洲沒商場也不多連鎖店，整個島嶼幾乎全是小店，加上選擇有限，街坊頻繁光顧店鋪時遂成熟客：「即使我們還未開書店時，去某些小店買東西、吃飯時，別人都會對你有印象、或者記得你。」

長洲所蘊含的文化與環境因素，有著拉近街坊關係的潛力，而關係緊密會令人對島自然產生歸屬感。就如 Sim 所言：「我想我對長洲的歸屬感，未必因為我超級熱愛這地方，而是源於那份熟悉感。」熟悉感來自每天與街坊累積下來的互動。她相信這種熟悉感是島民共有的感覺：「很多街坊都會覺得，不用去到自己的單位之中，而是在下船那一刻，就已覺得自己回到家。」又是這份熟悉感，影響了 Sim 開渡日的念頭：「對於開店，我期望和街坊會有純粹一點、沒有目的、比較有機，而且長遠一點的關係。我覺得這種熟悉感，在社區裡面很重要。」

一直住在市區的我，自問這難以想像又不可思議。然後我突然想起，實習時 Sim 如此放心安排陌生的我獨自看店，難道也是受長洲微妙的「熟悉感」影響嗎？聽到我回憶當天的複雜情緒，

■ 收銀處正對著玻璃門口。不只從收銀處能看見窗外發生的事，另一方面，在街上也能看見店內情景。

Sim 噗哧一聲的笑了出來：「哈哈，雖然我不知你全名是什麼，又不知你什麼來頭，但我們總算有溝通過，也是相信你才會讓你當值啊。」她語氣堅定的重申：「我不是所有人都會這樣信任的！」雖僅有一面之緣，但能得店長信任，令我不禁有點沾沾自喜。

然而她也承認，這安排與長洲環境有一定關係：「確實，在長洲就會有一份安全感。首先這空間很透明，雖然跟對面店鋪不是很熟，但覺得發生什麼事，隔籬左右都能看到、也會幫忙，所以我不太擔心。」她思索半刻，再如此總結：「就像有時我走出店外，買粒燒賣再回來，即使店內無人也放心⋯⋯我想是對這社區，有著一種莫名其妙的信任吧。」

我想，渡日給我的感覺輕鬆又隨性，或許與店長對社區有信任與安全感不無關係。而這一點，大概也是書店和社區締造連結的基礎。

建立在信任上的社區營造

「我們有些活動會找長洲街坊作分享。一開始純粹覺得順理成章，始終長洲的事情，街坊最熟悉了。」渡日會與街坊

■ 為了配合「長洲家燕分享」活動，店長們特別挑選了與燕子有關繪本如《燕子遷徙日記》，於店內陳列出售，以加深大家對燕子的認識。

合作的契機，就是出於一份信任。「辦過活動後就覺得：不只是我們，即使是做活動的街坊，對於能夠分享也感到開心和享受。由此我們會想再聯繫更多不同的人，發掘更多這些有獨特智慧的人，與我們一起行動。」Sim 相信，這社區充滿著各種未被發現的潛力，足以成為孕育新事物、新關係的有機土壤。

她坦言渡日因地點偏遠，除非邀請富叫座力的嘉賓來分享，否則辦活動總是較少人參與：「但視乎活動本身的價值和重要性，如我們我覺得好玩、有趣、有意思，就怎樣都會辦的。」當中尤以長洲有關的活動，反應比較踴躍：「因為長洲街坊好像對自己的文化、歷史真的有興趣，會想了解和分享，這也是他們歸屬感的體現吧。」如之前的長洲家燕分享活動，Sim 邀請來兩位同時是燕子觀察員的長洲街坊擔任講者，既講與燕子相處的小故事，也述及善待燕子的方法，反應不錯甚至需要加場：「是我們目前為止最成功的活動！」她笑說。

對店長來說，雖然辦活動牽涉計劃，然而其「有機」之處，在於活動總會帶來無法預期的影響和力量：「譬如雖然兩位燕子觀察員在做資料搜集時，會與店鋪和街坊說一聲。街坊可能知道他們的存在，但並不熟悉或只有一面之緣。當我們辦這活動，就會有街坊問我：『他們是不是姓羅的？』然後再於這活動，真正認識兩位講者。」可見活動不只提升街坊的動物保育意識，亦無意間推動了居民互相結識，令社區網絡變得更緊密。

另一例子是，他們曾為長洲國民學校的小學生舉辦聲音工作坊，當店長帶學生們到山上時：「那些學生都說不知有這地方，因為平時住在島的另一邊，所以從沒有來過。」Solam 回憶起活動帶給她的驚喜：「年紀稍長的街坊以前會在長洲通山跑，但現在的小朋友未必如此，可能有很多地方不曾踏足。當我誤以為長洲人一定很熟悉這個島，原來無緣無故也為他們提供了一些新發現。」

「我覺得是在超多機緣巧合之下出現了這間店，我們才想到要做這些事情。」Sim 帶點感慨的說：「當然我們也有主動踏出第一步，但可謂都是沒有什麼計劃之下，慢慢有機的孕育出來，最後就生成了某些東西。」

回憶新年時，他們曾為街坊訂了一批香港蘿蔔。Solam 遂即興提議，不如與街坊一起醃蘿蔔吧？那時 Sim 則有點遲疑——畢竟醃蘿蔔其實很簡單，在家也能做到；就算真的辦活動，又有誰會參加呢？

如要穩打穩紮、確保有成果才實踐，大概就不會有這次活動了。但渡日就是一間接受事情發生在計劃以外，樂於以彈性和靈活方式經營的書店：「雖然會覺得未必有人參加，但也覺得可以試一下。反正自己無論如何也會醃，如果真的有人醃就一起醃吧！」世事總出乎意料，當天店裡反應意外很不錯。參加者有一家大小、也有年輕人，於是不論男女老幼都加入將蘿蔔批皮、切條、加醋的醃漬行列，高高興興的把一樽樽中式醃蘿蔔帶回家。

大概在渡日的經驗中，就是有些事情計劃不來，而有些得著只能以意外驚喜的形式出現。

無法計劃　就隨心的過日子

「我們真的很沒有計劃的。」Sim 笑說。

在這著重成果的社會裡，人總是被教導「凡事都要有周詳計劃」，每做一件事都要穩操勝券、確保一切可控，彷彿這是唯一值得效法的處事方法。如在書店經營層面中，人們似乎都預期店主應有詳盡的商業計劃、明確定位和發展方向，確保能夠帶來足夠收入，才應決定開業，以保安全。

我本來都是這樣想。但在認識渡日的故事後，才發覺有周詳計劃固然好，卻未必是惟一途徑。當然渡日明智之處，在於選址合適（有人流且租金相宜）、找到方法分散風險（多人共營）；在這樣的優勢下，就能創造出讓店主靈活經營的自由。即使未必所有細節都經過深思熟慮、每一步都是摸著石頭過河、灑脫放手讓不同事情能發生——聽來任性又不羈，但原來也未嘗不可，甚至獲得周詳計劃反而沒有的意外收穫。

畢竟，計劃總有它的限制。「在長洲很多東西是很 organic（有機）的，不是人能計劃出來。」Sim 形容很多合作，都是街坊走進店內聊天，就自然而然發生了。確實從社區營造的角度而言，憑一己之力去從零開始計劃，不如放手給予空間，與街坊一同在實踐中學習，反而有更多預想不到的可能性出現吧。

如何渡日子？渡日書店的答案

只是要 unlearn 一種「計劃至上」的處事方式，學習隨心、不因意外而焦慮，其實也不很容易。當中需要一種始終保持冷靜的心境，也要有隨機應變的智慧，更要有接受事情不如人願的從容。

Solam 認為長洲的環境，令人較易塑造出以上素質：「住在長洲，就是知道不能隨時把東西運進來，又例如一打風可能真的會沒有船。」她形容小島的地理限制，令人難以無視船程、天氣這些不可控因素，使他們的處事方式和心境傾向保持靈活：「就是沒有事情一定要做到，或是堅持事情的迫切性。如沒信心能在此處理好某些事情，我們會索性不用沒把握的方法去做。」

這種小島生活哲學裡，表現了一份智慧和謙卑。反過來說，以為凡事都能夠計劃，其實有一點狂妄吧？遑論世界的發展，單論香港社會的走向，就是會越來越多事情不受控、不如人願。要用什麼心態去面對未來的日子和未知的挑戰，大概是每個人都在深思的課題。

而從店長 Sim 如何設計店名，可見她也在思索中：「『渡日』——就是大家一起

■ 此書乃由長洲街坊麵包店老闆推介，並請渡日幫助訂書，店長才知悉這本《箭藝與禪心》的存在。因認為此書頗適合渡日，入購幾本而銷量不俗。會入這本書，當中有著街坊的參與，乃是渡日所不能計劃的。

度過一些時間和日子吧。那時身邊很多人會討論要否離開香港，那我就會想：留下來可以做些什麼呢？」

渡日書店，大概就是店長們就此疑問，身體力行去示範的「度日子」方式吧。那是有關閱讀推廣、支持土地生產、社區營造、與身邊人互相緊密扶持、以隨遇而安態度生活的一種實踐。

人在書店
才可造就有機的可能性

離開書店、與店長們道別之後，我獨個兒回到碼頭，從船上欣賞放晴之後的長洲海岸景致，思索著有關渡日書店的一切。

雖然此刻渡日並無虧損、風險亦較低，但始終利潤有限。其收支平衡的狀態，是基於店長薪水微薄為前提才成立的。這顯示了渡日「半書店半X」模式，終究未能運行出最理想的狀態。Sim 坦言，因自由工作者的收入狀態不穩定，雖然現在她所做的全是她喜歡的自由工作，奈何其中沒有一樣能夠真正養活她，包括書店店長的身分。雖然喜歡斜槓工作模式，但她確實曾掙扎過要不要重回全職工作，並請一位兼職店員幫忙處理渡日店面事務：「這實際上是可行的，請一位兼職來看店，我就做背後一些行政事情，如入書、選書，我完全可以繼續做的。」惟她再頓了一頓，續說：「但我覺得『人在書店』這件事也非常關鍵。」

渡日之所以能夠靈活營運，有機地與街坊策劃出活動，先決條件是「在場」：「我知道有很多計劃，若然自己不是親身出現在店裡，或者投入在其中，是不會發生的。」像他們現在正籌劃的一個西灣計劃，將與當地那邊服務漁民長者的社區中心合作：「不知因為什麼項目的緣故，我們跟他們有接觸，就 brainstorm 了一些可能會發生的計劃。我幻想如果我重回全職工作，就不能無緣無故抽一個平日，無端端在西灣做這些事情。」

想到這些，她就會覺得：「唉，還是不要做全職工作了。」語氣中帶著一絲無奈：「覺得渡日有些東西是生長著，但是又生得很慢。而且他不一定會帶來很多收入。但是那些事情是有價值的，如果不做，又會覺得很可惜。」

未來的抉擇

Sim 形容兩年下來，渡日的銀行戶口數目始終變化不大，即無盈利亦無虧損。本來只打算以 Friends' Project 形式運行，沒想到迴響不俗，令她的營運心態逐漸有所改變：「本來只預期它是類似自己『圍威喂』的地方，但真的慢慢營運下來，才覺得不可以停留在這個位置。即開業之後，感覺到大家對你是有期望的……你就會覺得，要 live up to 這些人的期望，或者創造更多令大家都會享受的時刻。」

因此，雖然渡日未能帶來太多收入，Sim 亦希望能持續營運，故已與業主協議續租：「因為我們還有事情想做、還有事情未做完。」她的心態比開業時更為積極，正執行一有關長洲的出版計劃，未來亦會想策劃更多和街坊合辦的活動。

但「半書店半 X」、維持收支平衡的渡日能否一直存在，其實 Sim 著實答不準。縱然有著社區營造、閱讀推廣的理想，要持續還需一定財政基礎去支撐，而且七人共營的方式充滿著變數：「關於結業，我覺得一定有這樣的可能。看看我們被人加多少租，或看看我們各自情況，所以很難說之後會如何……所以我現在會思考，怎樣能夠維持到自己生計之餘，也能令渡日可持續生存。」

由此可見，即使渡日暫時仍像 Friends' Project 多於一盤生意，但 Sim 會較以前反思更多生計事宜。而 Solam 亦期望著改變：「我們也想視它為一個生意，想營運它，期望它未來有好的發展。」

我不是一個思慮周全敏捷的人，只隱約感受到渡日未來的發展牽涉著一些抉擇：若維持渡日的現況，仍以「Friends' Project」模式營運，順應己意、較少在商業層面作考慮，營業額就較難有大規模增長，除非能找到嶄新突破，否則店長薪酬未必能有改善，會影響其持續生存的可能性。但如果傾向從利潤角度決策並多作計算，完全將之視為一盤商業生意，或會令渡日的面貌、或創立書店的初衷有改變。

不知渡日的未來會是如何呢？

看著眼前一片湛藍的海，我如此思量著。海洋總是潛藏著各種的危險，但當中卻蘊藏著無限的生命力與可能性。

縱然決定都不容易，但我心中的渡日，始終擁有如生物般有機的韌性，有著集結街坊智慧的聰敏，亦有著克服難關的能耐。未來縱是未知，但是我不擔心，反而是期待——這間充滿靈活性的書店，將經歷怎樣的蛻變與演化，在分岔口間將如何抉擇，或在選項之間開闢出令人驚喜的路徑，來面對將來的驚濤駭浪呢？

我相信，這間書店將來必會令我們更驚喜。

| 2023年9月 |

備註

訪談之後，Sim 由於家裡狀況有變，生活上需要增加收入，現已重返全職。當值顧店職責將由兼職同事、其他店主共同分擔，但她仍舊會負責選書工作，週末也會在活動中幫忙。「渡日不會因為我不在店裡而 hea 下來的。而我自己的想法是，如我連自己也 support 不到，長遠下來也不會 support 到渡日。」

惟她不會因為書店無法支撐個人生計，而否定「半書店半 X」的營運模式：「我覺得能否實踐『半書店半 X』，很視乎每個人的狀況和心態，可能有些人真的不太需要物質，或者只要很少的錢也能 support 自己，那就可以實行——是很 personal 的個人選擇吧。」

雖然她在店內的時間減少了，但由於其他店主增加了投入程度，仍然有人「在場」，令渡日社區營造上的角色、有機風格得以維持不變。也許，這也是七人共營模式能提供的靈活性吧？當其一店長難以在席時，其他店主亦能「補位」，使書店仍能維持原貌與運作：「我覺得渡日那種靈活的風格，不會隨著我無法當值而有所改變的。畢竟整個書店的方向以及大家的 vibe 始終如此。因此大方向是不會變的。」Sim 最後笑著補充道。

ROOM 23

|室內/空間設計|專業評介|

- 香港的小島文化各有特色，近年不少年輕人搬到離島居住，慢慢把新的藝術氣息注入舊街。渡日書店是**長洲商店街上的地鋪**，也是居民及遊客必經之路，旁邊是廟宇，雜貨鋪，茶餐廳等街坊生意小店。作為長洲唯一的書店，渡日書店的定位是服務島民，提供生活上的必需品，而書本只是其中一種商品。店鋪內擺賣著各種日常用品，糧油雜貨，展示店主們精選的好物，是貼地的 select shop。目的是方便島民，讓他們不需要出市區也可買到本土產品，這種人情味完全建基於對這地方的熱愛。

- 建築物本身是**一幢兩層高的舊式村屋**，從一樓的斜頂可見是有歷史的建築物，外牆則是油上黃色綠色的油漆。從室外到室內的氣氛都一樣散發出小島風情及慢活的感覺。玻璃門外有一張**舊式冰室卡座**，相信是回收得來的，讓居民可以閒坐，為小社區添置一個有瓦遮頭的休息點。從玻璃門外窺探到裡面的展示書櫃，一排排平放的書面會吸引人走進去。

- 進入玻璃門後，地板是**簡單灰白色地磚**，不同款式的**木架及豬肉檯**陳列在眼前。木傢俬都由店主親手製作，充滿手作的親切感及原材料的質感，拼湊出融和的原始味道。還有些不同書本高度的間隔及有轆的書架，可見店主心思細密。有幾個**坐墊**放在矮木櫃上，相信多數是跟店主聊天的顧客用的。

- 250呎的鋪位，簡單的佈局，圍繞中間的豬肉檯走一圈便完成。**豬肉檯上的吊燈**可說是點睛位，黃燈罩加燈泡令整個格調柔和起來，比起常用的射燈或光管，照明功能未必最好，但有一種在家看書的感覺。

- 樓梯底的位置有房子造型的書架及小玩具增添樂趣。作為**童書角落**恰到好處，尺寸大小剛好，足夠一個小孩揀選喜歡的東西，沒有市區玩具店那種琳瑯滿目，但這正是島民的特色。

- 最特別的是書店內有**盆栽及雪櫃**。植物讓人感到地理上連接大自然的氣息，而雪櫃更是貼近家的感覺，透明雪櫃內更存放了出自大嶼山的菠蘿。相信下次來到渡日書店，必定先看看雪櫃及貨架上有什麼本土產品介紹，那就像翻開一本生活雜貨雜誌。

洞悉欲望，從閱讀找到行動的依據

獵人書店

G/F

選書主題書櫃：獵人會定期更換選書主題，這書櫃會放置與主題有關，不同文類及切入角度的書籍。

主題佈置：門外會有與選書主題對應的佈置。記錄時正值「難分真與假」主題，門口玻璃上貼了紅色藥丸和藍色藥丸，分別意味著面對殘酷真實與愚昧過平凡生活的兩種選擇，並配上問題：「你的選擇是？」

情緒創傷：獵人認為這是充滿溫度又實用的書種。

香港文化：這書櫃第一、二層陳列了香港歷史、飲食、音樂、電影、城市等不同文化範疇的書籍，獵人如此定義這分類：「可能是日復日生活但不常關注的東西。」而第三層的書，則關於香港以外的電影和音樂文化。

《HUNTER X HUNTER》名場面圖畫：書店放了漫畫《HUNTER X HUNTER》日文版第四卷的名場面——主角小岡在獵人最後測試被漢曹折斷了手，但為了找尋爸爸怎樣都不投降，並說出了名句：「若我就此放棄，便永遠再無法與他相會。所以，我不會退縮！」此圖顯示了絕不退讓的堅定意志。

友好團體宣傳角落：這處除了借予性別友善空間「一坪半」放置 zine 和單張，宣傳性別友善意識，也放了獵人該期有受訪的《明報周刊》第2851期。檯下方是推動循環經濟的平台 Retrovert 收集二手衣物的回收點。

宣傳海報牆：除有獵人招募會員的海報，還貼了不少其他文藝活動的海報，一直延伸到閣樓。

我就是我：這書櫃的第四、五層是有關性別議題的分類，獵人為此分類作備注：「別讓性別取向定義你。」

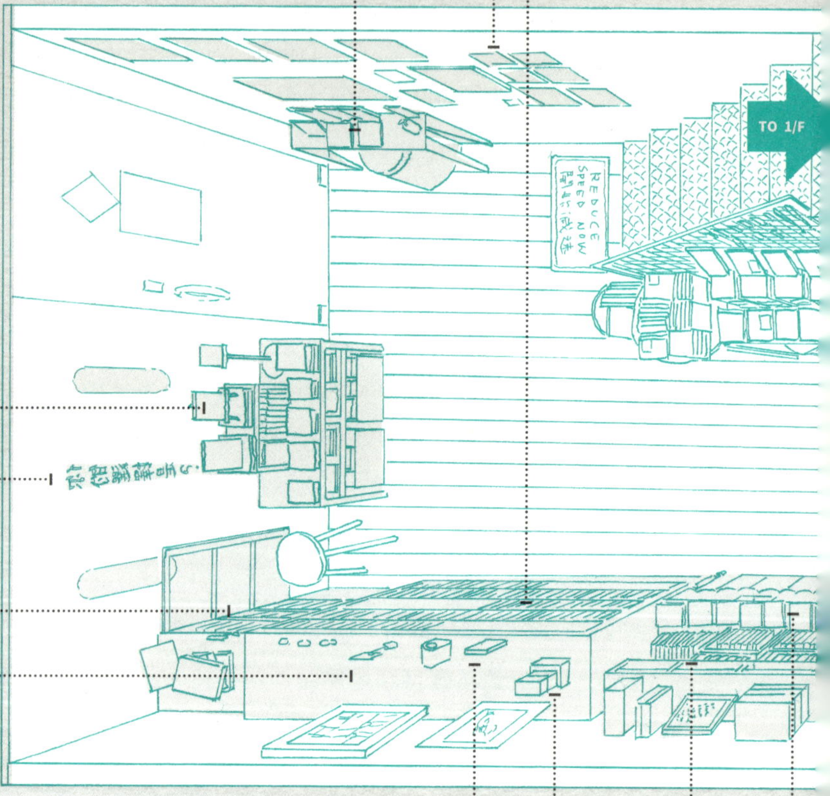

ENTRANCE

TO 1/F

REDUCE SPEED NOW

第一屆獨立書店（圍爐）表揚獎獎座：最勤力更換門口佈置獎獎座。

寄賣精品：這裡放有不少可供出售的精品，包括品牌「Why Not Hong Kong」的行李牌和「72LightUp」的擴香石。亦有「賣字」的《問我》歌詞海報。

在路上：這分類陳列了有關飲食、旅行和異地文化的書籍。獵人在此分類標籤寫道：「啊，究竟幾時先可以去旅行啊!!!」抒發了店主對去旅行的強烈渴望。這裡也放有車婷寄賣的旅行 zine。

收銀處：由於兩位店長都比較「怕醜」，故特地選了這個被樓梯位遮擋的凹位作為收銀處。收銀處最當眼地方放有《HUNTER X HUNTER》的模型：「自己買太多了，是一種想跟大家展示收藏的感覺。」文萱說。

寄賣精品：這處的精品包括「香港著草地圖」的 zines、藝術家 June 設計的翻頁動畫書《送你一粒塵》、音樂人 Salty Chick 的大碟《十個陌生的熟人》等。

吳靄儀受訪螢幕擷圖**「覺得無力時，更加要看書」**。

小櫈子：獵人在一周年時做了「力求進步努力向上請教讀者問卷」，不少讀者都提出了一些建議，包括在樓下增設座位。故此獵人新增了這張小櫈子。「有些建議真的很難，像『想獵人空間大些』。所以我選擇了一些我做到的事。在樓下增設座位其實都很難，但我們有放在心上，既然這是做得到的，所以我就做了。」文萱解釋說。

論暴政系列明信片：這是獵人自家原創設計，也是書店一周年做統計時，最受歡迎的「Non-book Item」。由於很早以前文萱就非常喜歡《暴政》這本書，故自行設計了書內二十種教訓的明信片。當中最受歡迎的一款是「不要自願馴服」。

倉庫：此門簾後是獵人的倉庫，裡面塞滿了書籍，空間近乎飽和狀態。

親愛的孩子：此處陳列了一些童書、繪本。獵人認為閱讀這分類能減少世界對靈魂的損傷，是純真度滿分的書種。

生老病死：這裡陳列了各種關於生育、照護、老年、死亡等議題的書。獵人如此定義：「那些人生必然會經歷的事」，是既無奈卻又很實用的分類。若仔細觀察，可留意到書從左到右排列，關乎生命從生到死的進程。

門小雷真跡作品：店內放有數張門小雷的親筆作品，這裡有其中一張，曾收錄於其畫集《Scent of Hong Kong》。這些作品皆為一位熟客購得後借出陳列。

玖拾文具所：這裡有寄賣「玖拾文具所」的產品，包括復古原子筆、木軸鉛芯筆、筆袋及簿，皆為店主們的「又靚又好用」的心水選擇。

社區設計：這裡第一層放有社區設計類及藝術類書籍，第二層則與設計思考、靈感類有關，第三層較多關乎營商和有效溝通的書籍。

「成為獵人」側/斜孭兩用袋：由於獵人本沒為客人提供購物袋，即使會收集二手紙袋循環再用，但空間有限總不能收集太多，數量太少亦不夠用，遂設計了這自家設計袋子，既可直接購買，亦可以買滿一定金額加購，方便客人購書使用。獵人指此袋以16oz 布造成，有加闊底部，非常適合裝書，肩帶能自由調較長短，可側孭亦可斜孭。

雜誌們：獵人如此形容此分類：「各種一期一會的文字盛宴。」除雜誌，還放有各種與編輯、出版、雜誌有關的書籍。

「賣字」作品：這是創作者「賣字」送給獵人的禮物，寫了「結」、「絆」兩個字。獵人認為這兩個字特別有意思，在亂世中大家要成為彼此的牽掛。

G/F

漫畫小豬肉檯：這個入口附近的小茶几放滿了漫畫，希望能降低書店的門檻，令更多人覺得書店是容易親近的場所。

精品：這處的精品包括獵人自家設計的「亂世備忘襟章」、「領養代替購買」布章，還有蜜蜂保育組織「蜜語 Beetales」出產的蜂蜜酒和蜂蜜梘等精品。

書店相關主題：這格放了不少與書店有關的書，包括《去書店買個好人生》、《二手書店店員日記》、《最糟也最棒的書店》等。

大豬肉檯：文萱坦白說：「有一個小小的 myth 是，其實我們很多書都會放在豬肉檯，因為放在豬肉檯真的會好賣一點。例如不小心入了五本枕頭書小說，那我就會放在豬肉檯上，期望它快點賣完。所以放在這裡的，都是獵人想推薦給你的書——不要理它是什麼原因，可能是覺得好看、嶄新，或希望它快點賣完。」

《童話》系列插畫：這裡陳列了阿塗為子謙的短篇作品《童話》繪畫插圖。由於《童話》刊於誌傳媒出版的雜誌《Side B》第三期，故畫作下放了該期雜誌，客人可圖文並茂的觀賞。

漫畫《HUNTER X HUNTER》：這裡放了第1-37期《HUNTER X HUNTER》，乃非賣品，足見兩位店長對這套漫畫的情有獨鍾。書櫃上貼了標示：「只看不賣，請勿擅取！（否則用念擊殺）」。

伊藤潤二和流行文學櫃：最上格陳列了伊藤潤二的漫畫作品。第二格放了文萱很喜歡的天航作品，及一些本地推理小說。第三格是陪伴文萱成長的，倪匡的科幻小說。最底則有倪匡的散文、劉以鬯的作品，及滑稽本代表作《浮世澡堂》和《浮世理髮館》。似乎是摻雜了店主回憶與私心的一列書櫃。

文學類書櫃：當這租盤有兩層，文萱就認為閣樓很適合放虛構類書籍。這書櫃就放滿了文學書，當中尤以虛構類小說為主。

Pre-loved：此處集合了二手書，獵人認為是充滿溫度、驚喜的一個分類。

高立作品：通過獵人書店的串聯，高立將畫作借出了予多間書店，希望上書店成為大家的生活日常，在日常中可以看見藝術、找到共鳴。這處有連結黃潤宇詩作《沙嶺》創作的畫。

高立連結詩哲的詩作《消失的祭壇——給白帽少年》創作的畫

攝影集和動物類書櫃：獵人形容購入不少攝影集是「無心插柳」。皆因書店的書櫃全都為二手，有90%是carousell購得，而這個放攝影集的櫃當初售價尤為便宜，故此入手。但它不是太「硬淨」，放不到太重的書，結果他們靈機一動：「不如平放擺大嘅書，例如攝影集咁啦！」於是此櫃上就平放了不少攝影集，讓封面得以突出：「不然真的賣不出。」文萱補充道。下格則放了不少動物類書籍。

你好，請抽取你今日份小說：推理作家子謙與獵人書店合作，設計了極短篇小說糅合日式抽卡機玩法，$20可以抽一次卡，每張卡片都刊載了一個故事。

改革時代：這是獵人認為既有參考價值，又具啟發性的分類。這類的「改革」定義甚廣，既有關乎政治上的，也關乎科學、歷史上的大轉變。

世界各地：所謂「太陽底下無新事」，這類放了獵人認為極具參考價值、能打開眼界，有關世界各地歷史的書。此可謂書店 Signature 的儲物櫃，在獵人前身——「夜露死苦」時已存在，是文萱特意從網上找來，並得原主人萬分珍重托付。儲物櫃（locker）的意涵對她來說甚深遠，能連結她的過去經歷，因為她從前的議辦就是被街坊笑稱為交收物品用的「locker」。

牌匾：獵人一直沒有正式造招牌，其一原因是價錢太貴。機緣巧合下，店長因附近的取社商店而認識了書法藝術家八八木，得到對方送來獵人兩字。牌匾甚有氣勢，足以成為獵人招牌所在。

1/F

畫集豬肉檯

文學類豬肉檯

TO 1/F

漫畫大豬肉檯

獵人書店

實習月份		2023年8月
空間記錄月份		2023年8月
訪問月份		2023年8月
書店簡介	地址	深水埗黃竹街1C地鋪（現址營業至2024年1月31日，將於同年3月搬遷到基隆街110號地鋪）
	店長	文萱、Wayne

文萱

書本也是一種溝通方式，讓我可以退後一步和大家溝通，透過某本書去傳達一些概念、信息。

對獵人的期望

如果有幸能夠留得久一點，我希望它能成為一個 place —— place 是有記憶的地方。不要兩年就不見了，否則就不是 place 了。大家都能夠記得這裡，一直都是一間書店，能夠抵擋「不要搬」已經是很厲害的事。

呎數	400呎
藏書量	約2000多本
書種	文學、社會科學、歷史、漫畫、畫集、攝影集、藝文設計、創意靈感、地方營造、動物知識、香港文化、流行文化、性別研究、繪本等等
暢銷書	《香港日記》、《亂流》、《再見繪梨》、《日常運動》
不會入的書種	太嚴肅、太難賣的枕頭書
特色	# 包羅萬有的選書 # 適合所有人 # 高昂鬥志與玩味感並重
個人感覺	選書包羅萬有！無論是什麼人——工作到很累的人、只想讀小說逃離現實的人、很想去旅行的異國文化迷、對香港現況有疑問的人、對世界各地感興趣的好奇寶寶、對歷史有著一定熟悉的資深讀者、對攝影著迷的影像狂、對前途感到迷惘的中學生、還是不想讀文字的漫畫迷……只要打開心胸，應該都能在獵人找到想讀的書。樓上的閣樓幽靜，有舒服的沙發，很適合坐下來，沉醉在小說之中。

洞悉欲望，從閱讀找到行動的依據

■ 獵人書店的入口

我的工作室放了一個書架。

為了方便我寫這本有關書店的書，我嘗試將近年買下的書，以「購入的地點」排列，例如將在閱讀俱樂部買的書都放在第六排，將在序言書室買的書則放在第二排等。

從別人眼中，這種排列方式可能雜亂無章，但對我理解自己的購書邏輯及了解書店風格卻大有幫助。只是隨著購入的書越來越多，書架慢慢被書本擠滿了，然後發現了一個連我自己都非常驚訝的事實：

咦？怎麼我會在獵人書店買了這麼多書呢？來讓我數數看。一、二、三……三十多本？我竟然在同一間書店買了這麼多書？而且獵人書店開業才不足兩年！

會驚訝是有原因的。逛書店從來是我的興趣，而且因喜歡香港各獨立書店的風格夠多樣化，所以我會有意識「分散消費」——即每踏足一間書店，我都會盡量光顧，同時亦會避免集中在同一間書店消費。

只是這樣數著，才發現自己實際行事和計劃有著落差。我住得不算很近深水埗，難道是在不知不覺間，被獵人書店（下稱獵人）所吸引了嗎？

令人不自覺買了很多書的書店

早在2021年，我就對獵人的前身有印象了。那就是第一屆七份一書店計劃——七份一書店@大南街的「夜露死苦」。首先是將那貼滿貼紙的議辦 locker 搖身一變化成書架，已顯示出這間小書店的獨特個性。且當時「夜露死苦」選書範疇非常清晰，我記得有關於世界各地抗爭歷史的「外國勢力」、講述不同重大改變的「革命時代」，或是有一些關於社會企業、地方創新、治療創傷的書——以上都是我對夜露死苦的第一印象。

在第一屆七份一書店計劃結束後，當得悉夜露死苦的店長文萱將在深水埗地鋪開設一間新書店，並名為獵人書店，就一直將這間書店放在心上。它不只是從樓上店搬到地鋪，空間較過去亦大得多，書量亦作幾倍升。除夜露死苦本身有的書種外，更加新增虛構類（小說及漫畫）、在路上（旅行、異國文化、飲食、烹飪等）、香港文化等範疇。從此每逢經過黃竹街，我都會去逛一下，以致我都忘記自己究竟是何時開始造訪，看來它在不知不覺間，成為自己很常踏足的書店了。

地鋪的優勢

常踏足的其一原因，我暫時能想到的是，自己常在深水埗轉車，以及獵人是地鋪吧！當要等的巴士未到站，我就會快閃在獵人逛一轉。即使深水埗還有其他書店，但畢竟要花時間等升降機、或要爬樓梯，時間有限之際，我會優先到位處地鋪的獵人去，逗留個五分鐘瞄瞄豬肉檯有什麼新書，買完就前往巴士站。

身處市區的地鋪就是有這樣的優勢。雖然當時我不知道，原來店長文萱選擇現址開業，地鋪與否不是最大考慮；租金相宜、不需花太多錢重新裝修才是真正主因。但作為地鋪的獵人，的確很方便一些來去如風的客人用最短時間購入書籍。

然而，我相信這只是其中一個原因罷了。畢竟身處市區的地鋪書店，全香港又不是只有這一間啊。即使便利，如無法激起客人對書的欲望，即使經過多少次也未必會走進去吧。所以，我相信除了地利優勢，獵人亦有著一股獨特的魔力，它會令人不自覺的，一次又一次踏足店內，然後一本又一本買起書來！

我總以為自己對不同書店的愛都是公平的。但是如果切實的消費記錄出賣了我，作為一個身處獵人就會想買書的人，我很好奇箇中緣由。於是就膽粗粗的向文萱提出實習要求，她非常爽快的答應了。

■《STATUS QUO》是獵人出版的雜誌，由店長文萱擔任總編輯，第一期的主題是「Revolution」。獵人認為如果要對抗一種瞬息萬變的速度，出版是很重要的步驟，以確切捉緊時代的面貌。這本雜誌是以獵人角度去分享他們身邊欣賞的人、事、物，邀請大家分享如何在生活中實踐革命，亦邀到漫畫家華記繪畫漫畫，是一本內容甚為豐富，亦能幫助讀者更了解獵人的讀物。

1 Erica T.。〈什麼是獵人精神？問獵人書店店長〉，《STATUS QUO》 Issue # 00 Revolution（香港：獵人書店 Hunter Bookstore，2023），第33頁。

2 獵人書店。(2023, October 12)【獵人書店】做獵人，不做天真的獵物（獵人書店，https://hunterbookstore.com/）。

戰鬥意志高昂的書店？

只是在實習前一天，我輾轉難眠，因為心裡太緊張了。那有兩個原因：一是讀其出版雜誌首期《STATUS QUO》時，店長們有述及獵人精神：「獵人不安於現狀，不會因安穩而無所事事。他們隨時要準備好，迎擊恐懼，會盡力勇敢面對眼前一切。不循規蹈矩，甚至有點野蠻。」[1]而網店更強調詩人陳子謙形容書店的一句：「做獵人，不做天真的獵物。」[2]

這幾句令我好奇，難道在獵人工作，要像屏息靜氣等待獵物出現的獵人一般，時刻保持戒備和準備行動嗎？「不做天真的獵物」，令常被人形容為天然呆的我有點緊張，不知自己是否能勝任呢？嗚呀，開始害怕自己會搞垮明日的實習工作了。

第二是，記得他們曾在招聘兼職店員的帖文中寫道：「獵人唔走浪漫路線，所以唔覺得書店有幾浪漫，我哋係嚟戰鬥嘅！」這句就令我精神更緊繃了！確實，獵人書店會令我感到有隨時在戰爭中的狀態，因為它們逢一至日皆營業，營業時間幾乎是區內最長，確實有點像無法休假的戰場士兵。但在書店的戰鬥究竟會是怎麼樣呢？工作的節奏是否將會很緊湊？我是否也作好迎戰的心理準備比較好？

如此這般，就在緊張的心情中過了一夜。翌晨起來，抱著一副要打仗的心情，我乘車來到深水埗。當天文萱和 Wayne 皆為休假，接待我的是店員 Alison。既是來戰鬥的，Alison 是否也會抱軍官一樣嚴肅的姿態，指揮我進行今天的工作呢？我提醒自己，今天要打醒十二分精神，盡量不要犯錯啊！遂戰戰兢兢的敲起獵人的玻璃門口。

獵人書店的反差

我幻想中的 Alison 應該是像 EVA 漫畫（《新世紀福音戰士》）裡的碇司令那樣，居高臨下、目無表情，沒想到與想像大為出入。

「Hello！你就是今天來實習的 Ikey 嗎？你先進來吧！你可以先過來這裡放下袋子。」雖然光顧獵人時，也曾與 Alison 打個照面，惟除收錢、找錢外，不曾有過更多的對話。故真正的會面今天是第一次。但她的笑容意外的非常和善，予人感覺樸實敦厚，態度又很是親切：「放下袋子後，讓我先為你簡介一下這家書店的不同部分和工作步驟，然後我們才開店營業吧！」

她的親切溫柔令我又驚訝又感動，使我心裡鬆了一口氣。呼！也許是我想多了，我終究不是來做士兵，而是來做實習店員啊！托 Alison 的福，我感覺自己回復正常心態，從幻想中抽身回歸地球表面了。

接著 Alison 親和地為我從門口到樓上，逐一講解書店空間的不同規劃，幫助我盡快掌握這裡的工作流程。又因文萱曾參與七份一書店計劃，這裡的 POS 系統和七份一書店所用的一模一樣，都是使用 iPad 檢查庫存、結算和收銀。當我大概知道如何操作，緊張的心情又少了一半，只要輸入正確付款選項，找續上不犯錯，應該沒有太大問題了。

吸引人定期造訪的主題書櫃

趁開店不久人流不多，我試著再記清楚不同書種的分佈位置，萬一有客人有尋書的需要，都能幫上忙。同時我亦嘗試在陳列中找答案——究竟獵人是有什麼魔力，會令我不自覺買下許多書呢？

我把目光望向門口，發現每月轉換的主題書櫃可能是其一原因。「這個月的主題是『難分真與假』，我們會把主題相關的書籍放在那裡。」Alison 介紹道：「這張檯每個月都比較有變化，令讀者可有所期待，令人來書店的原因又多了一個吧！」

Alison 此言非虛。以今次主題為例，獵人店長們認為這是一難以辨別資訊真假的時代，故設題「難分真與假」，鼓勵讀者學習查證信息真偽，檢查其來源是

■ Alison 是獵人的兼職店員。她自小已對書店很感興趣，2021 年開始有「七份一書店計劃」，坊間開始有更多關於書店的討論，雖然她沒有參與於計劃中，但她發現自己原來對書店經營是有熱情的。她本身從事 IT 行業，是一間 IT 公司的老闆，但當見到獵人聘請員工，就禁不住想在正職以外也嘗試涉足書店工作。

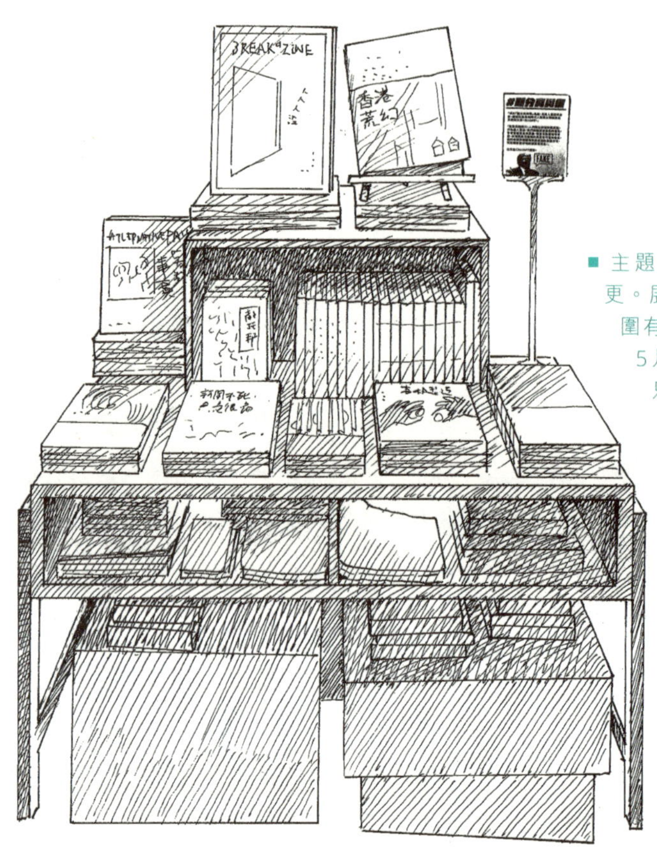

■ 主題書櫃會連同門口佈置作定期變更。展覽主題經常會與當時的社會氛圍有關。例如7月曾以回歸作主題，5月時又會因母親節而設題「世上只有爸媽好？」，可謂與香港讀者同呼同吸。實習當天，則正值「難分真與假」主題。

《FAKE NEWS－鋪天蓋地的假訊息－》。切入主題的角度和文類迥異，深淺程度亦不一，相信可助不同背景、程度的讀者思考相關議題。

否可信。選書多為店長自己閱讀過並推介的書籍，有質素保證之餘，選書還包括各種書種和文類，令人可以從多角度思索主題。

例如有單刀直入、直擊主題的社科類書籍《真相製造》、《資訊判讀力》，有以香港各種真假傳說為主題的《就係香港 Being Hong Kong 2023夏季號 018：香港荒幻》，亦有由哲學角度探討的《另類事實》，更有從心理角度分析原因的《當「洗腦」統治了我們》，而最驚喜的是還陳列了懸疑小說《隔離島》和圖文書

而我確實相信，這主題書櫃的設置確實頗為吸引顧客。因每次主題變更，獵人都會一併更換門口佈置，令門外行過的人都會意識到：「啊，獵人又有新東西可以看了。」這是一種富創意的宣傳手法，也是令獵人得到「第一屆獨立書店（圍爐）表揚獎——最勤力更換門口佈置獎」的原因。

回想起來，我自己也不例外，也是被主題門口佈置吸引的其中一人呢！記得自己去年12月，曾在往巴士站途中行經黃竹街，見到櫥窗貼了《花樣年華》的

■ 獵人的創辦人之一 Wayne，是獵人的漫畫擔當。

金句：「如果有多一張船飛，你會唔會同我一齊走？」令人很好奇今期又轉了什麼新主題。開門進去，才知該期是以「書海飄流」為主題，挑選了不少與移民、出差、旅遊、流浪有關的書目。因為我還要去搭巴士，沒太多時間閒逛，所以幾乎沒走進店內最深處。適逢當天沒帶書在身，想有一本書能在巴士上看，故在迅雷不及掩耳的速度下就在主題書櫃上挑了本《黑暗旅遊——暗黑吸引力的目的地》，就結帳去了。

啊，看來我就是在這樣的情況下，無意識地買書了……

合適就對了！獵人非絕對分類法

當我還在自我反省是否曾衝動消費的時候，竟見到店長 Wayne 站在門外。當天明明他和文萱應該是休假，但竟然都回到店來，還帶來了很多箱書。似乎書店店長的放假，都不是真的休假啊。

「你好，謝謝你今天來幫忙啊！」店長 Wayne 非常客氣的和我打招呼，明明應該是我要感謝他們讓我有實習機會才是……就在霎眼間，只見他將一箱又一箱書運進來，「這些都是從 outlet 搬回來的書。」

遲鈍的我腦袋運作了一下，才明白：啊！對，他們在7月時辦了「香港小型出版銷售場暨私人書店奧特萊斯」。這

■ 這是在香港小型出版銷售場取得的扭蛋，內裡是一張印有書中句子的貼紙。獵人希望藉著籌劃這個香港小型出版銷售場暨私人書店奧特萊斯，一方面給一些獨立出版社能夠有更多曝光機會，讓更多讀者可以接觸到這些獨立出版社，同時也想讓民間籌備的獨立出版小型書展能夠繼續發生。

個銷售場當天我也有去，只見人山人海、買書者眾，還抽了扭蛋呢。而他搬回來的，應該是當天活動從特約出版社購入，未能在當天賣出的書了。

「Ikey，現在我們要開箱，把這些書放上架了。」Alison 已相當快手的拿來鎅刀，準備開箱了。今早既熟悉了書類分區，以為把書放上架應是輕而易舉吧？沒想到，事情並不是如此！

「嗯……這本書應該放在哪裡呢？」我開始陷入苦惱。這個任務的難處有二。首先，書櫃容量皆已飽和了，要再添書惟有見縫插針；再來，獵人的書種分類設計得很巧妙，使陳列沒有絕對答案。最簡單的做法是，如店內本身已在陳列這本書，不假思索放在相同地方就對了。但如果沒有陳設先例，要由自己決定放在哪，就會令人容易陷入猶豫和混亂狀態。

我望向左手，思量著：「嗯……像這本吉竹伸介的《逃離吧！腳就是用來跑的》，應該是放在繪本區，還是放在情緒創傷類呢？它無疑是一本繪本，作者亦是著名的繪本大師，但它的主題是關於如何避免在人際關係裡受傷，放在情緒創傷類似乎也沒有錯。」

我再望向右手，又陷入了猶豫：「又或是這本《貧困旅行記》，它無疑是一本關於旅行的散文集，放在『在路上』很是合適；但作者畢竟是著名漫畫家拓植義春啊。雖然此書以文字為主，但也有一些插圖，放在漫畫區應該會引起漫畫書迷的注意吧？」

就在猶豫不決之際，Alison 提醒我：「只要不違背那個分類，就可以選擇放在那裡啦。」她雖然也在書堆中忙碌著，卻不忘關顧我，令我有點感動。她再補充

■ 由繪本大師吉竹伸介創作。此書打破了一些慣性思考，指出逃避可以不是壞事，人應該逃離對自己有威脅的人事，轉向投入能夠理解自己的人，以保護自己，也是重要的。

一句：「一開始是會選擇困難的，但多做就會變得決斷了，因為知道這裡所有事情都是暫時的，是可以隨時改變的。」聽到她這樣説，我就放下了心，放膽把書放在自覺適合的分類去。惟把 outlet 的書都上架後不久，代理竟然又有幾箱書運過來，似乎這個「把書上架」的工作暫時是做不完了。

「我哋係嚟戰鬥嘅！」

接下來，也許就進入了書店最像「打仗」的時刻吧！

在別的書店，雖然也曾遇上過收新書的時刻，但書量未必有那麼多，可在瞬間就處理好；又有一些書店人流不多，不需兼顧收銀工作，可集中去做將新書上架的工作；或有些書店會選擇將新書放在店內一角，容後處理。但在獵人，新書一到埗就是幾箱，而且店員們都有共識要「立即處理」。

只見書箱放在地上不過一分鐘，Alison 又馬上拿出𠝹刀，準備好開箱。我們遂分工合作：我負責在 iPad 查閱來貨究竟是新書還是補書，如是補書，只要查閱售價、輸入存貨量，打價並貼上價錢標籤就可以了。但如果是新書，還要添上輸入名稱、成本價、售價等資料的步驟。Alison 和實習生則負責點貨和上架的工作。

因為我手執同時用作收款的 iPad，同時還要應付來付錢的顧客。可能因正值暑假，即使是平日星期三的下午，會來獵人買書的客人數量亦不少，遂持續在入貨與付款的任務間頻繁的來回切換。如果我是一匹馬，應可以用「馬不停蹄」來形容吧？節奏之快真是連上個廁所也不敢。我開始明白文萱所講的：「我哋係嚟戰鬥嘅！」是什麼意思了。

在不斷輸入新書資料的期間，我發現獵人入的書雖多，但是每一本入的量卻很有限。即是書的種類相當多元，但相同的書目卻不會太多。這種入書策略或許有點保守，但似乎能減少滯銷的可能性，是一種有效提升書籍流轉速度的策略吧。

目標明確放在書的銷售

在一輪工作過後，三人總算合力將新書、補書都上架了。Alison 甚至將書逐一拍照，並向我解釋：「我們的風格是何時有新書，我們一定會 post 上 IG，讓大家有些預期。」這個時候，我才發現這是無比重要的工序——也許這就是我時常無意識去了獵人買書的原因吧？

如之前我和家人曾於《重新定義親密關係：告別嫉妒、謊言和誤解的實用指南》一書提供照片，故當書一出版，我就很想第一時間購買，看看照片印刷效果如何。然而在哪間書店購入，其實我並無特別偏好，但因那時比較忙碌，又不打算逐間書店都去看一下；於是看見獵人出了限時動態，公佈已有這本新書，我就毫無懸念的衝往獵人購買了。啊！這樣想來，真是非常有效的營銷手段。我看著她們為書拍照的手腳俐落，發覺他們快速的工作節奏，確實能吸引客人來店內買新書。

Alison 如此解釋：「畢竟，書店有千萬種事情發生。但獵人會將注意力放在最重要的部分，確保那重要的部分運作得夠順暢。例如我們為何上架上得這樣快，就是想讓書快點讓人見到，這些就是我們最核心的部分吧。反而是否每天都要掃地，是否要12點準時開門，這些地方反而比較次要。」分清主次，再按情況分配戰力、制定策略；我能從中感覺到：獵人充滿著靈活性，而其目標明確的放在書的銷售。

而獵人另一個令我印象深刻的地方，乃在於其出新書帖文的時候，偶爾也會夾雜一些往年出版書籍的宣傳，可謂是「舊書當新書賣」吧？像當天新入貨的書包括了《無政府、國家與烏托邦》，但此書其實已是2019年出版的了，然而獵人還是將之包含在「本周新書快報」的帖文之中。當新舊書夾雜一併宣傳的時候，客人就能在無意間重新發現到這些

■《重新定義親密關係：告別嫉妒、謊言和誤解的實用指南》由 Wendy-O Matik 所著，由 dirty press 出版。此書破除了一些坊間對開放關係的誤解，分享愛有著無限可能。此書其實提供了不少與伴侶建立健康關係的貼士和心得，適合身處任何關係的讀者閱讀。

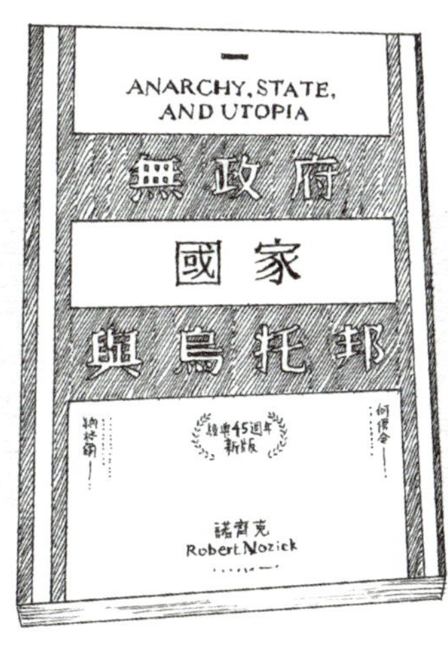

■《無政府、國家與烏托邦》由政治哲學家Robert Nozick所作。該書發表於1974年。這個由時報出版的版本，出版於2019年，是經典45周年新版。此書主張以個人權利為核心，政府應以最低程度介入社會。其中心論點是為：只要不違反他人的平等權利，每個人都絕對具備道德權利，可以自由行動而不受他人干涉。

有價值，而之前未被留意的冷門舊書，讓它們再次獲得被讀者注視的機會。

書同時出現在兩個地方？

在臨近傍晚的時候，有一位顧客前來詢問：「請問有沒有《情動於中：生死愛慾的哲學思考》這本書呢？」我查閱庫存，發現確實有此書記錄。只是，它放在哪裡呢？作為一日實習店長，其實我沒有太大的把握，但我猜按照獵人的分類，這本書很大可能是放在哲學類也歸納其中的「情緒創傷」類吧？硬著頭皮前往落地玻璃旁的書櫃前，果真被我猜對了！把書雙手遞給客人時，一份滿足感油然而生。

從這小細節中，我發現獵人的分類其實非常有趣。雖然我會在決定書籍位置時猶豫不決，但若真要找到某本書，這些分類卻意外地明確，能助店員快速掌握其位置。究竟這一點是如何做到的呢？

故趁著人流較少的晚上時分，我再嘗試用心觀察獵人的陳列。發現原來有一些書，同時存在於兩個分類——即它同時出現在店內兩個地方。例如，你可同時在「在路上」和「香港文化」兩區，

■《星月夜》由首位台籍芥川賞作家李琴峰所著。故事講述一位台灣女子柳凝月在前往日本擔任日語講師時，邂逅了來自新疆維吾爾族的留學生玉麗吐孜並成為戀人。遠離了猶如籠牢的土地，人是否真的能就此自由呢？在獵人閣樓的虛構小說區和「我就是我」性別區，皆找得到此書。

■ 此為分類「情緒創傷」的書櫃，但放的不止情緒與創傷，連哲學及治癒系書籍亦陳列於此。

找得到梁祖堯的《空肚煮宵夜》；或是在樓上的虛構小說類和樓下的「我就是我」性別區，找得到李琴峰的《星月夜》。

因為同一本書出現在店內兩個地方，故此店員變得容易找得到，同時也讓那本書獲得兩次曝光的機會。這會讓不同喜好的客人，都有機會接觸到這本書。打個譬如吧，當客人甲匆忙間只會一瞄「香港文化」的書櫃，而另一位客人乙僅對旅遊休閒生活類書籍感興趣，只留意「在路上」的分類——兩位客人縱興趣迥異，但他們同樣有機會接觸到《空肚煮宵夜》。

我想，這是一種有助「推書」的陳列方式。即如果想力推某書，只要該書同時適合放在多個類別，就可以藉放在不同分類而增加其曝光率，提升其售出機會。而且只要客人不細心留意，幾乎都不會發覺有這種操作。

而這大概是連鎖書店採用傳統分類時，較難採用的策略。始終同一本書，很難同時屬於「社會科學類」和「文學類」，或同時屬於「歷史類」和「金融類」。

傳統分類的好處，是讓對相關分類感興趣的讀者，能在短時間內找到其心儀的書；但是分類間沒有重疊的部分，卻會令書只出現在店內某一角落。如讀者習慣只留意某一書櫃，就不會有機會接觸到放在其他書櫃的書籍。而獵人這種非傳統的分類方式，有利銷售之餘，也有助讀者接觸到平時未必留意的書，不自覺的擴闊閱讀光譜。

且在獵人的設計下，分類雖明確，但其類別容納的範疇頗廣。這令讀者雖知在某書櫃會找到自己感興趣的書，但同時有機會讀到自己平時未必會留意的書籍。例如「改革時代」既包含有關政治改革的書，也包含其他範疇的改革，包括科技上或環境上的重大改變。所以在《徹底圖解世界各國政治制度》同一列，才會同時放了《平台資本主義》和《區塊鏈社會學》。在傳統分類下，這些書不會放在同一塊，但在獵人分類下，這些書並置卻毫不違和。

且因為它的分類是「跨文類」的，即小說、圖文書、歷史類等不同分類書籍，有機會同時放在一起。例如「世界各地」旨在傳達在世界不同地方發生的事，但不限文類，令有人類學眼光的《赤道上的極地：新加坡微民族誌》可以放在漫畫《漫畫之王陳福財的新加坡史》旁邊，隔壁卻又是歷史書《白衣人：新加坡人民行動黨執政史》。惟當角度迴異的以上書目，都有著共通點：皆在描述新加坡的面貌時，令三者並置不會顯得突兀。這會令平時只讀人類學或歷史書籍的人，有機會對漫畫產生興

■《空肚煮宵夜》是梁祖堯所著的食譜書，集合了他在 ViuTV 節目《空肚講宵夜》裡煮過的菜式做法。我在書店兩個地方同時留意到此書。雖然文萱之後在訪談中，解釋讓書同時出現在兩個地方，是她無心插柳下的結果，並不是她刻意要營造的推銷方式。因為她其實很在乎「書出現在某一分類」的原因，以及擔心同一本書的曝光率太高，但確實有時會不知如何將某本書分類，而將書同時放在兩個地方。但是我認為以客人角度而言，這種陳列方式可能幫助到他們發現了某本書。

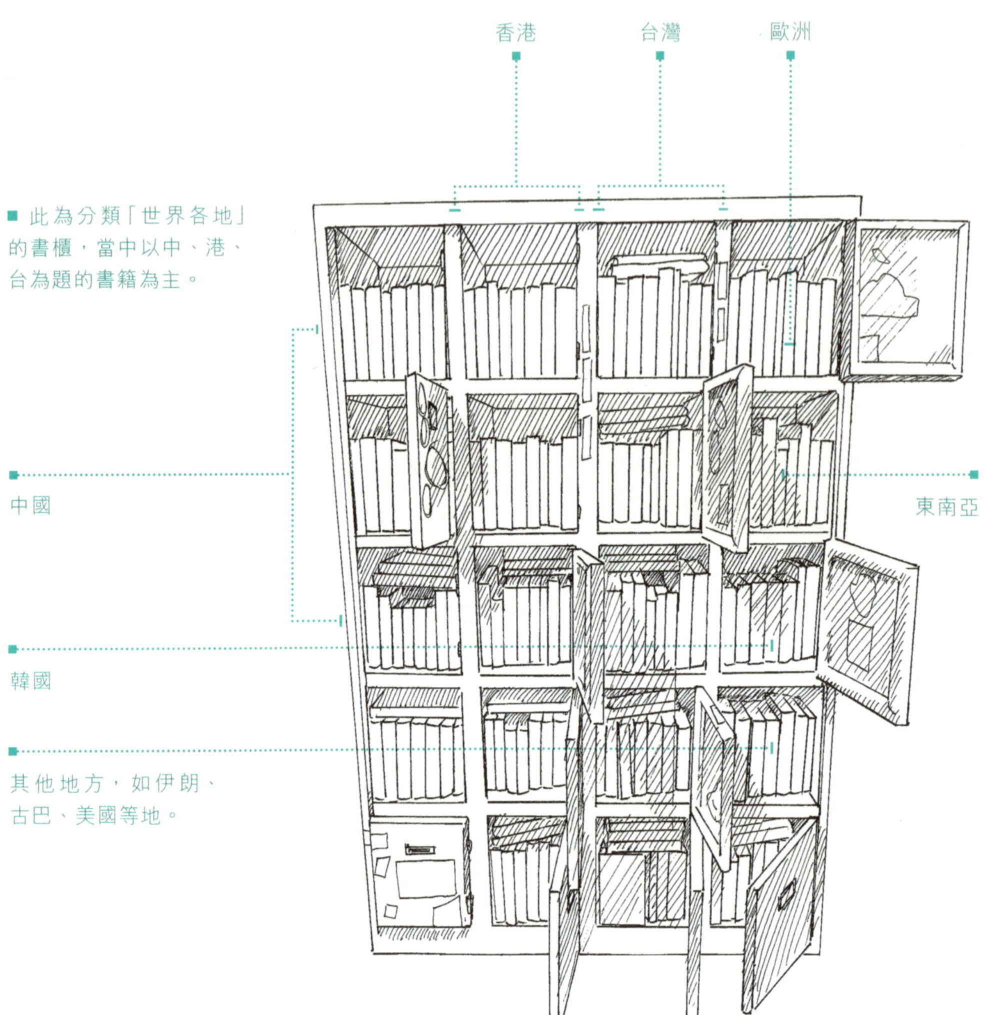

趣，是非常巧妙的設置，同時亦令人有新的發現。

另外，獵人非常著意要給予書本展示封面的機會。有些書店可能只有一張大的豬肉檯，但是在獵人，不同角落都散佈了大小不一的豬肉檯。像樓下，門口放有小型漫畫豬肉檯，另外既有主題書櫃，也有重點書籍豬肉檯。「在路上」有位置陳列書本封面，而攝影集的陳列方式更以呈現封面為重心。至於閣樓，樓梯前方就有一張大的漫畫豬肉檯，中央則是文學類的豬肉檯，都能讓讀者看清楚書的封面。因為書的封面總是比其書脊吸引得多，這種重視封面的陳列方式，相信亦對銷售有著幫助。

觀察得越仔細，就越發現獵人在陳列上

的心思。故此在實習結束後不久，我就邀文萱接受訪問，期望可以對書店加深了解。

未被文字化的欲望

「我很喜歡《書店的逆襲》這本書。」8月上旬，我再回到獵人書店，和文萱兩人坐在閣樓上交流種種。我嘗試跟她描述我在獵人書店中的觀察，並聊及一本我們兩人都喜歡的書——《書店的逆襲》。

文萱說道：「我很喜歡作者在書中所說的那種『未被文字化的欲望』。」

在《書店的逆襲》中是這樣解釋那份欲望的：「或許原本沒有打算要買書，但這也可以說是『自己沒發現、以前就想看』。也就是在那間書店，看到那本書才發現自己的欲望。」[3]

作者嶋浩一郎形容，能將顧客欲望文字化是好書店的條件之一，也是實體書店目前比網路書店優勝之處。文萱進一步解釋：「例如我知道自己想了解『如何開書店』，而開書店關乎物件的擺放，但你未必知道有《擺放的方式》這一本書，而它可能是跟『如何開書店』有關係的。可能《地方編輯》也與開書店有關係，但演算法不會在你輸入『如何開

■《書店的逆襲》由嶋浩一郎所作，篇幅不多，頁數不厚。但如果對閱讀和書店經營感興趣，這是一本非常有趣的書，作者分享了不少有關書店的有趣觀點！我和文萱都很喜歡這本書，並意外發現我們都是在已結業的土瓜灣書店 Urban Space 購入此書的。

■ 這位是店長文萱。之前當過區議員，辭職後成為「七份一書店@大南街」其中一分子——「夜露死苦」的店長。七份一書店計劃結束後，則與 Wayne 創辦了獵人書店。除了日常當值，還負責選書、撰寫書介、籌劃活動等主要工作。

3　嶋浩一郎。《書店的逆襲：日本廣告鬼才帶你逛書店，找創意》（新北市：智富，2019），第43頁。

4 黃靜美智子。〈堅持與求變　為了生存下去——訪獵人書店、書少少 x 同渡館、留下書舍〉，《明報周刊 2851》（香港：明報雜誌有限公司，2023），第45頁。

書店』的結果中顯示出來。博客來也不會為你提供這些建議，但是書店就是可以幫你做到這件事。」在這一點，我認為獵人的表現相當出色。它就是一間會將《成功開店計劃書》、《擺放的方式》、《地方編輯》放在同一個書櫃的書店。它將實體書店的存在意義，通過陳列方式實踐了出來。

「將欲望文字化，其實就是在打破同溫層。」文萱進一步闡述她的用意：「那不是根據你喜好設定出來的演算法，而是我個人的 suggestion。所以讀者應該能找到一些他可能不知道的事情。」

為何在書的陳列上如此花心思，想要引發客人的欲望文字化，獵人背後有著幾個原因。

現實的藉賣書為生

其一是，獵人是一間「極度以書為本位」的書店。[4]當客人的欲望被文字化，發現了自己的欲望，並買下了原本未必會買的書籍——先不論別的方面，這是對銷售有益的策略。

著重書的銷售，是獵人很重要的面向。有些人對開書店有很浪漫的幻想，文萱卻不是如此。她視開書店為一種維生方式，因此會很實際的計算如何藉賣書獲利。「我跟很多人說，其實開書店是想 make a living。」這與她曾為區議員的背景有關：「以香港現在這情況、我的身分，我很難再找到一些全職的工作。所以某程度上，要自己做生意才合理，要不然我就要移民了。」

在離開議辦之後，她參加了第一屆七份一書店計劃，發現經營書店或許是自己能夠發展的一途：「七份一的經驗令我比較有信心，知道大概的原則，不是盲懵懵去做，可以得到大概的數字。數字是最珍貴的，會知道收支怎樣才能平衡，知道一個月大概做到幾多生意，最多可以負擔幾多租金。」當時她是「七份一書店@大南街」的一分子，因為有在深水埗經營的數據和經驗，影響她最後落戶黃竹街創立獵人。「所以我是很實際的。因為我要留在這裡，我就要做得好。」她現實的計算過後，認為「以書為本位」是最有利的策略。

坦白說，我一開始很疑惑。曾聽書店店長說過「賣書不賺錢」，有好些書店需靠別的途徑延續生計，如出租場地、籌劃活動等，但獵人偏偏選擇藉賣書為生，全職店長還有兩個（另外還有兼職店員），利潤至少要足夠支付兩份全職以上的薪水，聽來絕不容易。但在獵人實習過後，了解過其租金，經歷過平日在樓上書店少見的人潮，以及埋數時那令人驚喜的營業額，我才發現獨立書店在選址得宜、營銷策略出色的條件下，「以賣書為本位」的生存方式是可行的。

「其實以書為本位，或以活動為本位，做得好都是可收支平衡的。但我很理性的認為，以我們的人手，是沒有可能同時平衡書和活動。辦活動有很多瑣碎的工作，如聯絡、準備等，這些都是很辛苦的。以我們的人手而言，如專注入書，就很難辦活動。」文萱清晰的解釋：「所以我們選擇了著重書的銷售，的確地鋪是有利我們做這選擇，人流其實也可以。至少不用很辛苦做宣傳，別人經過也可能看到你。」

「所以，我們選擇讓辦活動成為比較次要的事情。」確實，與某些書店相比，獵人不是沒辦活動，但辦活動的頻率確實比較低。而獵人辦活動幾乎是不賺錢的，即使收報名費都只是為了支付講者分享的費用，及避免參加者「放飛機」，且參加者出席就會獲得書券，變相辦活動只是變成幫助書的銷售，但辦活動本身並不會帶來收入。若計算投放的人力和時間成本，基本上一定不賺錢，甚至可謂是蝕本的。

為何明知對獲利無益，仍辦活動？她半開玩笑的說：「其實辦活動是礙於世人的壓力……哈！大家好像都覺得書店要辦活動似的，大家越來越將對公民社會的期望投射在書店裡了。」事實上，她辦活動就是為了辦活動本身——她深明辦活動的意義，才會不計成本實行：「我每次做的時候都覺得很累，但完成後又會很有成功感，好像會驅使你再辦下一個活動。」

文萱覺得辦活動很疲累是有原因的。因為即使將活動視為次要的存在，她其實非常著緊活動的質素：「我其實比較『奄尖』……如新書發佈會，我會傾向自己做主持，和嘉賓一起設計活動流程。而如果是由我主動邀請的，我會確保對方知道我希望講及的主題是什麼……這也是挺疲累的，我要準備好發問的問題，又要確保氣氛沒有尷尬，所以對我的負

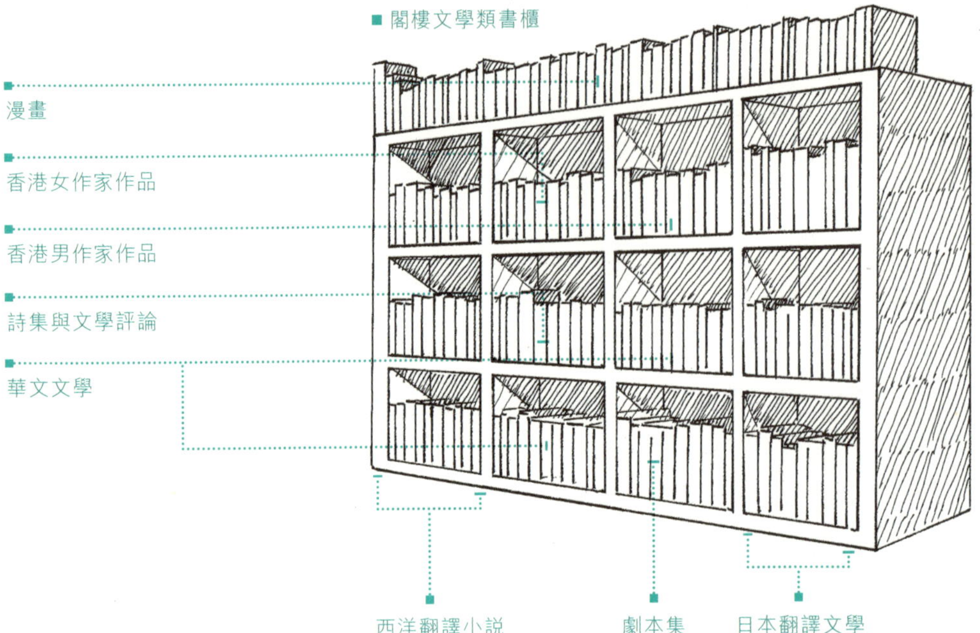

擔也挺大的，可能我自己的要求比較高吧。」由於心力有限，所以獵人只籌劃他們覺得必須辦，而且很想辦的活動。可以說，獵人對籌劃活動方面，是一種比較專精的取態吧。

重視陳列書的邏輯

因為聊得太高興，我們不覺便把話題岔開太遠了。回到獵人著重書的陳列來由吧！其二的原因是，文萱認為通過整理後的陳列，有助人接收資訊。

「我在閱讀書籍方面，是不能一次接收太大量的資訊的。」她指著眼前的文學書櫃：「像這個櫃，如果它沒有一個特定的模式，我是很難去理解的。」她提及一些陳列比較凌亂的二手書店：「像西西旁邊竟然放一本馬嶽的社會科學書，那對我而言會很奇怪。如果一大堆沒有脈絡的書放在一起，我就會不明白那間書店的用意，會感到很費解和疲累，覺得無法與這書店連結，然後就會離開。」可見文萱重視書的陳列，是從客人角度所作的考慮。

「所以我自己會希望，書與書之間是有連結的。」她邊想邊說：「因為我看過很多關於書店的書……像日本很著重『棚作り』——即『排書架』這個概念。他們甚至會執著到，書的高度是否要有分別；又例如在兩本很冷門的書之間，攝一本村上春樹，以令這兩本書被更多人看到！日本人就是會『玩』這些。」她微笑的說：「所以我們就會盡力，在我們能做的事情上 maintain 一下。」

5 Erica T.。〈什麼是獵人精神？問獵人書店店長〉，《STATUS QUO Issue # 00 Revolution》（香港：獵人書店 Hunter Bookstore，2023），第22頁。

從閱讀中找到行動依據

其三，著重書的陳列，讓更多人的欲望能被文字化，繼而擴充自身的閱讀光譜，直接呼應著文萱的開店信念。她試著把故事從頭說起：

「還記得初選審了四天，很多人將之比喻為美麗島的十日大審。我那時不太清楚十日大審是怎樣的，只是看維基百科……後來才發現，這兩件事是不應被相提並論的。因為美麗島十日大審，是台灣經過多年的戒嚴、黨內抗爭，才會引發到那一步。所以我覺得那與香港現在的情況是不相近的。」

「我就會開始想，台灣人經歷了那麼多，它們的成果要等上那麼長的時間。而且有時等得久也不見得成功，像緬甸吧。讀讀突破出版的《自由未竟》，其實布拉格之春之後也說不上繁榮穩定……那香港人憑什麼，覺得付出了那麼多，但什麼事情都沒有改變呢？」確實，這數年來坊間在社會運動過後，總流行「躺平」這說法，但文萱卻不採取這種態度。她希望大家能在閱讀後，知道世界之大，進一步拉長思考時間的維度，就會知道成果不在一朝一夕。

對文萱而言，閱讀是「拒絕消極」的實踐。在其出版雜誌《STATUS QUO》中，曾述及的獵人精神：「伺機而動，主動和有目標。不隨波逐流，會因應時勢蟄伏，搜尋獵物行蹤並主動出擊，亦願意冒險去得到想要的東西。」[5]可見，文萱開設獵人書店，就是希望透過推廣閱讀，讓人能夠在這時代中找著積極行動的依據。

對於閱讀擁有的這份力量，她自己也有親身領略。在離開議辦後，她在經營「夜露死苦」的時候，曾經歷過一段難

■ 在日本排書架的學問中，有種陳列方式叫做「雙插」，就是一本書同時擺兩本，有著特別推薦的意味。在獵人中，以雙插方式陳列的書有《暴政》。

■《沉默的一百種模樣》由英國記者 Harriet Shawcross 所作，書中探討著人「不得已的沉默」的原因，包括生理性的腦部異常、心因性的創傷經驗，能令人對「沉默」這現象有更深入的了解。此書令文萱印象深刻，對當時有喉球症徵狀的她有所啟發。

■《大難之後》是澳洲節目主持人及記者 Leigh Sales 的作品。作者藉著訪談，嘗試從不同人的真實經歷中，爬梳人在災難後的想法與情緒，亦令悲劇顯出正面意義。此書令文萱意識到大難過後，人有著成長的可能性。

過日子：「當時店內有兩本書是我挺印象深刻的，就是《沉默的一百種模樣》和《大難之後》。前者是講緘默症，即人說不出聲。人們以為那小朋友是選擇不說話，但其實他心理上已病了，所以才無法說話。這也很符合我自己那時的心態——很多事情不能說，後來就變成不說了，變成很多東西擠在心裡。」

「後者《大難之後》就講述一些經歷過極大創傷或災難的人的故事。作者提出一個可能性：人在創傷後可以成長。我們面對悲傷時，不是超越了我們的能力就無法招架；其實我們的能力——無論是愛人還是哀傷的能力，也會一直增加。」

「那時候，這兩本書也讓我冷靜下來，思考除了工作以外，還有什麼要處理呢？例如是情緒、心態、休息等。我想，這兩本書除了適合客人，也適合我自己。」對文萱而言，閱讀這兩本書，令她發現自身有整理情緒的需要。

這兩本書雖不致直接影響獵人的誕生，卻令文萱確認到書有著改變人認知，繼而行動的力量。「看書是一種認知的過程，會令人對事物的看法有所不同。當人認知的東西多了，那麼你的可能性就

■ 因為獵人的定位是「面向所有人」，文萱相信「書店不應拒人於門外」，所以購入的書種甚廣，相信能令不同人在店內找到有興趣的書籍。文萱記得有一次，有一對情侶來到店中，女子買了董啟章的作品，男子則買了漫畫《鏈鋸人》，兩人各有所獲，令她印象深刻。

會提升。那你可能……會覺得自己能做的事更多一些？當你以為只能躺平，但發現自己還有其他選擇的話，那你可能就會更有動力。」雖然語氣帶著疑問，但文萱的眼神卻異常堅定。

對她而言，在這時代保持積極、主動的心態非常重要。「而那不一定是與政治相關的。」她提起李立峯在見山書店接受訪問時，曾講及如何「管控風險」：「某一些事一定有風險，但你要選擇的是管理它，而不是逃避它。如果不行動，其實就是一種逃避。」她邊思考邊說：「如果因為害怕改變就不行動，或害怕某些事就不去改變，那人生豈不就很無聊嗎？」

時勢險惡，但文萱仍覺得人要持續閱讀，並從中摸索行動的可能性：「例如過馬路要小心，但不代表你要完全不過馬路吧。」要做的事仍然要堅持，只是要「do it as a smart way」——這就是文萱的想法。

就算是戰鬥，也是要休息的

意識到氣氛有點沉重，我深呼吸了一口氣。但這可能就是我所感覺到的，獵人有著戰鬥意志的一個面向吧。

■ 獵人把靠近入口的小茶几都放滿了漫畫，就是為了營造出書店輕鬆的氛圍，令所有人都不會害怕踏足店內。

一方面佩服文萱的勇氣，但一方面心裡又多了一些疑問。如獵人精神，是希望讀者能從閱讀過渡到行動的話——有部分書種確實是呼應著這目標的，例如是設計思維創意類書籍、「改革時代」、「情緒創傷」等，都似乎直接鼓勵著人改變認知，繼而行動。

然而在閣樓新增的小說或漫畫類，這些與行動未必有直接關係的虛構類書種，它們在店內的存在意義又是什麼呢？文萱笑說著：「一來是希望能做到更多人的生意，二來我覺得書店不應該是拒人於門外的。」

她認為很多人開始看書，都是從小說開始，當中也包括她自己。她認為即使當中沒有政治意味，人也能從一套好的小說裡獲益：「例如我因為放假，心情很悠閒，就會選讀一本東野圭吾。其實東野圭吾有點老土，也沒有刻意想說什麼，只是設置很多懸念，就這樣寫了一個有些懸疑的故事。但你就會整個人很投入其中——會有一種類似『心流』的感覺——一種人達至專注，亦很『充電（energy-charged）』的狀態。」她笑笑的說道：「其實明明不是寫得很好，但讀畢就會覺得很開心。因為我專注投入的看了一個故事，那是一種頗能逃離現實（escaped）和治癒的時刻。」

「所以看一本未必要很好，但娛樂性高的小說，都是一種很開心的消閒方式（leisure）。」所以，在獵人的閣樓裡，就陳列了好些令人能沉醉其中的小說，包括文萱很喜歡的 Agatha Christie 和 Jonathan Franzen 的作品。「雖然它們都賣得不好，但我覺得如果有人可以看完，然後很享受、很沉醉於作者寫的東西，其實都已經很開心了。」這似乎又

■ 銷量不好，但店長文萱很喜歡 Jonathan Franzen 的作品，所以店內有售其小說，包括2022年出版的《十字路》。

顯露了獵人另一種面向：除了鼓勵人積極面對或戰鬥，其實它也有一種鼓勵人暫時逃離現實、休息的取態：「我有一個 term 就是，不用每次都苦大仇深的。」

相近的 vibe、接近的關注

「我忘記是誰說過，但有人覺得我們的玩味感很重。這也是我們想保留的。就算要戰鬥，也要放鬆，那也是很重要的一環。」聽到她這樣說，也就有點能解釋到，為何明明獵人有著極其積極的作戰面貌，但另一方面我卻又隱約感受到一種令人放鬆、休息的氣息吧。

坦白說，我自己是一個極其容易緊張，也絕對算不上是主動的人。在一開始，我對自己受獵人所吸引是感到疑惑的。在不少訪問、甚至是其自家出版的雜誌中，獵人表現出來的那一種強調積極、主動出擊的戰鬥風格，我不是不欣賞，但自問自己絕非同類人，我覺得自己不很適應戰鬥。所以才會在實習前一晚感到緊張，甚至難以入寐。

但我確實是被獵人的選書所吸引，才會在這裡買下比其他書店更多的書吧？何以被獵人吸引，我始終想找到一個確切答案。我遂有點白目的跟文萱說：「我覺得自己好像，在這裡很容易買到我想看的書，但我不太知是什麼原因……」然後厚臉皮的把自己書架一隅——在獵人買的書予文萱看。惟當中牽涉的文類書種皆迴異，她也搔搔頭：「我也不知道呢，可能是我們的 vibe 比較相近吧？」

我們的 vibe 相近？我可沒有想過這個。但仔細想想，雖然我說不上是一個積極的人，但或許我們之間有著一些共通點……我忽然靈機一觸，想起曾聽文萱提及過，這裡彷彿是她個人書櫃的放大版；而將自己的書櫃在公眾面前分享，是否也就等於：她相信，自己的個人閱讀喜好，其實能與這裡的讀者連結？

她點頭說道：「我是這樣相信的。因為我的背景與香港密切相關，我真心想關心這個地方。所以我覺得，可能我的角度可以作為一個參考吧？如果你也一樣關心香港，或者與我理解的背景相近——我猜，你應該也會想知道這些書。」

我想，這就是我們的共通點了。文萱繼

■ 在赤坂明原作、橫槍萌果作畫的漫畫《我推的孩子》第六集中，有一段劇情講述角色黑川茜在參加戀愛真人秀中被網絡霸凌，似乎在映射著2019-2020年因拍攝《雙層公寓》而遭網絡公審而自殺的木村花。

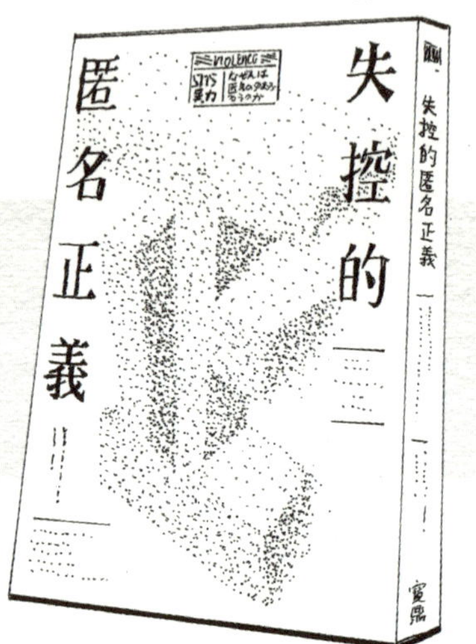

■《失控的匿名正義》由每日新聞採訪團隊所著，從「雙層公寓木村花」事件開始談起，整本書採訪了各種網上霸凌事件的受害者和背後的加害者，爬梳了加害者的行為動機。令人會重新反思起社交媒體的力量，及應該如何使用這把鋒利的雙面刃。

續說道：「我覺得我的選書，也和社會的 vibe 有關。」例如曾有一段時間，漫畫《我推的孩子》的討論非常熾熱，講及網上霸凌，獵人會出帖文講及，亦會推薦與議題相關的書籍《失控的匿名正義》；當大家比較關注法治議題，獵人又會出帖推介一些有關法律的書：「這些都是整個社會的某一種氛圍。」

「我認為閱讀更多的書，其實是在裝備（equip）自己擁有理解社會現象的能力。」文萱平靜的說道，但我的內心卻暗暗有點激動，因為這正正是我的想法。雖然我沒有如獵人一樣高漲的鬥志，但我想自己會被獵人所吸引，正正就是這一點：就在於我們對這千瘡百孔的社會，其實皆有著好奇、有想要理解它的欲望。

獵人的選書之所以吸引我，就是能將這份「想要理解社會的欲望」文字化吧。

會被吸引的原因

訪問終結，從獵人離開的時候，是一個非常平靜的下午。

■ 這張螢幕截圖擷於《明周文化》「愈是紛亂　愈要閱讀」影片中其中一幕。

直到離開的時候，我還是沒有勇氣去說，自己能夠像獵人一樣，那麼主動、那樣積極。面對如今社會之紛亂、複雜，甚或是荒謬，有時我確實感到無力、想要躺平；但是我感激獵人的存在，因它彷彿總是提醒著我：無論情況多壞，我們都有著能夠行動的空間。即使未找到方向，至少還能閱讀。

獵人縱和我有著截然不同的性格，但我想會被它所吸引，除因它洞悉了我的欲望之外；另一部分也因為它擁有我所渴望的勇氣吧。

而確實，當社會越是混亂，就越是有行動的必要；即使未有行動的意識，亦至少有理解的需要。也許就像店內收銀處分享的，一張吳靄儀受訪的螢幕截圖吧：「覺得無力時，更加要看書。」

文萱曾說過，希望獵人能成為一個place，一個有記憶的地方；但是若未來有加租的壓力，令維持生計變得不可能的時候，獵人亦有可能在迫不得已下關門。在香港這個瞬息萬變的社會，的確任何事情都可能發生、亦可能消失。

在這紛亂的世界，彷彿一切都不可控。但是我始終希望，獵人能始終在這街角存在，持續將大家理解社會的欲望文字化，在恒久歲月裡生存下來，直至成為每位讀者生活一隅，能令人感覺安心的place。

| 2023年10月 |

備註

文萱雖期望獵人可成為一個有記憶的 place，惟變化總是來得猝不及防。因地板嚴重漏水、商鋪易手後很可能不獲續租，便決定提早退租，於2024年1月31日告別黃竹街。並於同年3月搬到基隆街110號地鋪開設獵人書店2.0。新址將繼續有閣樓，面積亦大近四倍！就讓我們祝福獵人的新開始，冀它能成為大家未來的 place。

ROOM 23

|室內/空間設計|專業評介|

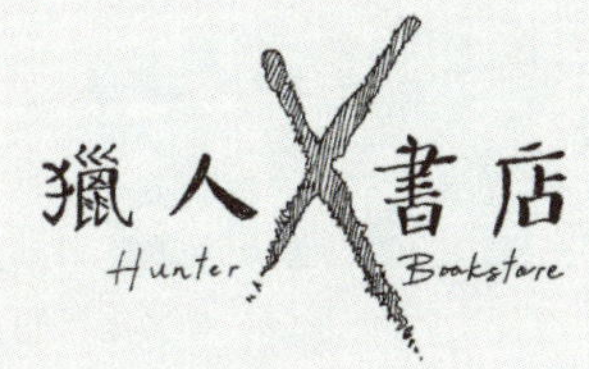

- 獵人書店分為**上下兩層**，下層主要陳列書籍，書櫃和豬肉檯靠兩邊牆擺放，中間留為通道。這種**一條走道**充分使用兩邊書櫃的安排，十分適用於店鋪的長條形格局，有效減低走道的面積，從而增加陳設書籍的空間。

- 經過鐵梯走到上層，空間比下層小一些。此處除了陳列書籍外，還加設了**舒適的閱讀座位**，感覺是一片自成一角的小天地。四面牆也刷上了**「Hunter Green」**色油漆，是十九世紀英國獵人狩獵時用作偽裝的衣著顏色。選用此色大概是店主想呼應書店的主題——獵人。

- 獵人書店是地鋪，自然光可從街外透過整個**玻璃店面**射進店內。但書店空間既深又長，中間亦有曲折，光線自然難以到達店內深處，那該怎麼辦？

- 通常自然光不足的地方，**人造光源**便可派上用場。通過選擇燈具和對光源的計算，可以設計出適當的流明度、色溫和均勻度，創造出一個不傷眼，而又久讀不累的閱讀環境。

- 而獵人書店就用了另一種更有趣的方法去應對店鋪深處光線不足的問題。不難發現店內使用了大量**聚光燈**，將一處處地方打亮，強調重點：例如定期主題書推介區、儲物櫃式書架、大小豬肉檯、牆上文宣，還有店長心愛的珍藏漫畫等地方。暗中有光，那麼光打亮的地方自然成為視覺上的焦點，引領讀者駐足留意。而且聚光燈通常配有路軌，方便燈具移動位置，聚光燈的燈頭亦可調教照射角度，那便大大增加靈活度，可配合不同佈局的陳設需要。所謂有危必然有機，縱然每個空間有其不足的地方，但亦可運用不同手法去達成想要的設計意圖。

- 店內還有一個有趣的**儲物櫃**，用於陳設出售的書籍。一格格的儲物格用以分類，擺放店長搜集不同國家的書籍，每個國家的書籍自成一「格」，效果出乎意料地出眾。儲物櫃在這裡的再利用改變了它預設的功能，店長因而給予了它第二生命。這個儲物櫃，可能曾是被遺忘的角落，如今蘊藏著歲月的痕跡，成為書海的寶藏。它以靜默的姿態，象徵著物品的輪迴再生，給存在賦予了新的意義。

學做一位稱職讀者，領略閱讀文史哲的樂趣

神話書店

歷史入門小角落：放滿了店主認為適合初心者閱讀的歷史入門讀物。

埃及女神裝飾板：這塊板是由一對街坊夫婦所送。這對夫婦很喜歡旅遊，儲了很多來自世界各地的紀念品，而這塊板就於埃及所買，板上的女神代表著美麗和富裕。這份禮物既有歷史感又具神話氣息，店主認為很適合書店的氣氛。

書店禮儀：書店不同角落上貼上了這張「書店禮儀」告示。第一點是請勿飲食，以免玷污書本；第二點是書本很脆弱，希望讀者能小心翻閱；最後一點，是請保持安靜，冀望客人能遵守。

鏡子：這塊鏡子是店主在垃圾站撿到的。但它其實非常漂亮，鏡框尤似希臘花環的花紋，亦與神話書店的標誌風格很相似，「我覺得這塊鏡子簡直是為我們而設的，是注定的！當時我先生還問『是不是有鬼？』我就不管了，有鬼都要拿回來。」故清潔過後就放在玄關處。環保對 Stephanie 來說是很重要的價值觀，故她冀能盡量減少購物、源頭減廢。因此店內大部分的裝飾及傢俬，不是街坊或親友送出，就是從群組中二手免費得來或撿來。

門簾：為了營造出私密的閱讀空間，店主 Stephanie 會拉上布簾隔絕煩囂。然而「有燈就有人」，只要瞧見店內亮燈，就代表是營業時間，可以拉門進來喔。

燈和座椅：這兩件傢俱都是店主從家裡拿過來的，為店內添了幾分高雅精緻的氛圍。

ENTRANCE

文學類

哲學、文藝評論、宗教類

古鐘：這個鐘由一位街坊捐出，有著接近一百年歷史，是上世紀二十年代的產物，只要給它上鏈，還能正常運作。對店主而言非常珍貴。

免費刊物區：這裡放置的刊物都是免費取閱的。店主在此陳列了不少區報，希望客人能更關注和支持那些默默為社區付出的人和事。

二手白色鳥籠燈：Stephanie 造訪西貢社區小店「西多」時買下的燈，認為非常適合放在書店玄關位置，與旁邊的小鳥籠形成對比。這精心佈置的玄關位，可說是店主私心最愛的位置。

竹屏風：是 Stephanie 丈夫的弟弟在交換群組中看到，免費得來的屏風。透過放在入口處，成功營造出私隱度高的偏廳空間。

「金利源」招牌：來自鋪位前身的雜貨店「金利源」：「這店做了很多年，舊街坊都會認識。當年店鋪的招牌保留下來了，業主就借給我們繼續掛在這。這種金漆招牌現在不常見了，掛在這裡像是一種傳承。而且我覺得它跟這家店很有關係，彷彿代表著這裡的前身。」

對聯：寫著出自《紅樓夢》第五回的「假作真時真亦假；無為有處有還無」。

女神像燈：由西貢舊墟小店「拾莊」莊主送給神話的禮物，還特意配上了燈座，是令店主感受到愛的裝飾。

❽ 二手英文食物類
❾ 關於酒的書
❿ 關於手工藝及興趣的書
⓫ 設計類
⓬ 關於劇場的書
⓭ 電影及藝術類

世界地圖：店主認為歷史與地緣政治很有關係，了解歷史不能不看地圖。

西貢手繪明信片

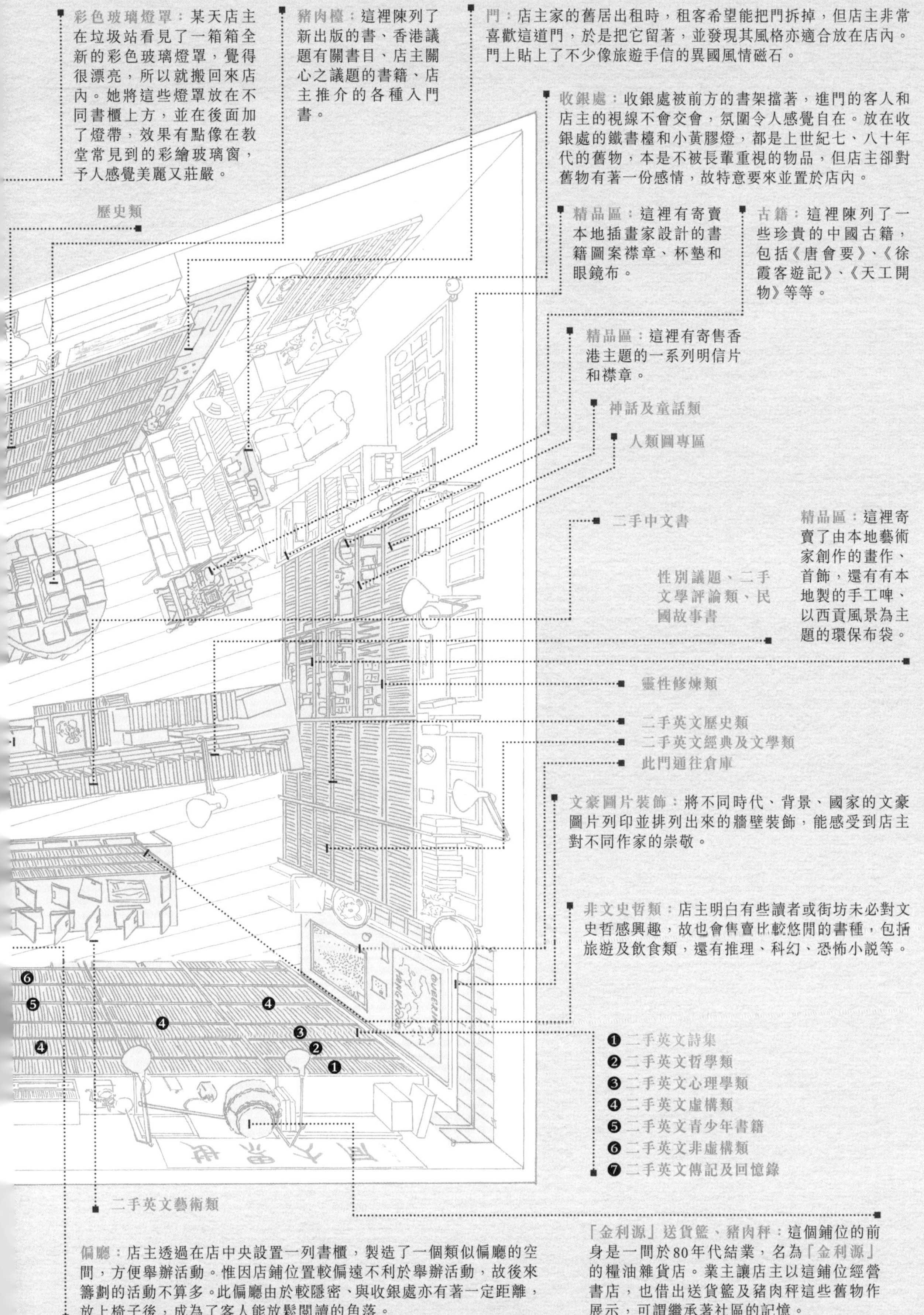
彩色玻璃燈罩：某天店主在垃圾站看見了一箱箱全新的彩色玻璃燈罩，覺得很漂亮，所以就搬回來店內。她將這些燈罩放在不同書櫃上方，並在後面加了燈帶，效果有點像在教堂常見到的彩繪玻璃窗，予人感覺美麗又莊嚴。
豬肉檯：這裡陳列了新出版的書、香港議題有關書目、店主關心之議題的書籍、店主推介的各種入門書。
門：店主家的舊居出租時，租客希望能把門拆掉，但店主非常喜歡這道門，於是把它留著，並發現其風格亦適合放在店內。門上貼上了不少像旅遊手信的異國風情磁石。
收銀處：收銀處被前方的書架擋著，進門的客人和店主的視線不會交會，氛圍令人感覺自在。放在收銀處的鐵書檯和小黃膠燈，都是上世紀七、八十年代的舊物，本是不被長輩重視的物品，但店主卻對舊物有著一份感情，故特意要來並置於店內。
歷史類
精品區：這裡有寄賣本地插畫家設計的書籍圖案襟章、杯墊和眼鏡布。
古籍：這裡陳列了一些珍貴的中國古籍，包括《唐會要》、《徐霞客遊記》、《天工開物》等等。
精品區：這裡有寄售香港主題的一系列明信片和襟章。
神話及童話類
人類圖專區
二手中文書
精品區：這裡寄賣了由本地藝術家創作的畫作、首飾，還有有本地製的手工啤、以西貢風景為主題的環保布袋。
性別議題、二手文學評論類、民國故事書
靈性修煉類
二手英文歷史類
二手英文經典及文學類
此門通往倉庫
文豪圖片裝飾：將不同時代、背景、國家的文豪圖片列印並排列出來的牆壁裝飾，能感受到店主對不同作家的崇敬。
非文史哲類：店主明白有些讀者或街坊未必對文史哲感興趣，故也會售賣比較悠閒的書種，包括旅遊及飲食類，還有推理、科幻、恐怖小說等。
❶ 二手英文詩集
❷ 二手英文哲學類
❸ 二手英文心理學類
❹ 二手英文虛構類
❺ 二手英文青少年書籍
❻ 二手英文非虛構類
❼ 二手英文傳記及回憶錄
二手英文藝術類
「金利源」送貨籃、豬肉秤：這個鋪位的前身是一間於80年代結業，名為「金利源」的糧油雜貨店。業主讓店主以這鋪位經營書店，也借出送貨籃及豬肉秤這些舊物作展示，可謂繼承著社區的記憶。
偏廳：店主透過在店中央設置一列書櫃，製造了一個類似偏廳的空間，方便舉辦活動。惟因店鋪位置較偏遠不利於舉辦活動，故後來籌劃的活動不算多。此偏廳由於較隱密、與收銀處亦有著一定距離，放上椅子後，成為了客人能放鬆閱讀的角落。

神話書店

開業月份		2021年4月
空間記錄月份		2023年9月
訪問月份		2023年9月
書店簡介	地址	西貢大街17號地下
	店長	Stephanie

Stephanie

因為位處西貢，其實你不可以做很多很進擊的事情。……我們這裡與市區書店真的有不同的客人生態，那就做回我們一間新界書店應該做的事情——就是與世無爭吧。

這間店的靈魂

我覺得「歷史選書」是我們的靈魂。雖然沒有什麼人會買這類別的書，但我也希望放在這裡，因為其他書店沒有這樣的做法，而我堅持要有這樣的呈現。

呎數	490呎
藏書量	約3600本（中文：2500本，英文：1100本）
書種	歷史、文學、哲學、電影、藝術、文藝評論、社會科學、身心靈、旅遊、飲食、推理及科幻小說、各類英文二手書
暢銷書	沒有
不會入的書	流行小說、工具書
特色	# 驚喜又高質的選書 # 齊全的歷史類書籍 # 神祕古雅的邊緣地區書店
個人感覺	雖然神話的門口低調又神祕，但千萬不要害怕拉簾踏進門內，因為這間店是能令你驚豔，會令你覺得為之特地來一趟西貢也是值得的！本身的文史哲書迷（特別是歷史書迷）自然會覺得不枉此行，不難找著書海遺珠；但即使不是這樣的資深讀者，這裡也有令人驚喜的性別選書，亦有相當有趣的生活悠閒及電影藝術類書目。如果會讀英文二手書，書種光譜就更為廣闊了！只要對閱讀感興趣，這是一間所有人都能享受閱讀的書店呢！

■ 神話書店的入口

雖說喜歡看書，但凡說上這句，我都覺得心虛。事實上，即使接觸過不少書，也知道有什麼著作可被稱作經典，但常常覺得真正自己讀過、能夠充分吸收的書並不很多。

首先是文學類，大學時縱曾有接觸文學概論，但踏足職場後往往忘光光了。當某些小說善用象徵、隱喻，讀來每個字也明白其詞意，卻觸摸不到作者的真正意圖；最後僅能落得吃力地將一個個字彙吞下來，卻只能一知半解的下場。再來就是歷史或哲學書，時常讀到一半都會不爭氣的放棄了，這都是無視自己的無知淺薄而越級挑戰的後果。

就這一點，我時常都覺得自己實在很失禮。或許是自己大學時玩物喪志，總之到此刻也不敢說自己有閱讀文史哲作品的足夠基礎。這使我每次踏入某些文史哲書店時，心情總是戰戰兢兢；

■ 店內佈置得非常精緻而優雅。惟沒想過裝飾和傢俬皆非店主刻意搜購，大部分皆為二手或由有心人送出的舊物。「我沒買『大路』的傢俬，只是留意社區有沒有人 free 出來。如很漂亮，付錢買我也不介意，但即使是免費的都可以拿到這樣多！買二手傢俬都要付錢，我卻是連錢也沒付過。」Stephanie 說：「而且似乎這店能和社區連結。當認識得多街坊時，他們就會覺得：『有什麼適合你的店鋪，不如就給你們吧。』但就靠每個人將舊物給我，神話反而形成了自己很強烈的特色——而我也喜歡這特色，因為我喜歡舊物，這也符合我喜歡歷史的概念。」

購書時總會擔心：「啊，這本我是否能讀懂呢？」或者索性安慰自己：「此刻看不懂也不要緊，我想若干年後，總應該能讀懂的。」於是那些介乎於看懂與看不懂的書，就這樣一直蜷伏在我的書櫃上，積塵上好幾年的歲月。

然而我終究深信著閱讀的力量——也深切感受到能跨越年代、地域限制，而得以與作者接通的瞬間之奧妙與感動。記得曾讀《地球毀滅記——五次生物大滅絕，誰是真兇？》讀得雞皮疙瘩，曾因《人類大歷史》、《暴政史》深受撼動，或是曾讀《蒙古騎兵在西藏揮舞日本刀》而不免憂傷。雖然這幾年似乎暫時放下了歷史，然而沉迷其中的忘我和樂趣實教人難忘。

來到今年，既然獲得了「要寫一本關於書店的書」的任務，我是真的很想重新審視自己閱讀的方法，至少要掌握到成為一個稱職讀者的技巧，不只想再試試涉足歷史，也想重拾文學的素養、嘗試修讀一下哲學，讓自己踏入文史哲書店時不要覺得心虛吧！要不然，不只沒法領略及介紹文史哲書店的魅力，更沒有書寫它的資格了。

當我想到要克服自己的缺點與心魔，我的直覺告訴我：走進神話書店裡去吧！如果想學習成為一個稱職的讀者，這大概是一個可行的方法。

令人安心的文史哲書店

我會有這樣的直覺，背後的邏輯是非常理性的。首先，甚少踏足西貢的我，第一次對神話書店有深刻印象，乃是源於第一屆獨立書店（圍爐）表揚獎。這間位於西貢的神話書店，開店年數不長，卻獲得了「令人驚喜又高質的選書」的評價。選書方面得到了書業界的廣泛好評，甚至是同業的認同，故相信必然有著其選書心得。這令我對這位置偏遠的書店感到極為好奇，故前往造訪。

一直很少來西貢，每次踏足皆因它是通往山徑的轉車站，惟甚少於市內遊走。當天走在陌生的西貢大街，在這條街上來往踱躂，卻始終不察覺神話書店的身影。我開初會想像，櫥窗應會放上幾本書籍，或是要有通透的玻璃窗，讓人一覽即能發現是書店吧？沒想到神話書店（下稱神話）可謂走低調路線，在門前踱步數遍，才意識到這種滿花草的門口原是通往書店的入口，它刻意掛上了門簾，簾上印有不仔細觀察就會錯過的店名。門簾似乎刻意要將街上繁雜忙碌的氛圍與店內區隔開來，也令這間店莫名添了一份神祕感，彷彿只有特意來尋找的有心人，才有步入書店的緣分。

本疑惑是否非營業時間，但見門邊滲出了微微亮光，俗語有云：有燈就有人，遂鼓起勇氣推開門，頓覺內裡別有洞天。整間店的氣質古雅別致，空氣內亦彌漫著絲絲香氣，流溢於空間裡的光線昏黃溫暖之餘，穿過放在書櫃上的玻璃裝飾，使天花板反射出彩虹般的色澤，有種置身於嵌有彩繪玻璃之教堂內的錯覺。不同角落盡是古舊珍稀之物，教店內醞釀著一種神聖寧靜的感覺，與街外恍如兩個境界。或許是我形容得有點誇張了，

■「歷史入門小角落」放滿了 Stephanie 為初心者挑選的歷史入門書。當中包括《人類何以陷入戰爭——李德哈特的歷史哲學》、《哲學及宗教全史——人類三千年的思考之旅》等深入淺出講述歷史的書籍。如果以遊戲來比喻，這裡比較像是新手村吧？

但要說這裡是我踏足過，氣氛營造得最有心思的書店，應該沒有人反對吧？

入口附近的幾個大書櫃上，放有木刻牌子，似乎以一種正經八百的態度強調著書店的定位：「文學」、「歷史」、「哲學」，這裡儼然是一間文史哲書店。然而它比起一般文史哲書店，第二個令我感覺安心的原因——乃因店長在入口旁邊特意安設了一個「歷史入門小角落」，還親切的提醒著：「先了解大歷史，基本認識歷史背景，再進階閱讀：揀選感興趣的歷史時段、帝國、朝代、人物的著作。」就這個「小角落」，令人覺得自己即使是個歷史基礎薄弱的人，閱讀的需要都有被店長所關顧與接納，亦感覺在這可找到循序漸進閱讀歷史的道路。

第三個令人安心的地方，在於確實找到一直心儀之書，令人對店長的選書眼光更有信心。走到偏廳位置，找得到性別分類，竟覓得我在別處遍尋不獲的《始於極限——女性主義往復書簡》簡體版，令人大呼驚喜！自從讀過《厭女》後，就很想再了解上野千鶴子的觀點。惟此書直至2023年夏，都一直僅得簡體版。（註：現已有繁體字的台版）不少獨立書店由於中港矛盾，大大減少了入購簡體字書，箇中緣由是理解的，但想讀《始於極限》的心情卻始終繫在心頭。

當天在神話竟發現了這本教人望穿秋水的書，當然是馬上入手，那刻對店長既是滿滿感激，令人對神話書店的好感更是大增，不得不佩服起店長的選書學問，也對「獨立書店（圍爐）表揚獎」的評價心悅誠服。當對店長獨到而嚴謹的選書眼光有信心，就能讓我更放心在店內選購書籍。因為它們能克服店長的篩

■《始於極限——女性主義往復書簡》由上野千鶴子與鈴木涼美合寫。書中載錄了兩人圍繞戀愛與性、婚姻、工作、獨立、男人等話題，長達一年的12次書信來往。初訪神話書店時只有新星出版社的簡體字版，現已有悅知文化出版的繁體字版。

選而於書櫃上存活下來，大概都有品質保證了。

第四點令人安心之處，乃因從媒體報道得知，店長 Stephanie 本從商科畢業，非文科出身，是一位半途出家的普通讀者。但從她所撰寫的書介、所具備的選書眼光，可以了解她涉獵既深且廣，通曉文學歷史範疇，擁有令人欽佩的賞識能力。一個不曾受學院訓練的書店店主，如何從零開始掌握研讀文史哲的能力，令我非常好奇，亦令我感覺異常親切，希望能向她請教：如若想由淺入深增進閱讀經典的能力，可以如何入手？

就因如此，我向店長 Stephanie 提出實習和訪問的邀請，一方面希望能了解這間位處西貢的書店，其營運的心得與狀況；另一方面，坦白說是為了「自肥」，希望能向店長請教閱讀心得，找著領略文史哲作品的要訣與樂趣。

獨特又佛系的書店定位

來到實習當天，方發現這間神話書店，要比我所想的來得更為獨特睿智。首先是搜羅坊間的冷門書，是店長刻意採取的營銷策略。

■ 神話書店店主 Stephanie。她是西貢居民，於 2021 年創立了神話書店。說話清晰直接，有著快人快語的爽朗性格。

「坊間的熱銷書，通常在我這裡都能買到，但在此處卻是『唔郁（賣不出）』的。這是個奇怪的現象。」例如是在外面賣得斷市的《方丈尋根記》，在神話卻是滯銷品，Stephanie 猜想是店鋪位置使然：「我懷疑會買的人就已經在外面買了，不會特意進來西貢買。所以我反而想，真的 target 一些外面未必會有的書，故會著重這方面的選書。」

「我就不想跟別人一樣。」她說話雖急，但用字很精準決斷，說話沒有模棱兩可的猶豫，給人感覺思路清晰又快捷：「我覺得每間書店都有它的特色。但我覺得自己既瑟縮一角（西貢）了，如果還賣和大家一樣的東西，好像沒什麼意思。」

位置限制，會對書店的營運方針有著關鍵的影響。當普遍的暢銷書無法為書店帶來收益，我開始思索在西貢開店是一個怎樣的決定。沒想到 Stephanie 卻快人快語道：「如果不是這間店的租金較便宜，或是因為我住在西貢，我是不會開書店的。」她搖搖頭說：「書店其實很難做，我覺得是超．級．難．做。賣什麼都不及賣書難。」她坦言自己從未想過開書店，倒是她丈夫向她提出了這建議，甚至跟她提出有這熟人為業主、可平租的西貢大街店址可選擇，惟她開初還是堅決拒絕：「我當時還跟他說：『在香港開書店死硬！無可能㗎依件事。』差點就說髒話了。」

在香港開書店之難，大概也不需花太多唇舌解釋了。毛利低、明碼實價、連入貨價也幾乎是固定的，又無上調價格的理由和自由，加上閱讀人口有限、競爭激烈，要生存下來絕非易事。然而大概開書店對 Stephanie 而言，確實是符合她興趣與人生志向的工作，開店念頭終究縈繞心頭。到後來她嘗試著手計算，又得知能以相宜租金租到現址鋪位，又見一些二手書店做得有聲有色，遂嘗試涉足其中。

「所以我們剛開始時，本是想做二手書店的。」二手書店入貨成本較新書少，開業門檻較低，而且她當時因緣際會下接手了一批本由「悠閒書坊（已結業）」擁有的二手英文書籍。而這數年來，不少非華裔居民都選擇搬離本港，但是仍有一批住客選擇住在西貢，在此區賣英文二手書有著一定市場，但 Stephanie 發現自己對書店的期望不止於此：「二手書取決於別人給你什麼，我覺得這件事很被動。加上我自己有閱讀，希望在選書上有自主權，也相信自己有能力做選擇。」她亦想藉選書去傳遞她予大眾的訊息：「例如選購一些連鎖書店未必會賣的書、想符合現在的社會議題、讓人接觸到真正想讀的書，或推介一些我認為非常有意義的書。如只做二手書，我認為無法傳遞這麼多訊息出去，但入新書卻能做到這件事。」

當決定了開書店，而開在西貢是不二之選，接下來就是決定書店定位了。一般市區書店吸引人流的方法有二：一、舉辦活動；二、頻密購入及替換新書。無奈這兩途於神話並不奏效。

她曾嘗試辦讀書會或各種活動，惟西貢位置偏遠，成效不彰，辦活動常僅得小貓三四隻。活動不行，那麼新書呢？她

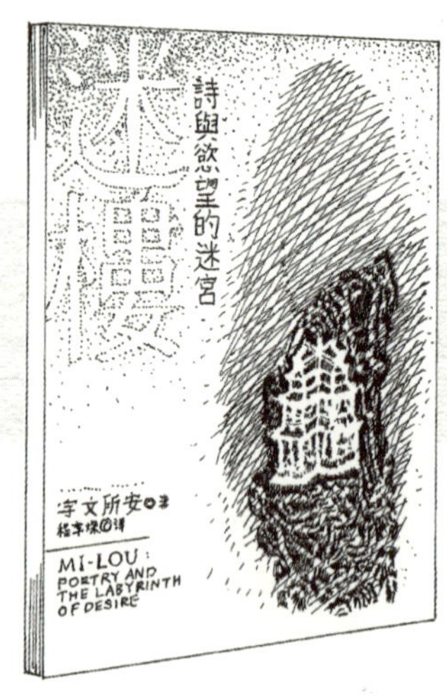

■ 由宇文所安所寫的《迷樓：詩與慾望的迷宮》——這本書我不曾聽過，感覺有關詩的文學評論頗為小眾，但 Stephanie 說每一次入貨，都總會賣得出。令人感覺神話書店受不少資深讀者的支持。

坦言入港版新書的成本很高：「我們面臨一個問題，就是香港一些比較大的發行商，不會送貨來西貢。」西貢買書人不多，神話不會大量取書，故時常達不到 MOQ (Minium Order Quantity，最少訂貨量)，出版社不願免運費送貨，採速遞又會大大削減其賣書利潤，造成她購入港版新書時的莫大困難。故當有心儀、她認為非入不可的港版新書，不是要親身去取貨（而人手只有她和她丈夫，丈夫亦另外有工作），就是要出版社願意主動送來：「這個位置是比較棘手的，因我知九龍區書店，他們新書上得很快。有時香港出版社的書，我未必拿到，或者量未必拿得到那麼多……」論及港版新書上架速度，神話與市區書店實在難以競爭。

而即使她曾不計成本，將坊間的熱銷港版新書搬回西貢，卻發現銷量也只是平平。於是後來，Stephanie 索性不再執著：「不如乾脆一點，香港出版的新書能入就入，入不到就不想太多了……畢竟我很難每次都出市區取貨，所以有時我會選擇放棄，而我發現其實放棄也是可以的，因為我們的客人和外面市區，是有分別的。」她說的時候，令我覺得有點帥氣：「我就憑自己很主觀、非常有偏見的角度，去選擇我想賣的東西。」

綜觀全店，會發現台版書的比例非常高，既因台版書送貨上沒障礙，二來也因為 Stephanie 心繫的文史哲書籍，台灣出版量甚多，即使少入港版書，還是有不少選擇。而她就憑著自己的選書眼光，搜羅冷門書籍，反而成功另闢蹊徑：「一些冷門的書我會照入，例如一些文學評論的書。但通常都挺準的，冷門的反而都賣得出。」

神話亦有另一個營運特色，就是它不依賴社交媒體作宣傳。即使會寫書介，也是不定期「等感覺到」才撰寫。一是Stephanie對大數據、演算法等抱持批判態度，其二是不想有跑數的壓力，三來也是營銷策略一環。她坦言主要光顧神話的，不是西貢街坊，而是一眾習慣在獨立書店打滾的讀書人：「那我會寧願不讓他們知我這裡有什麼書。反正暢銷書在外面都買得到，你沒必要專門過來買。那不如我們保留神祕感，你不知道這裡有什麼，過到來就有一份尋寶的感覺，反而有另一種特色。」

少辦活動、少寫書介、少用社交媒體推書、少港版新書、沒暢銷書……這些特點聽來令人覺得神話是佛系經營，但其實是將消費選擇完完全全交予客人自行決定，令它成為一間非常特別的書店：「在神話，每個人進來會選的東西都是不同的。不同類別的銷量都平均。我不覺得有某一本書特別熱賣吧。」Stephanie笑說。

在選書方面，才不佛系呢！

說神話書店是佛系經營，其實並不盡然。當天我名義上是跟Stephanie進行實習，但她坦白和我說，不知道有什麼工作可分配予我。所以我只是在觀察和做訪問而已。原因是什麼呢？

「因為在神話，我自己最常做的工作就是看書。」經營書店，最重要的工作是看書——聽來好像很自然，但又有點超現實。

在不同書店實習時，店長都會說：「你以為做書店可以看書嗎？太天真了！」又或者單是收銀、打價、上架以及各種各樣的雜務，都足以將人淹沒，讀到數頁書就足以偷笑了。但來到神話，Stephanie竟說，工作其中一環是看書。

當很多人誤以為店主在「看書」就代表有餘暇，但這種看法應用於神話之上其實是大錯特錯了。作為一間以選書為強項的書店，Stephanie磨練選書眼光的竅門，其實是藉著閱讀：「我平時在這裡看書，好像很清閒，沒有其他事做。但這是我工作的部分來的！」她語氣堅定的重申：「其實我每看一本書，都是幫助我之後的選書的。」

以開業初期為例，Stephanie雖愛看張愛玲、白先勇，但自問涉獵不深：「故當真的想要入文學書時，自知一定不可以靠那麼少的知識，所以我就開始看很多文學評論的書。後來覺得自己香港文學的部分很弱，就閱讀專門介紹香港文學進程的書籍。這些都幫助到我解決選書的難題。」她形容這是一個刻意鍛煉書感的過程，以磨練自己的審美眼光。至於歷史類選書，則視乎作者背景、於哪間大學教書、教授科目、書目主題作為參考，亦會參詳推薦人、是否附有導讀等，同時也嘗試摸索出版社的風格，分析其擅長出版的書類。

她也很常聽台灣書評的 podcast，成為其重要的學習途徑。而在假期時到不同書店觀察同行如何入書，甚至到連鎖書店了解行情、確認沒有錯過某些好書，也是工作的一環：「書感其實很虛無飄緲。但它怎樣來，就是不斷從各方面吸取資訊。」透過經驗累積，Stephanie 後來發現自己選書的直覺越來越準，即使隨意去選，挑的書籍多數都是好看的，才會促成現在得到大家公認「高質選書」的面貌。背後其實都是店長默默耕耘的功夫。

「我以前沒有讀過任何這一方面的東西，所以我現在是在將勤補拙。」她回想起開店時的心情：「我是一個完全的外行人，開店時我是戰戰兢兢的。因為以前開書店的人，都是文科出身，接受過學院訓練。我自己就很心虛，因為這些都是我沒有的經驗，我連文字工作者也不是。」但是她努力的成果是有目共睹的，漸漸得到越來越多人的肯定：「很多人來到我們這裡，說我們選書選得好，我覺得這件事很感動。」

最開心的一次，要數 Stephanie 喜歡的作家——馬家輝來到神話。他先是說：「你這裡的選書很好。」Stephanie 謙虛又害

■《可畏的想像力——當代小說31家》為王德威一本探討當代具代表性的小說家作品序論集，當中包括陳冠中、吳明益、董啟章等的作品。Stephanie 認為此書是這半年來最好看的書。本來她有拿店內的書來讀的習慣，但是這本她讀到一半決定「自肥」，私下自費買下一本。

羞的道謝：「謝謝，有你這樣稱讚我真是很慚愧。」馬再回應說：「不是啊，如果我日後想開一間書店，我心目中的模樣，就是神話這樣子。」難怪每次憶述這段經歷時，Stephanie 都心花怒放，因這確實是一個莫大的肯定啊！

分享一個普通讀者進深的閱讀經驗

惟有一點我覺得很是驚訝。坦白說，Stephanie 在畢業後放下了閱讀，一直到2018年才重拾書本，到現在蛻變成一個具獨到審美眼光的文史哲書店店主，都不過是五年時光。

進步神速，背後自有竅妙：「我小時候對閱讀和歷史是有興趣的。但在學時，那種讀書方式很無聊，單就學校教育的方式，我是沒有興趣的。」她當時循著社會期望、現實考慮而選了商科，畢業後從事貿易工作——那是與閱讀漸行漸遠的時期。「後來，我事業上遇到了瓶頸。」她當時非常不快樂，想從困苦工作裡逃離，「於是開始很投入、很有系統的看書，才會有這樣的閱讀經驗。」

「雖然這閱讀經驗很個人，但我想，其實會不會也能告訴其他人呢？平時會出來分享的，好像全部都是比較文學系出身、或是什麼歷史學教授……但我是普通讀者，而我相信大部分進來我店內的都是普通讀者，所以我希望自己的經驗能令更多人重拾興趣。」這促成了她想要開店的其一原因。

尋找輔助閱讀文學的方法

還記得那時她首本重拾的書本是《紅樓夢》。讀《紅樓夢》並不易，回數又多、劇情人物又複雜、意涵又深，將之視為首部展開閱讀征途的作品，其實是非常勇敢的。Stephanie 笑言：「其實一開始也是看不懂的，但當時重新看書時，我真的很想認真去了解它，就找了很多方式輔助自己。」她先是上網聽一回「蔣勳新說《紅樓夢》」的 podcast，再看一回白先勇的《細說紅樓夢》，然後才讀原文。這樣一來，對《紅樓夢》的理解也就深刻得多了。

而她得以從文學裡感受到慰藉：「現實情景中，人生面對很多困難，而社會甚至不容許你去表達——但我發現文學是一個很好的表達方式。它將你平時的

日本娃娃：在日本文學分類上放置了一個日本娃娃，為喜愛旅遊的街坊夫婦送贈，應該有五十多年歷史。後來他們不要了，就送給 Stephanie。她非常喜歡日本文化，所以收到時很開心。「又一次慨嘆日本人的細緻認真，由頭飾到和服紋理，由表情到穿著木屐的碎步婀娜，工藝精細，靈動優雅。」

■ 此為文學書櫃。由左至右的書櫃分別為：華文文學、日本文學、西方翻譯文學。

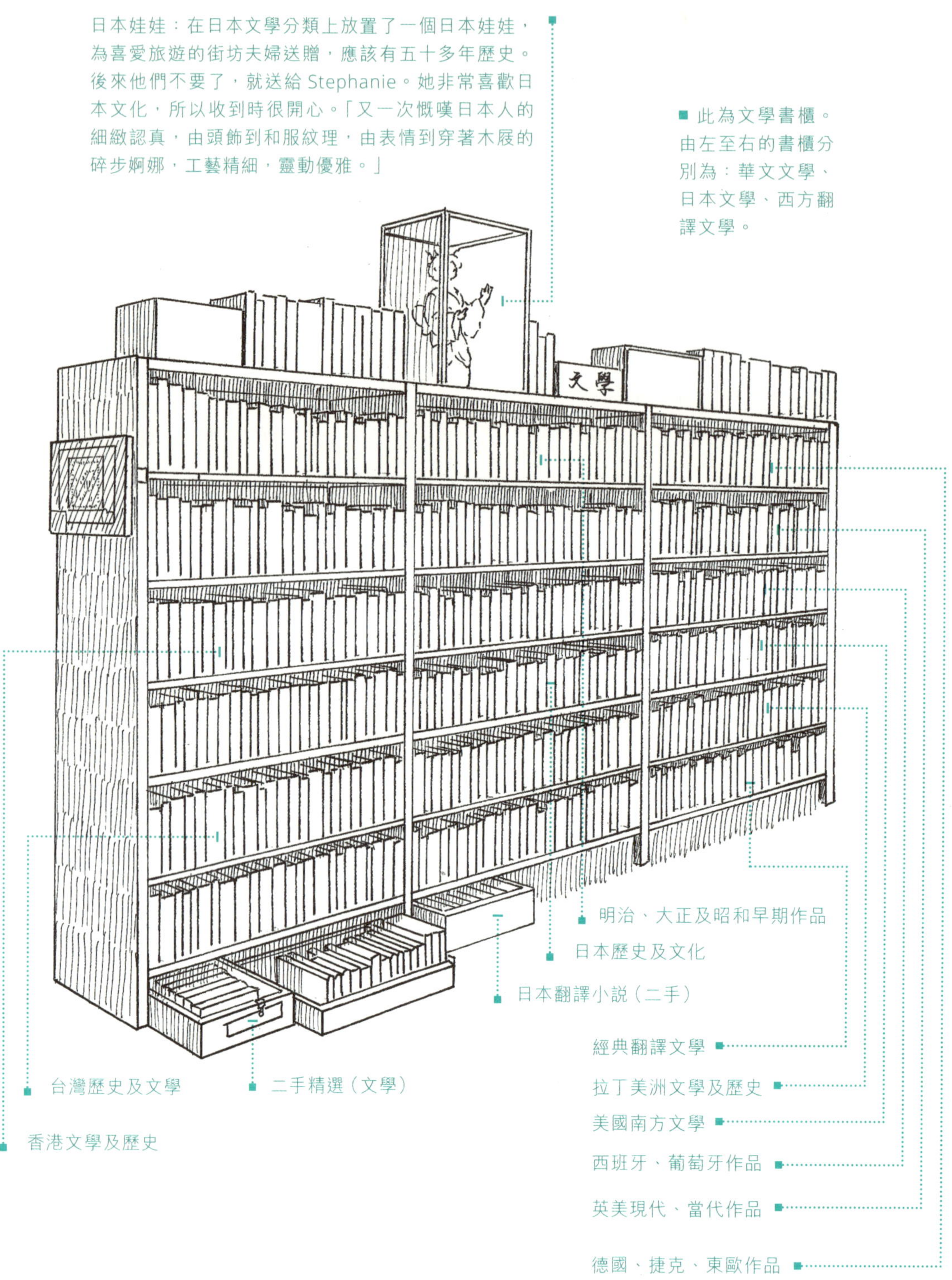

感受、困惑、憤怒，想批判的事情，在作品裡慢慢表達出來——那不是很直接的，但就是用一個故事，很兜轉的去說。」她相信將文學作品作解碼（decode）是有意義的：「其實語言有很多限制，我們未必能清楚告訴別人自己的感受。但文學很可以解釋到、或附和到你平時很難用言語去解釋的事物。」她的言語中盡是對文學的感激：「我覺得這些都是慰藉來的。」

這解釋了 Stephanie 何以如此用心了解文學，背後亦呈現了她對文學經典的信念：「我認為經典之所以成為經典，一定有它的原因。我很想明白為什麼，如果我看不明白，我會覺得一定是我的問題！可能是不了解其歷史背景、文學寫作及表達手法、它的隱喻……」於是她會嘗試加深自身對文本的認識，而方式是透過閱讀文學評論及導讀——這種經驗也呈現於神話書店空間之中。

如神話確實入了不少導讀書，當中由楊照所著、麥田出版的「日本文學名家十講」系列尤其齊全。「我小時候會看村上春樹，但純粹喜歡它的氣氛，但裡面說什麼，其實我不太明白的。」

但最近她讀完了楊照暢談村上春樹的《以愛與責任重建世界》，再加上她對日本歷史有更多了解，她逐漸領略到村上落筆時的思緒：「村上成長的背景，正是日本學運熾熱的年代。我後來了解到那年代學生運動發生的事、不同派系的鬥爭……到我再看《挪威的森林》，我就明白他有些事情，想藉隱喻表達出來。」Stephanie 耐心的解釋說「他是在描寫以前自身學生年代真實的背景吧。他見證著那些風風火火，但他是一個抽離的人，對一些改革、或意識形態的鬥爭，有著自己的批判。」

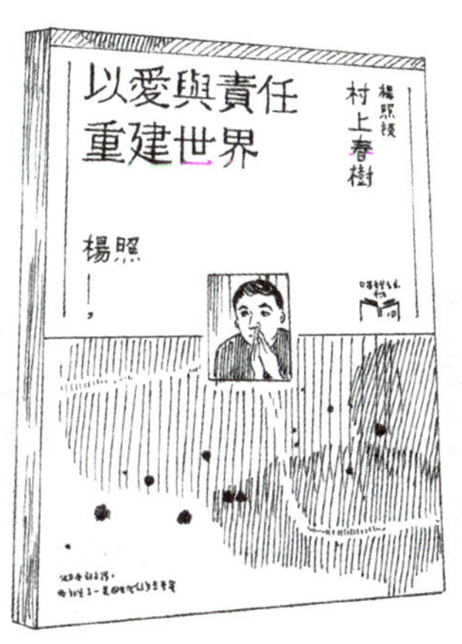

■ 這本《以愛與責任重建世界——楊照談村上春樹》，是由麥田出版的「日本文學名家十講」其中一本。楊照很擅長深入淺出的分析及講述文學作品的內涵，這本闡述了村上筆下那自由、疏離又多重的世界，是幫助了解村上作品精彩的入門書。

從閱讀文學，發展到研讀歷史

她認為閱讀翻譯作品時，多讀評論和導讀尤其重要。單是經過翻譯，就已與原文隔了一重；而且作家來自不熟悉的異地，若讀者對其文化不了解時，就不容易了解字裡行間的深意。

而她重拾閱讀的契機是從文學為起點，但後來卻發展去讀歷史，也是源於她察覺到自身的不足：「如果我不知道當時的歷史背景，他的作品就只是一個很普通的故事。」她續說道：「大家都知道，文學有多層次的隱喻和意義在其中，作家也會就所處的時代，批判也好、或表達也好……故我認為若歷史知識不足，看文學作品也是有些棘手的。像不少現代西方文學作品，其實都在回應著一戰和二戰的時代背景。」

這也造就了神話「文史哲」兼備的面貌：「為何『文史哲』時常拿出來一併說，就是因為三者基本是融會貫通的。於是我很想認真、很有系統的去了解，每一個時代，中西方到底有什麼特別之處。」研讀文學，遂成她接觸歷史的其一原因。

精彩的歷史系選書

說到這裡，我就越來越好奇了。自問自己，就是不得其門而入的讀者，我非常想知 Stephanie 是如何開始歷史閱讀的。究竟是從經典開始看、還是從盤古初開順序閱讀，抑或是怎樣的呢？

她回憶在那可謂轉捩點的2018年，揭開讀史序章的是「中國．歷史的長河」套書：「這一套當時我覺得寫得很好，勾起我想繼續去了解的興趣。」

接下來的閱讀軌跡，從書店的設置也能窺知一二，如入口旁邊的「歷史入門小角落」，就放滿了一些較宏觀的簡史：「後來想，如果我有一個很有系統的了解、或認識了大背景再看，好像會再清晰。所以我當時其實也會看一些簡明世界史之類的作品。看完後，我突然對羅馬歷史有興趣，就專門選擇看羅馬的。」

移步前往書店中心的歷史系書架，會發現書種的排列是經過精心安排，而且是很能呈現店主偏好的陳列方式：「如果很政治正確的人可能會說：你這種排列出來的史觀是以歐洲主義為中心來出發

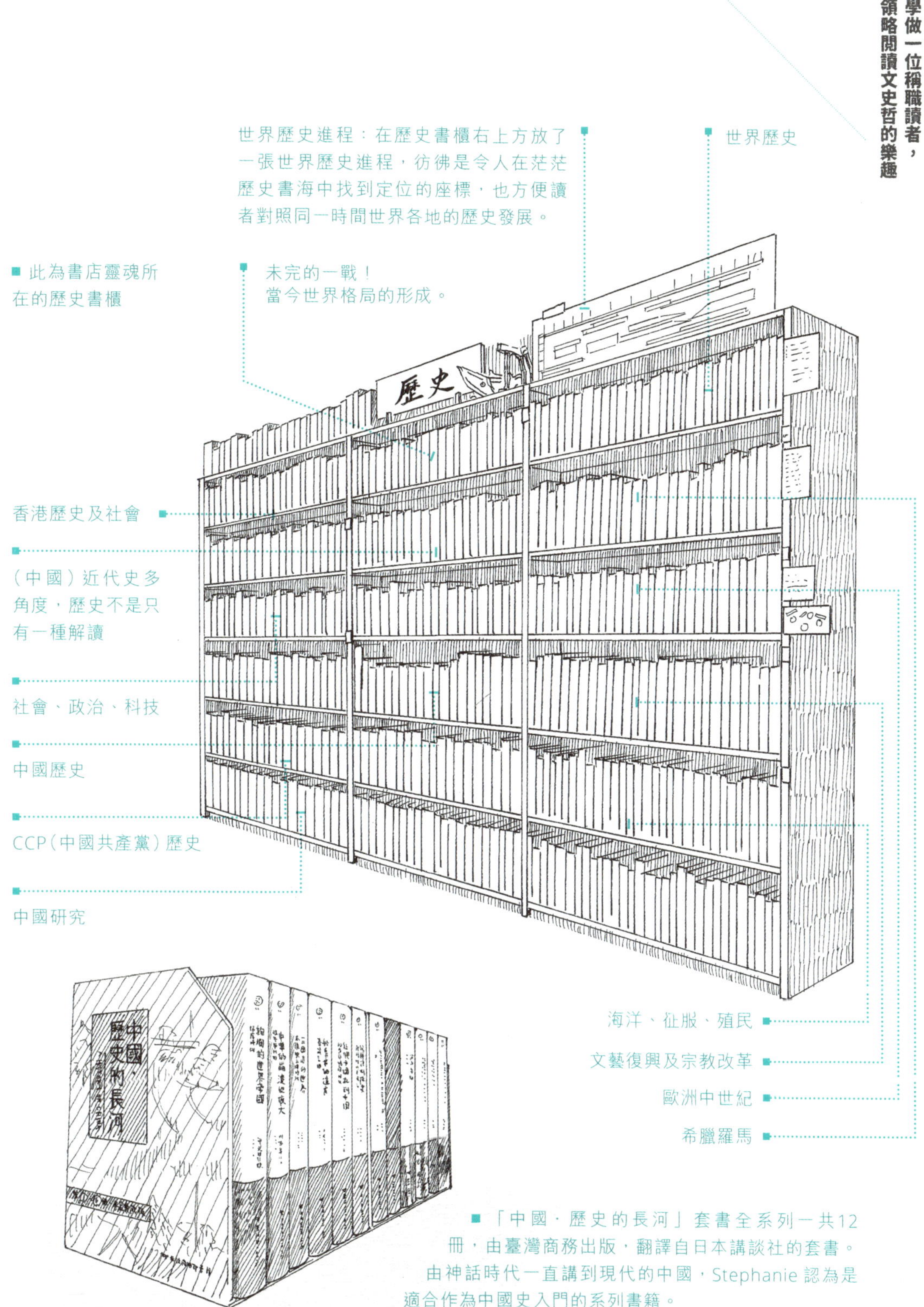

「中國．歷史的長河」套書全系列一共12冊，由臺灣商務出版，翻譯自日本講談社的套書。由神話時代一直講到現代的中國，Stephanie認為是適合作為中國史入門的系列書籍。

的！」她卻很率性的回應：「但無可否認我們現在的現代性、科技發展、全球化等等，起源是真的來自於歐洲發展嘛。」故此最靠近收銀處、在「世界歷史」之下，放在視線水平一列，就是她最初感興趣的歐洲文明起源——希臘羅馬時期。

「為何之後會變成周圍去殖民的歐洲呢？這其實從中世紀開始醞釀的。」於是下一排，就是一系列有關歐洲中世紀的選書，這也是 Stephanie 自己最喜歡研讀的時代。「在西羅馬帝國滅亡了之後，有很多不同的北方蠻族（例如日耳曼民族），佔領了羅馬帝國的領土……這進程很長，但總之就慢慢形成了現代歐洲的不同國家。」她試著簡介認識中世紀歷史的重要性：「我們現在看到的現代地圖的形成，其實也可從中世紀找到一個脈絡。然後你就會知道，為何現在有些國家之間的關係是如此，又是如何發展到現況。」

如仔細觀察這中世紀的書架，會發現店主挑選的史書很有趣，種類多元繁雜。除了正經八百的介紹中世紀歷史的史書外，有關乎皇權發展的，更有《黑魔法手帖》、《間諜、虐待狂與巫士：學校不教的歷史》、《如何成為屠龍英雄？魔法、修道士，神祕中世紀的歷史與傳說》等帶點獵奇味道的選書，呈現了 Stephanie 不介意大家用神祕主義一點、或較有趣的角度去認識這段歷史。當中亦不乏簡體書，對她而言，好的內容比其他事情重要，所以即使僅有簡體版，她也不願意錯過呈現她喜歡的作家——塩野七生的作品。

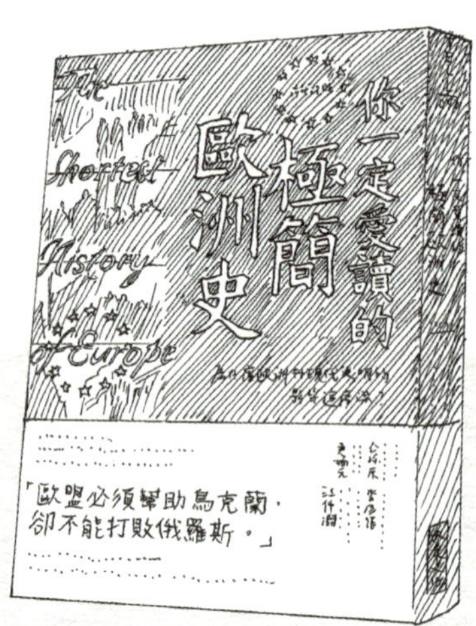

■ 如果不是 Stephanie 介紹，我肯定會錯過了這本《你一定愛讀的極簡歐洲史》。沒辦法，書名竟然斗膽叫「你一定愛讀的」，似乎有一種信心爆棚的論調，我平時不太吃這一套。但既然 Stephanie 推薦，我就試著去讀吧。沒想到它確實比想像中好看，就如 Stephanie 所說的：「說出了重點來。」

中世紀所佔的書架上，不乏一些較深的作品，充分呈現出店主的興趣所在：「像是十字軍東征的那段歷史，我很有興趣的！或者是威尼斯，能看出與其後西班牙發展的連貫性……但這些系列，如果不知道大概的歷史背景，就未必能進入當中的故事。」她試著舉例：「像《哈德良傳》，他是一個很有名的羅馬皇帝，但不諳歷史就未必知道為何我會將之展示出來。像《波希戰爭》或《盧比孔河》，初階讀者未必能馬上代入到。所以我覺得，這裡是比較進階版的一些選書。」

「而中世紀特別的地方，是它在後期有一個很大的轉變——就是宗教改革，這些都很奠定我們現在的世界觀。」於是在中世紀下一排，就特別為文藝復興和宗教改革作了分類，「我將兩者放在一起，因為這是一個走出中世紀——一個改變的年代。」而在書架最底層的分類，是為「海洋、征服、殖民」時代，也就是脫離中世紀走向近代、更接近世界現況的大航海時代階段。

這裡開始陳列了一些東南亞國家的歷史書籍——如《越南啟示錄》、《東南亞史》、《發現東亞》等。「我確實比較著重西方的歷史，因為它比較有系統一點。」她搖搖頭說：「沒有辦法，始終我們不是連鎖書店，書架就只有那麼多，我一定會很有選擇的去專注自己感興趣的範疇。」

在歷史書架的正中間，最為搶眼的上層分類，則是「未完的一戰！當今世界格局的形成」，顧名思義就是一戰及二戰史書，兩者並置當然是因為關係密切。

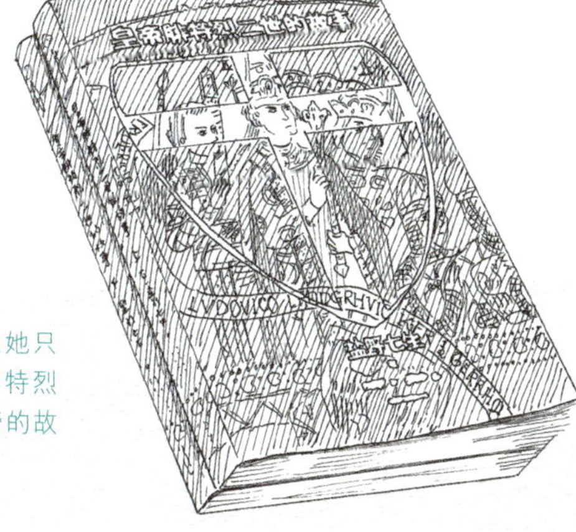

■ 塩野七生是 Stephanie 非常喜歡的歷史作家。但她只有部分作品被譯為繁體中文，如圖中這本《皇帝腓特烈二世的故事》，書寫的是神聖羅馬帝國其中一任皇帝的故事，但暫時只有中信出版集團的簡體版。

■《太平天國》是漢學巨擘史景遷的作品。他的作品有著小說般引人入勝的魅力，敘事精妙且環環相扣。若對中史有基礎知識、了解朝代中的細節，就能享受其中，明白作者所表達的意思。Stephanie 認為不算難讀。此書主要是爬梳太平天國創始人洪秀全本人的心靈世界，並分析如何由此慢慢演變成一場生靈塗炭的大災難。

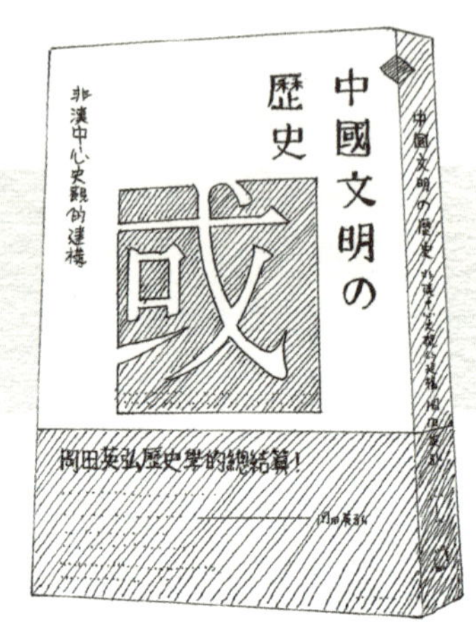

■ 這本由日本學者岡田英弘撰寫的《中國文明的歷史：非漢中心史觀的建構》，是 Stephanie 推介的中國史入門書，通過講述各個族群的流動，來解釋中國文明的演變，讀來可能會顛覆我們對中國歷史、中國人身分的認知。

而再下一層就是「近代史多角度，歷史不是只有一種解讀」，以近代中國史作為中心，呼應現今讀者內心的困惑：「我們可能會對中國近代史某些部分一知半解。因官方有一套很大的說法，但是不是只有那套說法呢？那套說法，某程度是不斷在宣傳某一種主義……但我覺得歷史不只那一部分，所以會想從不同角度去了解從清末到國共內戰的那段歷史。」

接下來的層數都是放滿中國歷史著作，迥異朝代與角度都被囊括其中，其一是因為中史著作數量本來就不少：「中國史在店內的比例其實頗高。因為它確實是一個有寫史習慣的國家。像印度歷史很悠久，但她不像中國那樣，很有系統的每一個朝代都記錄下來。不像中史般有這樣多能研究的資料。」而其二原因，則為中史與我們己身關係緊湊：「讀中史確能助我們鑑古知今。我覺得是很值得去學習的——為何中國會變成這樣的國家呢？無論我們是愛她、還是恨她，都會想要了解她。」

只是中國史的著作繁多，不同系列都有著其特色，我很好奇 Stephanie 如何選書：「通常都是視乎那期出版界出了什麼書吧。我自己的偏好是，入外國學者書寫的中國史書籍。」她拿起了一本史景遷的作品：「像這些大師級的，我以前看過，覺得他寫得很好，就會多進他的書。」但她亦強調廣西師範大學出版社「大學問」系列的某些歷史類書籍不容錯過，有機會可以一讀。

讀歷史的要竅：興趣先行

只是 Stephanie 這樣子介紹過後，笨拙的我還是覺得有點茫然、無從入手。究竟應該是從哪裡開始讀呢？她遂非常自然的問我：「你對哪段歷史感興趣呢？」

我有點驚訝，原來是從喜好開始入手的嗎？她彷似理所當然的點點頭說：「對啊！如果歷史和你自己本身沒任何關係的話，是很難進入的。我覺得要有一個理由——你有興趣的話，當然會覺得那件事和你有關。」

回想我自己半途而廢的經驗，像是雄心勃勃的買來了一套由八旗文化出版的、21冊的「興亡的世界史」，但是由第一本《人類文明的黎明與黃昏》開始讀，讀到半途開始放空，之後的冊數又不敢

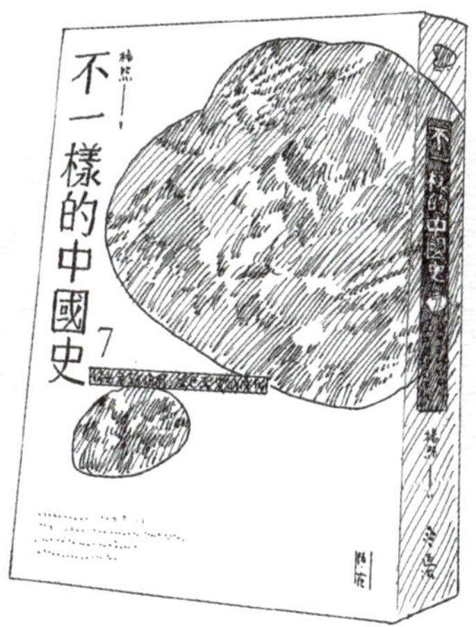

■《不一樣的中國史》由楊照所寫，一共13冊，是 Stephanie 非常推介的系列套書，認為即使無任何歷史基礎的讀者也能有所收穫，是「超正」的作品：「如果你是一個歷史白痴的話，又不想那麼多數據的話，它是用一個很好的方法，將那個朝代的特質精簡地說出來，又連結到中國的發展為何會到了今時今日的模樣。」

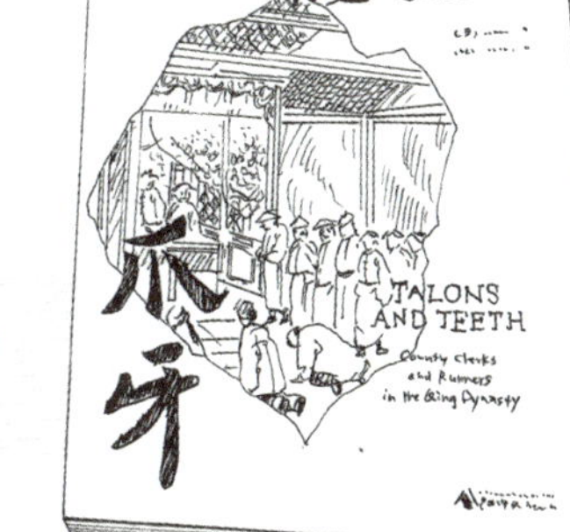

■這本《爪牙：清代縣衙的書吏與差役》由美國學者白德瑞撰寫，是廣西師範大學出版社「大學問」系列的其中一本。

■ Stephanie 認為這套由八旗文化出版，翻譯自日本講談社的《興亡的世界史》系列是很不錯的世界史書籍。只是應該由感興趣的朝代看起，不用像我那樣死板的由第一卷開始讀，像 Stephanie 所說：「沒有這個必要！」

■ Stephanie 認為讀過哈拉瑞的《人類大歷史》，就未必要再讀《興亡的世界史》第一卷《人類文明的黎明與黃昏》。深入淺出的《人類大歷史》，是我也覺得非常好看而且有得著的作品。

跨時空閱讀，變了往後的二十冊都塞在抽屜底⋯⋯聽到我這樣說，Stephanie 回應道：「你不要按順序看啊！因為人類文明初期就是極度荒蕪嘛。你當然是先看文化興盛的那些時期吧，像大英帝國、歐洲霸權那些，一定故事性強很多的，是不是？」

我一直以為順時序讀歷史，才能確保弄清楚所有演變的來龍去脈，但認為興趣最重要的 Stephanie，卻不同意這種做法：「其實我們以前上課讀歷史，為何這麼快就失去興趣了呢，就是因為它按時序來教嘛。」她重申：「我覺得要從你感興趣的朝代開始。你可能很簡單的，先從唐朝、宋朝——這些古裝片常取材的時代看起，也無所謂的。」這些朝代比較有戲劇性，讀起來較精彩，有助人培養起讀史的興趣。故此，雖然神話為了方便讀者閱覽，而按時序陳列書籍，但其實並不代表它鼓勵要從最初的歷史讀起。

「當看到某個階段，就會想追本溯源到，中國文化為何發展到後來的模樣。其實早在周代就奠下基礎。當你知道它後來

■ 除了馮客、霍布斯邦，另外一個比較難讀的作者要數劉仲敬（阿姨），其作品包括民族發明學講稿系列的《叛逆的巴爾幹》、《歐洲的感性邊疆》、《中東的裂痕》。「他會突然拋一些與歷史事件有關的詞彙，來對照及形容別的歷史。如不知道發生了什麼事，就會不明白他的說法。他的書充滿著這些手法，所以其作品是難讀的……他不是讀歷史出身，本來是做法醫的，後來自學歷史，因此他的眼光和史觀都很特別，會令你覺得：其實歷史都是一個說法，每個人取材不同，又會有不同的史觀。」因為較難讀，所以推薦給有一定歷史基礎的讀者。

發展到那麼誇張的時候，就會想追回它的源頭——那時候才去看回最初的朝代，就覺得很好看。」從興趣入手，就會對先前或其後的時代產生好奇，那時再補完認知歷史全貌的漏洞也不遲。總而言之，Stephanie 認為按興趣去讀非常重要：「當知識不是由別人告訴你，而是你自發去看，那樣閱讀的得著會更大。」

循序漸進，不宜越級挑戰！

興趣先行以外，還有什麼要注意的呢？我又不知廉恥的向 Stephanie 提及自己碰釘的經驗。自覺對近代世界及中國史頗感興趣，所以曾去翻霍布斯邦的《年代四部曲》，還有馮客的三部曲，兩趟都是讀到首本的一半就腦袋打結，最後又以觸礁告終……如此說起不免臉紅耳赤，又想找洞把自己埋進去了。

「哇，那都是先看一些簡單的，先有一些歷史認知才去讀吧！如果有足夠的歷史背景，其實沒有你想像中那樣恐怖的。」她一副沒有我辦法的樣子道：「像霍布斯邦，他已是非常出名，現在已是神臺級，那他寫的東西一定是高深的啊！不是說一定看不明白，但它當中肯定有很多概念、又會作很多分析，但不會從頭解釋給你聽。」她的話恍如當頭棒喝：「像是帝國的概念——你連帝國的概念都未完全掌握的時候，你怎樣去理解他說的話呢？」Stephanie 的快人快語，令我的心彷彿中箭了！但又覺得她所言甚是、無從反駁，我開始嫌那個洞口不較深了。

「所以都是不要跳級。很多人都是馬上看一本很難的書，然後就打沉了閱讀的興趣。我很怕這樣。」Stephanie 說話

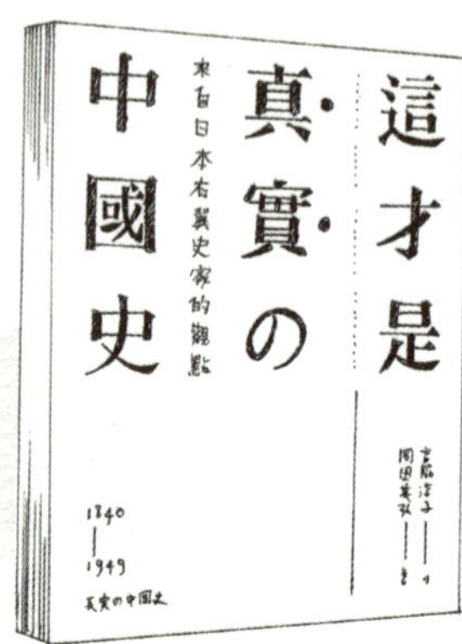

■ 這本《這才是真實的中國史：來自日本右翼史家的觀點》由日本學者宮脇淳子與岡田英弘所作，是 Stephanie 初接觸歷史時的入門作品。

雖然直接，但聽得出她的話語裡有著不忍見到我崩潰的慈悲：「所以我不會一開始就介紹經典。不用！簡單就行了！」她以近代中國史為例：「我當時第一本是看這本的：《這才是真實的中國史》。它推翻了我以前對歷史的一些認知。」我從洞口冒出頭來，瞧見書本不厚，僅三百多頁，確實比霍布斯邦和馮客都親切多了。

她安慰我道：「馮客的作品，我也有客人說看得很辛苦。」聽到她這樣說，我實在很感動：原來自己不是孤單一人的。不是只有我覺得辛苦、不只得我特別愚昧笨拙！「如果你想了解中國，從馮客開始就實在太過激動了。不如輕鬆一點入口吧。」她建議我從文學入手：「或者看回那個年代的中國作家，他們的文學作品，反而沒那麼辛苦。像文革，當他們會用藝術的修飾、用人間百態表達那時的真實，反而會很暴露直接的寫出那時的事件。如此你理解文革就不純粹是一些歷史數據，而是有人的感受在裡面——這樣你會容易吸收一點。」

她的話裡藏著絲絲溫柔：「我覺得，就是不要給自己太大壓力。別人總說歷史很難——但你又不是考試，又沒有人叫你記住時間、人物、地點，我說不用記的！」我回想起以前的挫敗，現在彷彿從 Stephanie 的話語中找到了救贖：「當你有興趣看的時候，看得七七八八時，其實你不用刻意記，你都記得住。」

「其實我經常形容，讀書就像打機過關那樣。有些東西，如果你的知識未足夠理解，那一刻是真的未必看得明白的。但是慢慢來，總會有進程。」想來想去，覺得打機這個比喻又確實是很貼切。像《勇者鬥惡龍》般，如果暫時打不過那大魔王，那就再操練一番再來挑戰吧！反正那本書又不會逃的，而且只要願意累積經驗，就只會進步、不會退步，總有成功挑戰的一天。

Stephanie 又提出了讀書的祕技：「如果你對一個題目感興趣，就有系統的讀一輪吧，譬如讀幾本，你才可以形成那知識系統。如果你想建立閱讀習慣，或對議題有深入認知，有系統的閱讀會比較入腦。」她滿有氣勢的和我說：「所以如果那一期，你特別對某題目感興趣的話，不要甩掉它，而是狂攻它！」這樣想，既有方向又有祕技，我對歷史的熱血又好像恢復過來了！

閱讀哲學教人清醒、靈活

「是不是很鼓舞呢？只要有心的話，是人人都可以的。」她說的時候，笑容非常的燦爛。作為普通讀者的她，能夠有如此豐厚的閱讀量，確實令我信心倍增。

見 Stephanie 的歷史知識如此豐富，我有問她，可有考慮嘗試向這方向進修，或者做研究呢？但只要回顧她的經歷，就知自己問了一個愚蠢的問題。她皺皺眉回答說：「我經常害怕進入學校讀書，會令我原本喜歡的東西，不再那麼喜歡。因為我小時候就是如此。」她想了一想：「我認為是學校的制度，令人不喜歡原本感興趣的事。」

2018年至今，她確實經歷了很大的轉變，從辭職離開公司這個體制，到回復為一個自由身的讀者：「尤其是來到這年紀，你越來越看通這個社會的系統、體制……先別說政府，單是學校、醫院、公司，全部都是一些系統（system）。」她再嘗試補充得更清晰一點：「我不是說 system 不好，但 system 可以很『死』，會傷害思考的靈活度。」

我覺得自己明白 Stephanie 所說的。如果 system 是死板、是在為人腦套上桎梏的話，相反閱讀卻是在打磨著人思考的靈活度。世界上存在著各種各樣的書，它們有不同角度、主題、說法，只要願意花時間閱讀迥異的文本，思考的維度只會越來越壯闊又仔細，亦更能察覺從前不曾意識盲點或觀點，甚至能用語言表達出來。

「以前不開心，其實是很多方向不清晰，或者自己在做一些你不喜歡的事情。」Stephanie 嘗試從自身經歷舉例：「我假設吧，以前可能會覺得純粹是自己性格有問題。我會怪自己，為何其他同事都沒有問題，為什麼我卻有那麼多的投訴、對公司制度有這麼多不滿？我已不斷問自己——但其實某程度上，我的不開心，是源自於我對很多事情的認知都很模糊。我感覺到有問題，但我當時不能很清晰地說出，那問題背後是什麼。」

直到後來她開始閱讀，讀上大量社會科學類書籍，她才發現問題的真貌：「其實很多『自古以來』的東西，或者我們覺得是 default 的事態——例如人一定要上學、老師講的東西就是真理、出來社會一定要工作、工作又當然要結婚生子——以前我純粹是知道自己不喜歡這些定規。但整個社會的氣氛，卻告訴你要這樣做……」

「到我閱讀時就發現，其實這些東西不是必然的。其實某程度上是一個國家機器、或社會組織、或稱之為『建制』的東西，把系統架設於你身上，要你跟從這條規則去玩。而來到現代，這些規矩就變得更加綿密了，甚至自己也將之內化了。」她以法律為例，從前只知要守法，但從不會思考法律從何而來，又是如何操作：「以前不會思考這些東西，所以很多事情會覺得不對勁，但又解釋不了為何不對勁。」

「但到閱讀時，我就發現，原來不對勁的地方是在某一個地方。我的迷霧就越來越散開，看事情越來越通透。閱讀幫助我更清晰的思考事情。」無論是思維還是生活，她都越來越靈活，她稱之為「覺醒」：「我就不會覺得不開心。因為我可以很安然去做想做的選擇，或者做一些超脫世俗的事——我可以做我想做的事，不一定要框限自己要做什麼、不做什麼……這些都是書本帶給我的。」

她謙稱自己停留在哲學的入門，但很想強調哲學的重要：「哲學的好處是，幫助到人獨立思考。今時今日，獨立思考是一件很重要的事情。」確實，每天的資訊排山倒海充斥著我們的生活，每一處都有貌似真確的數據、電視上又出現不同大名鼎鼎的專家。眾說紛紜之際，Stephanie 傾向相信自己的判斷：「做人，最好是聽到任何事情，都帶著自己思考去批判，不要別人說什麼就相信什麼。因為每天都有人在操控你的所思所想，甚至是操控你衣食住行各方面，每一處都有一些意識形態架設在上。」

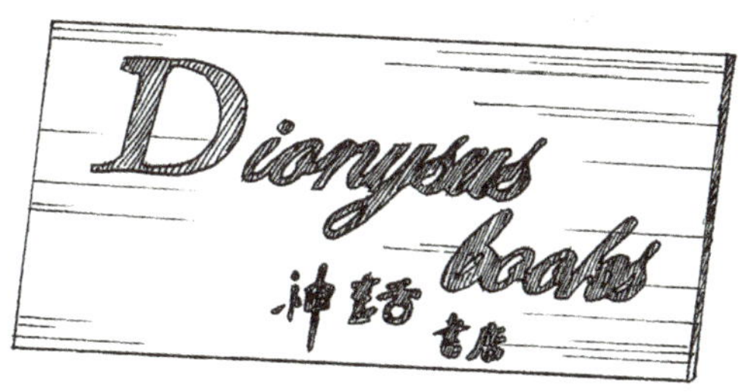

■ 神話書店的英文名字就是來自希臘神話的酒神「Dionysus」。酒神如此吸引店主的原因是他亦正亦邪的多面向魅力。Stephanie 曾在 IG 提及店名由來：「在他（酒神）的影響下，人的勇氣倍增恐懼消散。他鼓舞他的追隨者，他讓他們覺得自己可以成就本來不可能做到的事。當然所有歡樂，自由與自信，在酒醒或酒醉的那一刻都會消失。不過，只要所有這些感覺存在，他們就會覺得有某種比自己更大的力量推動著……帶來如此強烈衝擊的神亦是靈感的賜予者：惟有通過擺脱現實，沉醉於藝術與書本中方可投入酒神的狂亂境界。」

雖然看清楚的另一方面，可能也會令人更難以樂觀：「雖然思考更清晰時，你會發現事物是比你想像中更加破爛的。但是就像魯迅的鐵屋理論吧？我會寧願想做清醒的那一個。」

書店之所以名為神話，其一原因就是，當世俗各種定規彷彿神聖不可侵犯如神話，Stephanie 卻希望藉清晰思維「破除神話」：「不要讓現世那麼多系統性的東西，僵化了我們。」其二則是藉普及歷史閱讀，打破歷史神話：「我想打開視角，不想只有三皇五帝、中華民族的神話。」其三是提倡一種回歸自然的態度。當人們以為神話時代是「未啟蒙的愚昧」時代，批判科技的她卻認為那可能是人與大地、與自然關係最密切，人的感應力最為敏鋭之時。故書店當中也有設置神話及「身心靈」的分類，鼓勵大家試著從嶄新、靈活的角度去思考人生。

重新享受翻開歷史書的樂趣

聊著聊著，夜幕已低垂，差不多已來到關店時分。與 Stephanie 道別之後，我抱著剛在店裡買下的歷史書離開。

走在回家的路上，心裡面正雀躍，猶如有一百隻小鹿在心裡面亂撞，或許今次真的可以試著完完整整、真真正正的去了解一下歐洲和世界歷史吧！

只是之前被歷史書所挫敗的心魔，還是在我內心留下了陰影，彷彿在我耳邊説著：「你今次應該還是讀不完的了，其實歷史哪裡會簡單呢？以為極簡史就真的很簡單，不會太天真嗎？而且，為什麼要勉強自己去挑戰一些你覺得自己讀不懂的東西呢？讀的時候不會覺得很痛苦嗎？」

被心魔這樣一説，我又有點沮喪。但是馬上又想起 Stephanie 的説話：「不用那麼大壓力的。」她總是笑得很燦爛：「即使是看一些比較難的歷史書，其實中途都會覺得快樂啊。」

然後我開始意識到：自己與 Stephanie 讀書動機上的分別。為何一直無法深入作品，也許因為我讀書的動機本質上不夠純粹嗎？回想踏足神話之前，我決心再嘗試認真讀文史哲，是為了讓自己取得某些資格（如訪問文史哲書店的資格）、讓自己獲得某些能力（讀懂文史哲作品的基礎）；但 Stephanie 卻不是——從她真誠的笑容中，我感受到她有著一份純粹。

「看書是一件充滿樂趣，很開心的事來的嘛！」她這句話令我印象深刻。她指現在各式各樣的娛樂，無論是看社交媒體、還是 Youtube 上的影片，都無時無刻刺激我們釋放多巴胺，令我們很快就感受到愉悦：「但讀書不是這樣的。閱讀、吸收知識，那獲得愉悦的過程其實慢很多，而且會有精神上的損耗……」她頓了一頓，卻用非常堅定的語氣說道：「然而，那愉悦卻也持續很久。」

回到家以後，我看著那些買回來的歷史書，發現自己今次造訪神話的得著，比想像中大得多。除了能夠認識這間書店更多、找到進入文史哲作品的要訣，也許更重要的是：我要從 Stephanie 身上學習，領略那份閱讀文史哲作品，來得可能較慢、但卻持續存在的純粹樂趣。比起要從閱讀中獲得什麼結果，可能享受樂趣本身，才是能夠進深的關鍵吧！就像從前為何能把《人類大歷史》、《暴政史》等讀完，原因無他，也是純因樂趣而已。

就這樣，我在訪問神話當晚，又再重新翻開了一本歷史書。

今次我下定決心要努力克服心魔，請祝願我成功吧！

| 2023 年 10 月 |

ROOM 23

|室內 / 空間設計|專業評介|

- 西貢大街是本地旅遊者常到訪的地方，假期期間，熙來攘往。神話書店正正位於西貢大街，店面是整副**落地玻璃**，書主因而考慮到私隱度的問題。

- **私隱度**是建築設計上常常會考慮的因素。為了隔絕大街上行人帶來的影響，店主用半透光窗簾遮掩唯一一扇進出店內的落地玻璃門，為讀者提供一個易於專注當下的閱讀環境。雖然這安排會令訪客有一種「拒人於門外」的感覺，但店主重視的是閱讀空間的隱私度。「熟客仔」都知道可憑店內燈光，以辨別店鋪是否營業。

- 書店面積不大，所以店長盡量維持**店內通道最低限度的闊度**，以擺放更多書籍。神話書店麻雀雖小，五臟俱全，傳統書店該有的，他們也有。有用以展示書籍封面的豬肉檯，雜誌刊物區，趁有空間便會把售賣精品的 **pocket space** 鑲嵌於書櫃中。此外，店內還能撥出可舉辦活動的**偏廳空間**。在如此細小的面積展現出如此多功能的區域，除了有賴店主極強大的收納和規劃能力外，還有著一些室內設計的安排手法。

- 按傳統的室內設計，為了區分和滿足一個空間與旁邊另一個空間的不同功能和需求，最簡單直接的方法便是**用牆壁去區間**開來。但香港地方寸金尺土，樹立一面牆也是奢侈的，而且在細小空間樹立牆壁，容易產生侷促的感覺，不利於使用者的體會。如此一來，便要用其他更聰明的手法去「定義」不同功能的空間。

- 書店中最常見而又具備牆壁特性的物件，便是**高身書櫃**。神話書店便巧妙地使用了書櫃區分不同功能的地方，一物多用。除了書櫃，還可用**植物、盆栽、地面梯級**，甚至**不同顏色的物料**等去「定義」不同體驗的空間，這些模糊定義空間的手法特別適合去劃分一些性質相似，但又不需給予一條實體或明顯界線的空間，好讓空間看上去大一點，不至於把空間切得零零碎碎。

透過這邊緣書店，看見那邊緣城市？

边度有書・有音樂

櫥窗：這裡有一個對外展示的櫥窗，店員每隔一陣子或按活動需要，就會轉換佈置，陳列新書。

雜誌架：此處陳列了各種來自港、台的文學雜誌，包括《聯合文學》、《印刻文學生活誌》、《字花》、《聲韻詩刊》等等。雜誌架後的小木板上，則放有澳門的本地雜誌《劇場閱讀》，還有已停刊的《牛雜》過往期數。

「論盡媒體」的報紙：這裡陳列了澳門獨立新聞媒體「論盡媒體」出版的不同期數報章。若想以捐款形式支持「論盡媒體」，可以把錢直接放進報紙上的錢箱，書店會不收分毫轉交「論盡媒體」。

印章：歡迎客人買書後蓋章留念！

G/F

揮春：門口貼了兩張春聯，上面寫著「以讀攻讀」、「金屋藏書」，為澳門詩人和書法藝術家邢悅的提筆。

黑膠唱片

音樂類：當中有日文書、簡體書、台灣書，甚至也有漫畫，總之想找有關音樂的書，在這裡找就對了。

來自不同地方的音樂 CD：雖然比起2016年前、議事亭前地時的边度有書，這裡售賣音樂相關商品的地方明顯縮小了，但現在被陳列出來的，都是店長精選的音樂。「我很想強調音樂在這家店的角色，它和閱讀一樣重要。」如想試聽 CD，可以告訴店員喔！

澳門攝影師李銳奮的作品：李銳奮生於北京，十歲時移居澳門，大學時期於廣州讀新聞系，回澳後曾任報章記者，後來因愛上法國新浪潮電影，前往法國留學修讀電影及攝影。留法後回澳於理工學院開始攝影教學，為澳門著名的藝術文化教育與推動者，於2022年逝世。店內擺放的畫作和相片都是澳門藝術家的作品，這是由於 Anson 對這書店空間有著想像：「我本來希望這裡可成為一個小型藝術博物館——是有這樣的概念，有一些澳門作品能在書店的不同角落呈現。」

畫集、漫畫和繪本類：越近門口，題材就越趨兒童向；相反，越近收銀處的作品，就較適合成人閱讀。

澳門攝影師歐陽永鋒的作品：「他現在是電影導演了，這是他以前的一幅攝影作品，很具挑釁性。」Anson 補充道。

音響播放器：店員會按興趣和需要更換店內音樂，例如若有客人對某類音樂領域感興趣，就會投其所好播放相關音樂。實習當天，店員播放的是演奏民族音樂的澳門獨立樂隊ASURA的歌曲。凡有興趣試聽CD的客人，只要告訴店員，就會將其心水CD放進這播放器，能在購買前試聽一下。這裡同時也是貓店長喜歡午睡的角落之一。

澳門攝影師TKH（鄧國豪）的作品：這位藝術家擅長記錄城市景觀，作品充滿視覺衝擊。這幅作品乃台灣街頭的一條柱，因為附近的光令柱身變成奇異的粉紅色。Anson很喜歡，遂請TKH送他一張，認為放在收銀處的柱位非常合適。

豬肉檯：

❶ **澳門主題：**這裡主要陳列非文學類、以澳門為主題書寫的作品。包括港、台出版的書，亦有澳門本地出版的書刊。有大型出版社的出版物，也有難得的獨立出版。

❷ **華文文學：**集合了中、港、澳、台的文學作品。「這裡的文學書櫃，可能是我個人缺失的一種補救，我自己對文學缺乏完整的認識，所以開書店後，我很想強化文學這範疇，整個文學類要達到我心目中的樣子。」聽到店主Anson這樣說，足見其對文學的重視。

❸ **亞洲翻譯文學：**除了較常見的日、韓翻譯作品，還有來自馬來西亞及泰國等東南亞地區的文學作品。

❹ **電影類**

❺ **社會科學類**

❻ **心靈類**

❼ **社會政治類**

❽ **自然類**

收銀處：也是貓店長阿花休息的地方，她喜歡在收銀處和店員身上之間爬來爬去。

小誌展示架：這裡陳列了來自不同地方的zine，當中以澳門本地的zine尤為珍貴，包括由澳門設計師MutQ製作的，介紹澳門五個百年古蹟的《WORLD HERITAGE ZINE》。

雜誌架：這裡陳列了來自大陸、台灣和日本的各種文化雜誌，包括《te》、《O2》及《Nippon所藏》等。

紙箱：貓店長喜歡休息的地方之一。

雜誌架：這裡放了多期香港雜誌《無形》。在《無形》之間，夾了一枝逗貓棒。

TO 1/F

餵糧處：貓店長吃東西的地方，牠會待在這裡開餐。為店長餵糧和營養品，是店員不能忘記的重要職責。

座位：相較於2016年前、位於議事亭前地的边度有書，現在的座位可說是大大減少，樓下的書店空間幾乎只有一張椅子。「我們收到很多人的意見，認為以前那面貌很chill——梳化很吸引人，另外還有兩張櫈。像一個客廳書房，有種私密的感覺。」Anson解釋說：「我知很多人喜歡，但我自己就不想再重複，想這裡成為一個正規做零售的地方。」

澳門電影《海鷗來過的房間》海報

⑲ 大型藝術書籍

⑳《Nocturnal》迷你延伸書展：進行記錄當時，澳門攝影師黃霐雯（Rusty Fox）正出版其相集《Nocturnal》。相集展示了一系列與人肢體相類似的樹木照片。由於边度有書非常重視這書，除了在此陳列攝影集，更為其特設迷你延伸書展，放置了小盆栽和一系列與樹木相關的書籍，予客人生氣勃勃之感。

⑱ 攝影集：在這小架上陳列的攝影集，封面能好好的被呈現。這櫃與澳門攝影團體方言社合作選書，方言社會引入出版社 brownie publishing、來自香港的攝影集作寄售，而其他地方的攝影集，則由 Anson 負責選書。

⑨ 澳門出版的詩集

⑩ 書店有關類

⑪ 建築類

⑫ 文學創作相關類

⑬ 藝術類

⑭ 港、台出版的詩集

⑮ 飲食及烹飪類

⑯ 史地及旅行類

⑰ 香港文學作品

G/F

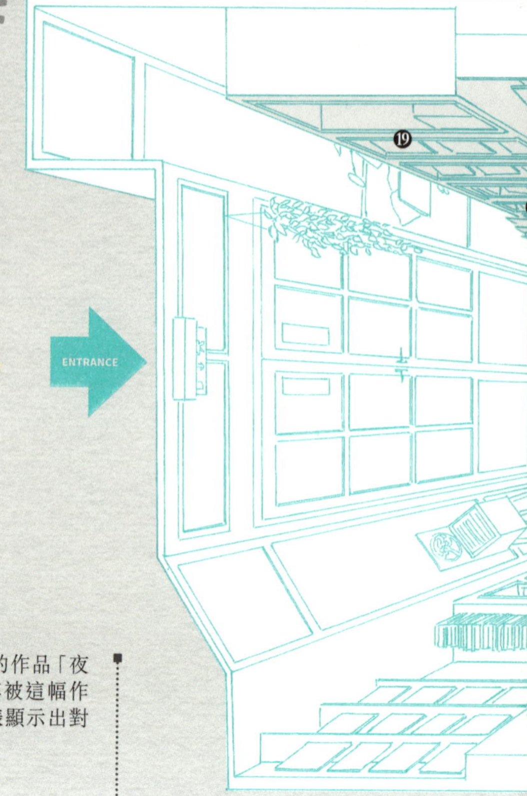

澳門攝影師 Rusty Fox 的作品：Anson 非常喜歡 Rusty Fox 這一輯以樹為對象的作品「夜遊」，認為當中有一股神祕暗黑的大自然力量，讓人恐懼又嚮往。當中尤其被這幅作品所震撼，並得 Rusty Fox 爽快答應送出，Anson 遂有機會收藏。正式的裝裱顯示出對這作品的重視。這一輯作品被收錄於其攝影集《Nocturnal》中。

1/F

Chaise Tout Bois：這張全木製椅子是法國建築師及設計師 Jean Prouve 的作品。這張是由瑞士品牌 Vitra 復刻的 2020 橡木特別版。

丹麥產扶手椅：這張橡木扶手椅由丹麥設計師 Ejner Larsen 和 Aksel Bender Madsen 共同設計，由 Fritz Hansen 於六十年代生產，是為古董。「既然裝修和設計費用都要花不少錢，我不如買一些感到值得的單品吧。裝修帶不走，但家具和音響這些東西，即使未來要離開，我都能帶走。」Anson 如此說。

台階：可作為音樂或戲劇演出的小舞台。

JBL4343：這套於 1976 年由美國牌子 JBL 生產的音響也是中古品。「他們當時是特地出這樣大尺寸的喇叭，希望能夠適用於相對大的空間。」Anson 如此介紹。

投映布幕：活動要作放映或投映時適用。

丹麥產扶手椅：這張古董扶手椅同樣來自六十年代的丹麥，由 Illum Wikkelsø 設計、Niels Eilersen 生產。「我想這裡是 vintage 一點、比較舒服的地方。我不想太熱鬧，想有令人能專心、沉浸其中的感覺。舊的東西會有一種溫暖的感覺，所以我傾向找舊的東西。」

蝴蝶櫈：這張於 1956 年設計的蝴蝶櫈，是日本設計師柳宗理的作品，由天童木工的匠人製造，也是中古品。

二樓空間：這層之前的租戶是劇團，後來搬走了。考慮到書店是前往這層的必經之路，如由業主自行找租戶，若這層較多人進出，會對書店經營不利；加上 Anson 一直都希望有一個較舒服的空間能進行活動，故在2022年也一併租了二樓這層。「現在暫時是做活動，如新書發佈會等一些靜態的活動。但問題是做活動和展覽賺不到錢，完全難以覆蓋那租金。」他有點傷腦筋的說：「下年（2024年）就真的要做一個抉擇，正式去營運這地方。」這裡能輕鬆坐上三十人，最多甚至能容納多達五十人。空間後方設有布簾，一拉上就能隔音、隔空調。

边度有書・有音樂

實習月份		2023年6月
空間記錄月份		2023年6月
訪問月份		2023年6月、2023年11月
書店簡介	地址	澳門連勝街47號地下及一樓
	開業月份	2003年10月
	搬遷月份	2017年6月
	店長	吳子嬰（Anson）

吳子嬰（Anson）

如以兩岸四地來說，澳門是完全邊緣的邊緣。……因為我們是邊緣，所以會很關心兩岸三地的事、中心地區的事，甚至比中心地區的人更加留意。

在澳門開書店的原因

很多人都會覺得在澳門開書店，整件事是很難做的。我會很老土的説：因為這裡是我出生的地方，完全是感情的成分，直至現在都是如此。

呎數	800呎（兩層總面積）
藏書量	1500 ～ 2000本
書種	文學、社會科學、zines、藝術、攝影、音樂、設計、電影、心靈、飲食烹飪、旅行、地理
好賣的書	關於澳門及香港社會的書
盡量少入的書種	輕小說、大眾化類型的書
特色	# 超級宏觀寬廣的選書視野 # 極快的上架速度 # 傳遞澳門的獨特聲音
個人感覺	走進边度有書．有音樂，會有一種又熟悉又陌生的感覺。熟悉是因為看見一些港、台版書，但陌生的感覺來自澳門的獨立出版、冷門及外文選書。就會有一種：覺得自己什麼都不懂的感覺！然而反過來説，亦代表有很多未被接觸的知識等待著自己去發掘呢。我認為這間書店適合希望認識澳門、發掘未知事物的讀者。如果喜歡聽音樂的話，它更是你不容錯過的選擇。

■ 边度有書 · 有音樂的入口

■ 边度有書．有音樂的店主 Anson。在 2003年開業時，本來還有另外三人一同經營此書店。惟慢慢變成只有他一人負責經營。

「嗯，我覺得香港人不認識澳門是很正常的。」边度有書．有音樂店主 Anson 這樣說。他說的時候神情很平靜，但又有點落寞：「除了娛樂的事情，澳門沒有足夠的吸引力，可以令別人想知道她更加多。」

作為香港人，這番話聽得我心情有點矛盾。一方面，我了解到 Anson 話裡有著幾分真實。至少我自己，就是之前未被澳門所吸引的人之一。

但另一方面，我又有種很想反駁他的衝動：「澳門明明是個很複雜、令人很好奇、會想去了解的地方啊！」自從因這次訪問而踏足澳門後，我對這個小城有很大的改觀。而令我認識、看見澳門的，其實就正正是這間澳門獨立書店边度有書．有音樂。

边度有書．有音樂（下稱边度），可謂位處於這邊緣城市的邊緣吧？但正因為它的邊緣，令它的存在意義更彌足珍貴。

未被看見的城市？

我上次來澳門是十年前了。那是威尼斯人開張後不久的年代。除了對那酒店內虛假的藍天、風格誇張的運河、城市奇形怪狀的天際線有少許印象，其餘我皆沒什麼記憶。自從澳門作為「賭城」的名號越來越響後，確實絕少想到要來澳門旅遊。這大概源於心裡的刻板印象和誤解，認為澳門只有賭場和酒店。

所以一聽到莊國棟（James）說澳門有書店，我不免感到有些訝異。而且這間边度，竟然有魔力啟發 James 在造訪過後，萌生開展「阿麥書房」的念頭，之後才可能有七份一書店計劃的後話。故此我一直很好奇，這間能影響他尤深的獨立書店，究竟是什麼模樣，為何能帶來這樣大的刺激？

我是抱著這樣的心情，去重新踏足澳門這座久違的城市的。但坦言，我本身並未受澳門所吸引，也對它的認識相當浮淺。這一來因為我的無知，二來也許我在為自己辯護，但確實澳門的資訊很少出現在我的社交媒體之中，在香港的書店亦較難找到有關澳門的書籍，令這地方甚少在我腦海中閃過。也許如李展鵬的《隱形澳門》所言：

> 「澳門地方很小，經濟地位不顯著，而且形象模糊，太少文化輸出，以致兩岸都常常看不到澳門。小小的澳門，在『中港台』的大概念中完全隱形，而『港澳』這概念指的又常是香港。儘管澳門在政經社會各方面都其實跟香港截然不同，但澳門卻在香港的巨大身影後面不被看見。外面的人都知道澳門，說得出澳門有很多賭場，有大三巴，有葡式蛋撻及葡國雞，曾經被葡萄牙殖民，但就僅此而已，很少有進一步的了解。」

正因為難以被看見，使澳門恍如隱形，總被視作邊緣般的存在。而同時，這種邊緣是多重意義的積累，《隱形澳門》如此說：

> 「澳門是一個邊緣之地：地理位置上，它處於中國沿海；歷史上，它代表民族恥辱；政治上，它曾是殖民地；文化上，澳門的中葡混雜文化有別於中華母體。到了今天，它又是個經濟結構特殊的賭城、政治地位特殊的特區。無論從什麼方面，澳門似乎總是跟正統、主流沾不上邊。」

因為邊緣，所以不容易被看見、不容易被正視。然而，那時我還未知道那邊緣的位置影響著其視野，令边度有著其獨特的魅力。

陌生又熟悉的風景

在前往边度實習前一天，我循著老派方法，從港澳碼頭搭乘噴射飛航前往外港

■《隱形澳門》由澳門作者李展鵬所著。閱讀此書，對我初步認識澳門有莫大幫助，可惜其實體書已絕版，較難在書店購得。連 Anson 也會說：「這本書對不熟悉澳門的人來說，是認識這廿幾年的澳門很好的入門，作者精選了一些很重要的事件放在書中。」

■ 边度於2017年，搬到民生區連勝街。本來只租了地下一層，直至去年開始也租第二層。第二層主要是用作活動場地。

碼頭。到埗澳門的一剎那，盡是混雜了熟悉又陌生的感覺，看著的全是繁體字，聽到的也是廣東話。然而景觀的截然不同，令我有點迷惑。

下船後往的士站去，惟見那排隊的人龍長得兜上好幾個彎。缺乏耐心的我硬著頭皮尋覓巴士站，走了不少冤枉路後，踏上巴士的一刻，雖鬆一口氣，然而從窗口眺望，古蹟、賭場和金鋪交錯的違和景致、在旅遊區恍如泛濫的人潮、因交通擠塞而異常緩慢的行車速度，令我充分感受到：這是一個旅遊和博彩業興盛，卻使居民生活質素似乎受影響的城市。

我開始有點好奇，書店在這樣的一個以「賭」為主調的城市裡，究竟是怎樣的存在？

下車後我徒步往酒店去。我慶幸自己選了一間靜靜的，位於海邊新街的酒店。隨便吃了點東西當晚餐，見附近有一間喝夜啡的精緻小店，售賣著令人垂涎的甜點，遂進店內選了一個不引人注意的角落坐下來。接下來，我絕不是刻意偷聽的，只是小店太小了，輕易聽得到店主和熟客們在熱熾討論不久前發生的香港立法會趣事，熟悉的議員名字從他們口中溜出，彷彿在閒話家常。於是，我心裡湧現了一種古怪的情感。那刻我才印證到，《隱形澳門》裡所言非虛：

■ 阿花從前是浪浪（流浪貓），在約2005-2006年成為了边度的店長，對Anson而言是家人一樣的存在。現已約十八、九歲，多年來深得歷屆店員的寵愛。最喜歡的位置是Hifi上面，興趣是爭取店員的注意。

「香港對澳門人生活的直接影響有時比葡萄牙更大。尤其是澳門本地的媒體產業落後，影響力弱，而香港媒體就成了澳門吸收資訊與尋找娛樂的重要來源。……食衣住行，無孔不入，多年如是。

更甚者，香港媒體告訴澳門人世界是怎樣的：要了解國際時事，我們要靠香港媒體的報導和分析……」

我的感覺很矛盾。這應當是一個陌生的城市，然而這裡的人卻異常熟悉香港——程度猶如他們親身住在香港一般。反過來説，身為香港人的我，怎麼會對澳門如此一無所知？

回到酒店後，我躺在床上看著天花板，思考港、澳之間的關係。我感受到自己有種因無知而生的羞恥。懷著這份複雜的心情，在異地沉沉地墮進夢鄉。

擁寬廣視野的 Select Shop

實習當天，天空正下著毛毛細雨。我從酒店退房，慢慢踱步到边度位處的連勝街。這裡是住宅區，和遊客區猶如兩個世界：走過錯落有致的樓梯，經過白鴿巢前地、聖安多尼堂，附近都是民生小店，一路上風景帶點歐陸風情，頗令人有種散步的興致，氛圍較遊客區明顯悠閒多了，令我心情放鬆了下來，並為能見識這賭城的另一面而感欣喜。

撐著傘來到店門口，不久就看到店員的身影，她看著我：「你是來實習的嗎？先進來吧！」開門後首先要應付的是貓咪阿花，她以曼妙的步姿走來討摸摸，店員安撫了她好一陣子，接下來就是開燈、開冷氣、點香、餵糧、換水、餵營養品、播音樂，如此边度就開始營業了。

那天店員教我如何使用店內的POS系統，除了付款，當中包括輸入商品資訊：例如填寫書名、成本和銷售價等等，當中還有一個選項，就是要選取商品所屬類別。

就這項目，我才發現边度的貨品種類之多，實在令我驚訝。例如有「台灣書」、

「台灣 CD」、「香港書」、「香港 CD」、「內地書」、「內地 CD」、「外文書」、「外國 CD」、「葡文書」等等……選項之多不能盡錄。從這一點，就知道它的貨源來自世界各地，是一間擁有宏觀視野，會觀察著多國出版及發行動向的獨立書店和唱片店。

我對澳門市場不熟悉，但如港澳文化間有著部分同質性，我會隱約覺得某些商品不易售出，例如是甚為小眾的外文攝影集。這令我非常好奇，為何這間小小的書店，會入貨入得如斯大膽？

來到下午，有送貨員把新書送來了，是來自台灣的整整三箱。店員叮囑我是時候要輸入商品資訊了。我們把箱逐一拆開，有補書是必然的，但怎麼……竟然有這本我想讀的《貓走過的近現代》？今天是6月17日，但記得這本書應該是在6月頭出版的吧。在香港採船運的話，最少要一個月才到貨，所以這本在香港的書店暫時還無法看見。怎麼在澳門，反而僅僅兩個星期就寄來了呢？

而且還不只一本。最奇怪的是這套《托米諾的地獄》。它應該是6月10日出版的吧，為什麼才一個星期，它就能從台灣寄來澳門呢？雖然我一邊扮作處變不驚，一邊逐一把資訊輸入到電腦裡，但我的心裡深深陷入了震驚。

咦咦咦！為什麼這間澳門的書店入書可以這樣快？這是不可能的吧？

■ 這本《貓走過的近現代》自然是我這個貓奴一直渴求想要購入的夢幻商品！這本書由早稻田大學教授真邊將之所寫，介紹從明治時代開始至今，貓的角色、貓與人的關係如何隨著人類歷史而變化。

快得非比尋常的澳門書店

「為何有些書可以這樣快，是因為有些書不惜代價。」在實習之後，為了解边度更多，遂邀請店主 Anson 接受訪問，

■《托米諾的地獄》是異色漫畫家丸尾末廣的作品。故事發生在二戰前夕的東京。一對雙胞胎姐弟出生後不久被生母遺棄，在鄉下給親戚扶養，卻在成長過程中遭受殘酷虐待，被賣到畸形怪胎秀。他們被重新取名為「托米諾」與「化丹」，與一群同病相憐的畸形人過著貧困但溫暖的生活。然而後來兩人遭到拆散，各自踏上地獄般的人生……只讀這書介都感覺毛骨悚然！

分享有關這間澳門獨立書店的故事。實習過後，在6月末的某天，我們步上了樓梯，在平時辦活動的上層坐下來。這二樓空間舒適又寬敞，燈光和復古傢俬營造出來的氣氛既溫暖又雅致，是很適合詳談的地方。在這安靜又隱密的空間，Anson透露了台版書能快速上架的祕密。

「就是用快遞。」他說的這句令我驚訝得下巴掉下來了：「那少賺很多。但我心目中的對手是博客來，所以不可以慢太多。」他堅定的說道：「如果要慳錢一定是海運，那樣每本書的毛利才是合理的，但現在已經是等不到了，等海運還要集貨，等得來要衝動消費的人都已經把書看完了。」眾所周知，快遞費用比船運來得昂貴得多，因此香港幾乎沒書店會採用這種運輸方式。我明白Anson想藉快遞為边度創造速度上的優勢，但是代價未免太高了吧！

然而，Anson的行動背後有著信念：「因為我要尊重我們的讀者，我會設定他們不是傻的，你們都知道有更快、更便宜的管道去找到你想要找的書，為何你們會選擇我呢？如果你們選擇我，我就不能把你當傻瓜。我依然要在我的能力範圍內，做到更加貼近網路書店可以提供的優厚條件。」那優厚條件，就包括速度。

不惜代價，是為了在激烈競爭下滿足讀者的需要，當中包括一種回報心理：「我沒有問他們（讀者）是什麼原因，為什麼要支持我呢？但我很感激那些人的支持，所以我想盡量越做越好。」

弱勢的澳門書店

Anson如此重視讀者，是因為他深明這種支持並非必然。確實，要在澳門營運

■ 澳門書店另一個弱勢之處，在於實體空間成本昂貴。澳門的租金並不比香港低。

一間獨立書店，挑戰太多，不容易得到支持：「要講在澳門經營書店的困難，真的可以很多困難。在兩岸四地來說，澳門做書店應該是難的。」在香港做書店已夠難，但在澳門竟然更難？似乎當中牽涉著多個我作為局外人難以想像的原因。

首先，是比澳門書店具優勢的競爭對手太多。Anson 從讀書人的角度說起：「我會很同情澳門喜歡閱讀、買書的人，因為他們長期處於一個弱勢，他們買書從以前到現在都很麻煩、很困難。如果他們閱讀需求大、追求多元化的書，其實澳門的書店滿足不了他們。」

「最簡單的方式是在香港買，那太近了，香港的選擇一下子多那麼多——為什麼要支持澳門書店呢？」澳門的書店不多，十隻指頭都夠數了。且獨立書店的面積皆不大，書量亦有限；若願意走遠一點過大海來香港，顧客能選的書是以倍數增長。而且若購買台灣書，在香港某些採折扣模式的樓上書店買，很多時都較在边度來得便宜。

「而且近年遇到最大的對手——博客來，它的出現真的滿足了很多對買書有要求的人。」我不知道 Anson 說的時候是什麼心情，但作為聆聽者，我聽著心情很苦澀：「選擇又多，網路書店一來就七九折……所以澳門的書店價格上沒競爭力，種類上也是沒有競爭力的。那你又有什麼理由去說服別人，請他們來澳門書店呢？其實是很弱勢的。」說到這裡，我開始明白 Anson 為何這樣珍惜支持边度的熟客了。

有限的閱讀風氣

第二難，在於這裡的閱讀風氣並不興旺。在以博彩業聞名的這城市中，與「輸」同音的「書」可謂是邊緣的存在。「澳門整體而言是缺乏閱讀風氣的。」

Anson 曾在台灣讀大學，他很清楚台灣的閱讀風氣即使每況愈下，但「破鞋都有三分釘」，每個城市都有書店存在，出版在台灣的文化史上有著其重要角色，亦有很多就業人口與出版相關，「在台灣有很多機構團體，無論是政府、非政府或是學校，都會透過很多不同的活動去培養閱讀風氣。但相對而言，澳門是很缺乏的。」曾在澳門讀中、小學的他，意識到澳門的學校即使有推廣閱讀，那力度都非常有限。不少人成長到高中、大學階段後，對閱讀的興趣反而越來越小。閱讀人口不多，自然會支持書店的人亦稀罕。

香港的閱讀風氣雖不及台灣興盛，但出版社數目、出版刊物仍較澳門來得多。社運後更興起一波出版、閱讀、書店浪潮，即使現已慢慢冷卻下來，但閱讀氣氛應仍稍勝人口較少的澳門。

「為何吸引不到誠品、大型連鎖書店來澳門開店？可能是他們評估過了，然後覺得不用來。這就是最好的解釋。」Anson 解釋澳門不是沒有文化，它也有其文化發展，例如賭博就是一種被重視的文化：「你觀察到澳門整個文化氛圍，它側重的文化傾向，不是文創、藝術這類東西……有很多客觀因素、機遇，令到它走到現在這種文化呈現。我只能說，所有地方在文化上都有它的強、弱項，而澳門暫時為止，不是我們認定的那些藝文類的文化能發展得好的地方。」

難以藉舉辦活動增加收入

第三難，在於難藉辦活動來增加收入。Anson 深明舉辦活動是未來書店必須發展的方向。但在澳門這個環境中，似乎較不利舉辦能增加收入的收費活動。

Anson 參考過台、港書店以活動輔助經營的方式，但認為難以應用在澳門的書店經營上：「像台灣有很多書店，一來它們有資助，而且要辦活動才有資助，那另外也會帶動人流。」而香港有部分書店，也會採用收費活動來增加收入。

但由於一來澳門辦書店沒資助，二來澳門坊間太多文化活動都免費，大眾沒付費參與文化活動的習慣和意識，令舉辦收費活動變得困難：「在澳門辦活動不能賺錢，甚至可能會蝕錢。若收門票，可能搞一大輪，最後可能只夠你和講者一起食餐飯，連打平都做不到，可能連場租都蝕了。」

不存在退書機制

第四難，「就是百分之九十以上的書都不是來自自己的地方。」在边度中，大約有一半書皆是來自台灣，兩成是香港書，兩成是大陸的書，只有不多於一成的書為澳門出版。「這會影響整個商業運作。」

「澳門是沒有發行商的，所以港版書也要透過香港的發行商，請它們發書給我們，那就多一重運費。台灣書則找台灣管道，大陸也有管道，外文書有些是透過香港的代理商，有些是透過網上平台。」單是入港版書和外文書要透過香港代理，要額外付更貴的運費，那入貨成本就較香港書店來得高。

「又例如退書的成本很不同，甚至是沒得退。」在沒發行商的支援下，無論台、港版書都不接受退書，即使接受退書運費也要 Anson 自行負擔：「那也是一筆錢，退完書就等同白做了。」沒退書機制，故边度幾乎九成的書都只能買斷，不能寄賣：「所以，我們某程度上是迫著變成一間 select shop。而且你的眼光和判斷不能太離譜。如果次次都錯，就不斷會有死書堆在書店裡。而地方又有限，又不斷有新書入來。」Anson 打了一個譬如：「那等同投資一樣吧，在於你要不要進取一點，夠不夠膽博一鋪呢？」

提供異質文化養分的選書

然而在我眼中，當澳門的閱讀風氣並不盛行、租金不比香港便宜、「書」是賭城猶如邊緣的存在，其實边度的選書，在這困境中就有點非比尋常地大膽。而且边度仍能保持穩定的財政狀況，不得不佩服 Anson 的智慧。

為何說它大膽？因為縱然边度大部分皆

6　趙曉彤。(2023, October 12)〈澳門書店・一〉边度有書　改變賭城的獨立書店。香港01，https://www.hk01.com/article/176782。

為中文書，但它亦重在搜羅冷門題材，更添置攝影書種和不同地方出版的書籍，似乎沒有因經營不易而在選書上妥協——至少，它說不上是一間會迎合大眾口味的書店。例如輕小說吧？這些應是在大眾間銷量較佳的，但Anson卻完全不會入。

「我們選書上、個人心態上，未必符合到一般定義下社區書店走的方向。你看我的書，你都大概感覺（和大眾）是有些距離的。」他進一步解釋說：「但我不是刻意去做這件事的。完全是因為我個人成長建立出來的興趣、品味，令到我會關注那些東西（店裡現有書種）多些。」

那選書的標準究竟是什麼呢？他笑笑的說：「其實真的是個人喜好。無論是音樂、選書都是個人喜好。以前都有幾個合夥人，現在只有我自己一個營運這書店，我還不任性一點？」他打趣的說。

似乎購入的書與主流喜好有別，是Anson自然而然的取向。然而另一方面，也可以說與其開店目標有著關係。他在2018年接受訪問時，曾說過边度的目標：「好的獨立書店可以為這個城市提供更多元、異質的文化養分、另類觀點，我希望自己的書店可以做到。」[6]背後的原因，乃因他對澳門的主流現況有著不滿：「這個城市太單一主旋律。我們所見到的、官方所推介的、或主流發生的事，未必是我所喜歡的。」

故他冷門的選書，就是在那單一主旋律以外提供更多可能性：「後來你慢慢明白——其實是這個城市缺乏了這些東西，於是我就希望補充這些元素，然後放回到這個地方，看看它會否能產生一些變化。」

他回想廿年前開店時有更大的衝動。他曾在台灣的誠品工作，那段不斷吸收人文關懷與美學判斷的養分、書及唱片零售知識的寶貴時光，令他見識到台灣文化產業之豐盛多元，更加意識到澳門的不足：「那時澳門的書店在各方面都和台灣差太遠了。故我很自然對開書店感興趣，因我真的可以起到自己的作用。透過我的資源，真的可以做到一些事，令到這地方的書店有些變化。」

這種心態，至今仍未改變：「來到現在，自己仍會覺得：澳門實在太多缺點。你說我自大又好，但我希望自己能

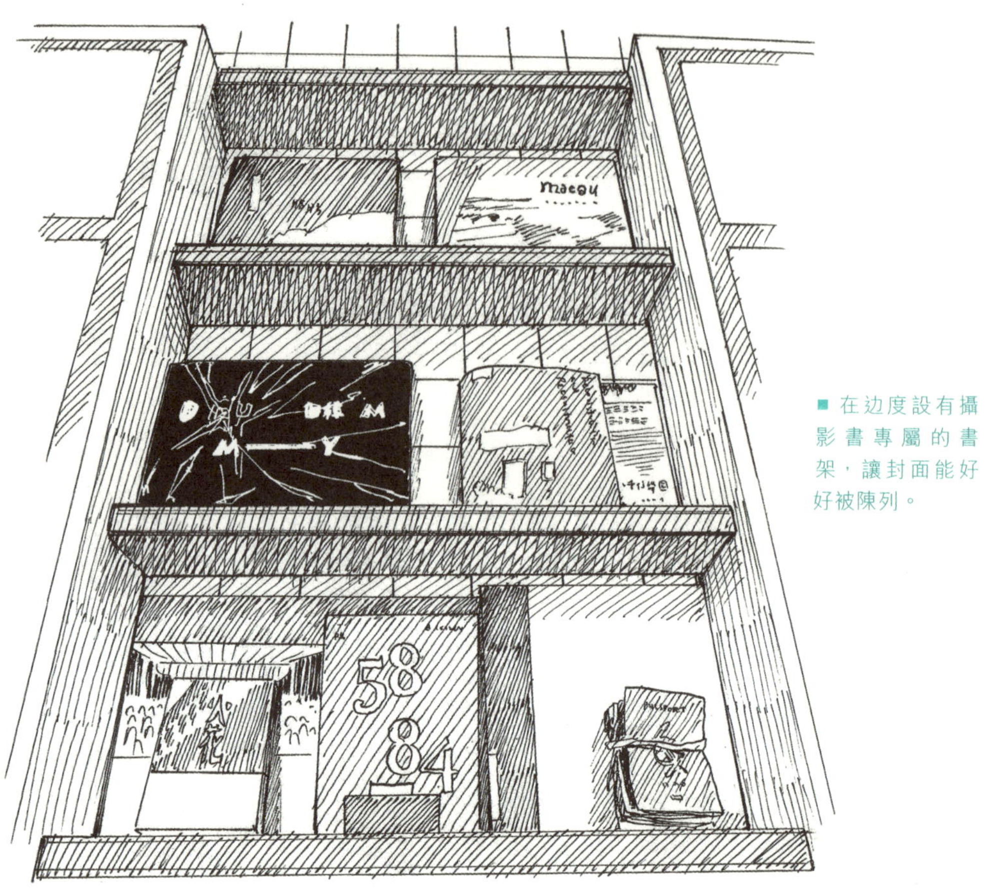

■ 在边度設有攝影書專屬的書架，讓封面能好好被陳列。

出一分力，令澳門這個地方好一點。是有這樣的心態。」Anson 認真的說道。

要說边度如何提供異質文化，從其既廣闊又冷門的選書喜好就能窺見一二。

首先，边度花了很多空間去陳列攝影集的封面，足見其對攝影集的重視。而且搜羅的攝影書來自迴異之地，先有澳門本地攝影師黃霑雯（Rusty Fox）的《Nocturnal》、Alan Leon 的《圈境 Enclosed Landscape》，由日本而來的瀧本幹也的《写真前夜》、深瀨昌久的《1961-1991 Retrospective》，來自美國 Steve McCurry 的 *On Reading*、印度攝影師 Dayanita Singh 的 *Sea of Files*，又有比利時攝影師 Harry Gruyaert……如冀望認識世界各地的攝影師，來边度就對了，這裡可謂集結了店主從全球各地搜羅而來的精選攝影集！

而這種全球視野亦擴充到其他設計或藝術書種。這裡既有澳門藝術家楓靈的繪本《澳城記事——望廈1849》，有香港漫畫家利志達的《日食 Solar Eclipse》，

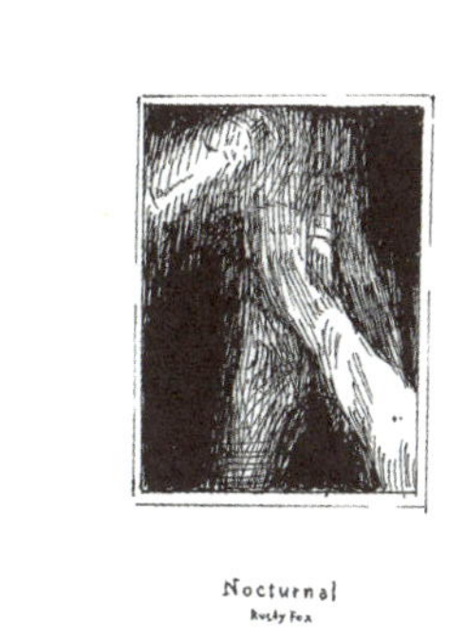

■《Nocturnal》是澳門攝影創作者 Rusty Fox 的攝影集。在這本攝影集中，呈現了城市裡植物的擬人形態。作者於疫情封鎖期間在街上四處遊走，發現在靜止的城市裡植物的生命力比從前更顯強盛，並被其深深吸引，遂有這攝影計劃的萌生。這本攝影集的裝幀風格仿傚五、六十年代美國恐怖小說，無論是用紙、揭法、甚至是紙上黑色墨水氣味等細節，都予人一種老舊恐怖小說插圖中的氛圍，是澳門無論是創作還是製作過程都極為細膩的出版物。

■ *Sea of Files. Hasselblad Award 2022* 是2022年拿下攝影大獎「哈蘇獎」的印度攝影師 Dayanita Singh 的作品，由出版社 Steidl 與哈蘇基金會共同出版。1961年出生於印度的 Singh，在國家設計學院學習過視覺傳達，之後在紐約的國際攝影中心學習新聞攝影和紀實攝影，曾是多家國際著名報社的簽約攝影記者。

■《絵の中に入る》是日本著名平面設計師仲條正義的作品。這本作品集將2007年到2019年他為《暮しの手帖》繪製的封面，結集了合共75幅作品，充分呈現出他筆下坦率、天真、富有生命力，同時帶點古怪的風格。

但同時它竟然有日本平面設計師仲條正義的《絵の中に入る》、丹麥設計師 Finn Juhl 的水彩畫集 *Watercolors by Finn Juhl*、及來自法國的 Marin Montagut 的 *Timeless Paris* 等書籍。

提及不少作者和書名，不要以為我認識很多；倒不如說，是边度為我介紹了來自全球、迴異領域的精彩作品。微妙在於，其所入的外文書大都多圖少字，相信讀者憑藉視覺享受，足以跨越語言的門檻。

這亦令我深切感受到，边度作為 select shop 的好處在於：雖然是以店主的主觀喜好為座標，但它確實為你搜羅及整理了資訊，令你意識到目前資訊的所在位置——即你可通過其選書及陳列，彷彿聽到店主在你耳邊說：「如果想認識日本的平面設計大師，就要留意仲條正義了！」或是「若想了解印度攝影，絕不能錯過 Dayanita Singh ！」且只要加入边度的 Facebook 群組，偶爾就能看到新上架書的書介，內有豐富資訊及詳細介紹，讓讀者更清楚這些書籍的價值。

而這 select shop 的性質，也是與客人連結的一條線——畢竟這裡的書量說不上很多，但從中投射出店主的認知；而客人若喜歡這裡的選書，其實就意味著他們對店主眼光的信任吧。有著這份信任，就有持續光顧的可能。

除了外文書，店內亦有簡體字書，而且選書甚為精闢。明白不少香港人對簡體字書都感到疏離，但不能否認，其選書頗具吸引力，連平時少買簡體字書的我都心甘情願掏出荷包。例如有大江健三郎的《萬延元年的 Football》、攝影師杜可風的隨筆集《漆中之黑》，也有令人遍尋不獲的《日本遊戲開發者口述史》等。這些書全都暫時未有繁體版啊！

「雖然簡體字書會有審查，或管道中有一些瑕疵，這是可以斟酌的。但如果想看某本書，然後你是想透過中文閱讀，很多事情是你無法選擇的。很多書基本上台灣並沒出版，那就真的只有看簡體。」Anson 如此說：「我們希望選一些很偏的題材，而那些題材很偏的書，偏偏是中國大陸有人出版。」店主搜羅這些冷門書籍，雖主要是為了澳門居民

■ 店主曾入了這本《日本遊戲開發者口述史》，是我很感興趣但又從未在其他書店看過的！可惜造訪當天沒有現貨，Anson 指可以幫我訂，補貨後通知我——似乎為了此書，過一陣子又要再來過大海一趟了！

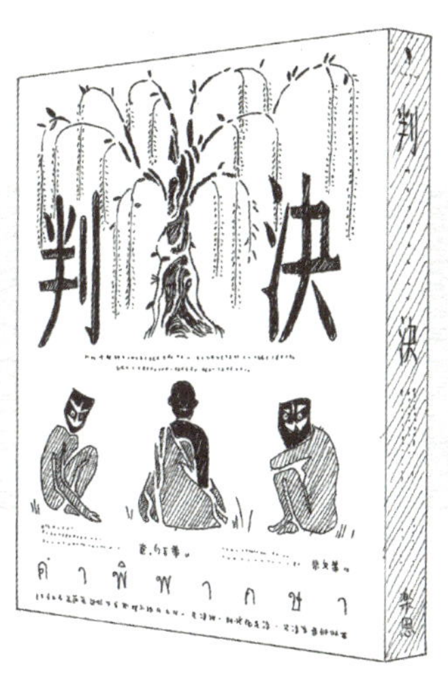

■《判決》是泰國當代文學作家查·勾吉蒂的作品，記述了一位從佛寺中還俗的男子，因為父親驟逝而與年輕繼母一同生活，被頻頻誤解而彷彿被世間所「判決」的故事。此書在目的達泰語教室協力下，由樂思文化出版。Anson 說：「因近年出的不多於五本，所以我一見到泰國的小說就會立刻入貨。這就是一間很特別的出版社，出一本很特別的書。」

■《東南亞攝影概論》是莊吳斌學者耗時10年踏查研究的作品。書中包括10個國家：馬來西亞、印尼、汶萊、泰國、緬甸、寮國、柬埔寨、越南、菲律賓與新加坡，呈現出東南亞各地文化、社會、政治與攝影的關係，並介紹眾多在地攝影工作者和藝術家的影像實踐。我在其他地方很少看到這本書。

的需要；但不得不說，即使是香港人如我，都從中有所收獲。

店內有兩成書都是來自香港，無論是大型還是獨立出版社的書刊，都佔了不少空間。書種及題材亦多樣，令人不免有幾分親切感和熟悉感。然而要維持這間書店的多元，確保提供足夠的異質文化，其實甚為艱難。先不論上文提及過的邊緣地區經營上之困難，單是要熟悉兩岸四地的文化發展、出版趨勢，已經是一大挑戰。我很好奇 Anson 是如何磨練出，有著留意四方八面發生之事的寬廣視野？

「如以兩岸四地來說，澳門是完全邊緣的邊緣。……因為我們是邊緣，所以會很關心兩岸三地的事、中心地區的事，甚至比中心地區的人更加留意。」但我覺得這並不是必然的。當位處邊緣，其實人人反應迥異，當自己並非處於風暴的中心，有些人可能會漠不關心、故步自封；但边度的態度卻非如此，而是張開雙眼、打開感官，盡可能去留意天下事。

而其實边度不只留意中心，還會留意其他邊緣地區。這裡的選書雖大多是台版書，但不乏少見的、與周邊地區有關的題材。例如可以見到泰國的翻譯小說，也有一些有關東南亞的冷門書籍。

■《我的美術系少年》是在台北生活了20年的馬來西亞華人馬尼尼為的散文繪本集。我從前不認識馬尼尼為，是因為边度才有機會認識她和她的作品。此書穿插了60張圖，圖中不乏貓咪，作者的水彩畫有種非常特別的美，用字造句甚有特色，感覺赤裸而真誠。

■《借刀殺人中學》是楊鐵銘的作品。楊鐵銘在上海出生，在小學時移居澳門，大學時在台藝大學習電影。這本以澳門為背景的懸疑小説，獲得了鏡文學百萬影視小説大獎評審獎作品，由台灣的鏡文學出版。

■《圈境》為澳門攝影師楊俊榮（Alan Leon）關於澳門地景的攝影計劃。在澳門賭場林立的風景下，他選擇將建築圍板放在焦點之中，突顯出與刻板印象有別的澳門。此書採用了非常獨特的拉頁裝幀設計，令閱讀的形式充滿變化。此書由香港的 brownie publishing 出版。

這大概因為東南亞是 Anson 很感興趣的地方，如當中就有馬來西亞：「我們平時留意台灣、香港，但又有沒有留意馬來西亞的華人發生什麼事？但我有。例如我覺得馬來西亞很有趣，它的藝文水準很高，文字、娛樂、表演藝術、電影導演，能説出名字來的都是厲害的。」他認為這些邊緣地區只是缺乏平台，而他希望边度能成為展現當地作品的一個舞台。

「這和澳門是一樣的。因為澳門長年以來，較優秀的人都在本地缺乏發展機會，最自然就是去香港發展，或藉香港作踏板再去別的地方。從七十年代開始就是這樣了。」說來好像很自然，但是聽來也有種淡淡的哀傷。

這種情況，也出現在出版業。「有些叻一點的澳門人會想找外地的出版社幫他出書，因為可以去到更遠的地方。如果由澳門出版社出版，要衝出澳門其實是很難的，因為發行管道去不到，別人也不認識你。」Anson 說的時候，語帶失望：「澳門整個出版產業鏈，上中下游包括去到書店，放在兩岸四地都是超級落後的。很多環節都未打通，和兩岸四地只有零星連結，沒辦法做到正常連結。」他認為澳門發行做法守舊，對此有著一定責任。

「以出版物來說，這也是很大的關鍵——就是長期沒人注意到你。」從這一點來看，似乎能解釋到為何在香港很少看到澳門的出版物，甚至是關於澳門的書，故此總有種「看不到澳門」，無法深入認識這地方的感覺。

那麼，如果想看見澳門，應該要怎樣開始第一步呢？

看見澳門的開始

我大概永遠無法忘記，初次步入边度時，第一眼感受到的驚豔。

因為店內正對著門口，就有一排澳門本地主題的書架。那裡放著的書可能只有約二十多本，但對於想認識澳門的人而言，那恍如寶物——尤其是獨立出版，因為這些書博客來未必有售、Amazon 亦不能見，在整個地球都難找著，而是僅能在這邊緣城市、在堪稱城市邊緣的獨立書店才有售的書。最難得的是，它們由最熟悉澳門的本地人製作、編撰和設計。如果出版是一種聲音，這些澳門的獨立出版，就是位於澳門邊緣的出版業界、作者，想要對社會或者世界發出的信息。

書架上陳列了關於澳門歷史的《十月初五街五十憶》、《澳門街說古今》、《19 世紀澳門的街道》，能助讀者了解此城的過去，看見賭城以外的古樸一面；又有從文學詩詞角度入手的《明清澳門詩詞選釋》及《古詩詞中的澳門》，可以從詩辭的字裡行間助讀者一窺明清時代的澳門面貌。

但是歸根究柢，我還是最喜歡讀人的故事，因為當中有溫度、有感情。《微光：逆境中的生命》是關於澳門戒毒者

■《冒險の書　窗林澳門》出自 Engeki Quest，乃一間適漫步風格的城市探索計劃。此書內含三個語言版本（中、英、日），讀者能從翻開第一頁開始，按照個人背景及選擇走出不同的澳門散步路線。手持此書遊走於澳門街頭，相信會是非常嶄新的旅遊體驗！

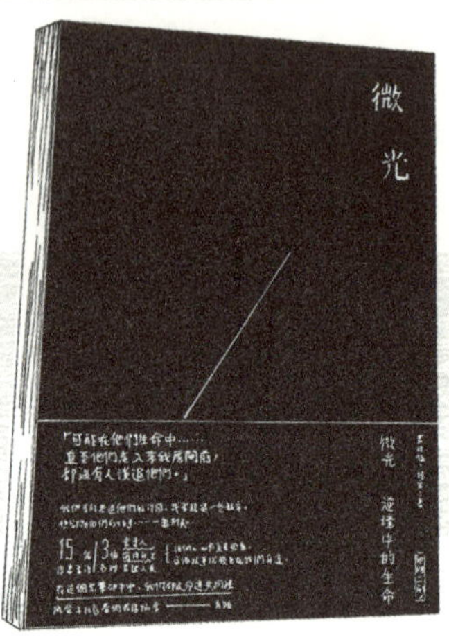

■ 這本《微光：逆境中的生命》由風盒子社區藝術發展協會出版，由李銳俊和路家所作。兩位作者訪問了三個界別：經歷過戒毒的當事人、前線社工、醫療人員，非常立體而真實的呈現了澳門戒毒個案的故事，分享他們的經歷與掙扎，亦記錄了多位開展戒毒和社區服務人士的工作參與和見解。

■《土地──地產政權時代》是「論盡媒體」編輯部的作品，此書為「边度有書2022年中文書銷售排行榜」第二名，調查詳盡、裝幀精美、編輯細緻，被 Anson 形容為「重磅本地出版」。

的訪問文集，雖然它只聚焦於一小撮人，但無論在與毒品相遇的過程中有多少是傷痛還是歉疚，流動於人心中的感情和想法，始終與這社會的脈膊、這城市中孕育出來的人際關係觀念有著關連，於是從中或多或少可讀到，這城中大概的生活面貌、人們的價值觀、社會的氛圍。

而由燈塔出版社出版的澳門攝影師李銳奮《意猶未盡》散文集，文章寫於1995年至2003年間，去了解這位遊走於多種藝術範疇同時兼顧教學者之視角，他如何理解藝術固然有趣，惟我更著意讀他筆下那賭權開放前的澳門。那帶點慢調的澳門，彷彿帶我走進了這城市裡被遺忘了的時空。

而在這櫃上，《冒險の書　窗林澳門》採用 Die-cut 的封面非常吸引人。它是糅合故事與地區歷史、具有實驗性質、能提供非線性閱讀經驗的澳門書籍，玩味很重，篇幅不長，但在頁與頁之間來回翻閱，又彷彿進入了一種在澳門街頭疑幻似真地穿梭時空的錯覺。

如對澳門當今社會議題感興趣，實在不能不提澳門的獨立媒體——「論盡媒體」編輯部的作品。例如《土地——地產政權時代》就詳細揭示了當今這賭城中，城市規劃關鍵的問題所在，當中深入探討了不少澳門土地發展的案例，也記錄了民間自我保衛的經驗，既記載了過去歷史、亦相信能成為未來進行相關議題考究的珍貴根據，是非常難得、充滿勇氣的一本書。

我覺得這個澳門出版專櫃，是店裡最為吸引我的一個角落。這令人感覺到，也許能透過這些書，看得見澳門——即使這些書籍只是澳門複雜多元內涵中的其中一塊拼圖碎片，還是很慶幸自己有機會能夠接觸。

「我們展示出來的澳門出版物，只是很少部分。」這些精彩的書籍，都經過 Anson 萬中取一的篩選：「澳門中做最多出版的其實是社團、政府、基金會、報社，有些書店可能整個系列陳列了出來，那很可觀。但我們一來空間有限，二來我們其實會選一些心目中覺得好、亦都是獨立出版的書。」Anson 指澳門並不缺出版物，數量甚至非常多，但質素參差。其一是由於出版運作依賴政府資助，過程不以商業思維運作：「沒有銷量和蝕本問題，有很多能否賣出都沒所謂——澳門有很多這樣的書。」他頓了一頓：「但是見到就不是很想入。」

但是這機制反過來，也有它的潛力：「沒有商業壓力，如拿到資助，就是出版一些有價值的東西，那不一定是商業價值，而是有文化、社會、藝術價值，澳門是有條件做的。以前澳門的資助是造就了很多這些出版……有這樣的空間，去做一些沒有市場壓力的事。」

故此這些有被陳列出來、經得起 Anson 考驗的書，皆為他認為有價值的書，也是边度甚受歡迎的書。首先，它們受澳門讀者歡迎：「澳門人其實是很關心澳門的。所以澳門題材的出版物，尤其是歷史類，他們都會很踴躍支持。做得精緻一點，是會很受歡迎。」

而實習當天，亦觀察到到店內光顧的，除了本地熟客，也有不少遊客，他們也會購買以澳門為主題的書籍：「如果有遊客來，他會選這些書是不意外的。全世界都是這樣，遊客區的書店都是介紹自己城市，讓你可以深度認識那個地方。」

■ 這澳門主題書架，陳列了澳門有關的書籍，既有大型出版社的書籍，亦重視呈現澳門的獨立出版。深受澳門居民及遊客歡迎。

本來是為了澳門居民而開，但對於边度甚受遊客歡迎，Anson 又是怎樣看的呢？他徐徐回答道：「我的初衷是：我開一間本地書店，有一份本地情懷，很想澳門可以有多些人在文化上有更多活動，所以覺得需要這家書店。但遊客我不會不理，尤其是這班遊客是希望能了解澳門，那我當然更加樂意讓他們對澳門有更多認識。」

「譬如一個遊客進來這個地方的時候，他想知道澳門一些東西的時候……我突然間會意識到，好像要代表澳門要說一些話，讓外面的人更加了解澳門的一些面向——這種角色扮演，來到這一刻，

其實書店會有這個責任，我們也希望做好這個角色。」

當肩負起這個責任，想讓更多澳門以外的人能看見澳門——Anson的方法是，除了透過書店呈現澳門的獨立出版，讓遊客能看見外；他亦留意到边度的網上群組中，有不少中港台的書店店長或出版人在其中，遂希望能藉網上推書，讓澳門作品能讓更多人看見，甚至推廣到澳門境外。

「澳門很多出版物出版後，能見度在澳門以外地區是非常之低。所以我們可以是一個助力，利用多年來累積下來的人脈關係，試探其他地區的出版相關人士，是否有興趣了解這些澳門出版……我會想，他們會不會因為有興趣，能考慮在他們店裡銷售呢？」而持續不計成本去辦活動，包括澳門作家的新書發佈會，並在群組上宣傳，也是他心目中增加澳門作家「能見度」的途徑。

「不多不少都是多了一個機會——讓這些作品可以曝光得到。」Anson有點不好意思的說：「其實實際功用是否很大呢？我自己心知肚明。」縱然努力過未必一定會有成果，但他始終想要「盡做」：「對我來說，能力有多少就做多少吧。」

持續經營是因為滿足感

今年边度迎來第二十年了。在文藝土壤並不肥沃的澳門，廿年來持續營運一間書店，我不敢猜想箇中難度。而且書店經營有時不免予人一種「揮空拳」之感，付出後往往難以立即看見成果。

我遂不經大腦的問，Anson究竟是如何堅持下來的？豈知他回答說：「有時我不好意思去駁斥別人。像我2017年搬書店的時候，媒體總是用一種慣性思維的寫法：『你堅持了那麼多年，你真是用心良苦……』但其實我不需要『堅持』的。有些事情不是堅持，就一定會有好的結果。不是單純堅持，就能令書店維持這麼久——中間需要有智慧、有技巧、也要有幸運的元素。」

那刻我有點慌張，覺得是自己說錯話了，可能不該用「堅持」這個詞語吧！但我想，他何以對「堅持」此字有莫名大的反應，似乎是對背後隱含著的「忍耐」、「痛苦」有著反感？對他而言，經營边度其實是怎樣的一回事呢？

「人總有自私的一面，我沒有去到這麼

■ Anson 非常喜歡這本由彭展華所寫的《未知的香港粗獷建築》，因此不惜一切都想辦它的分享會。他主動支付了講者交通費、海報的列印費用，只為了邀請作者來澳門做分享。從中可見舉辦此活動能給予 Anson 莫大的滿足感，才會如此樂於付出。「純粹就是很想它能辦得成。」他開心地說。活動已在2023年9月22日圓滿舉行。

偉大——如我做到很辛苦、壓力很大，但是為了澳門，所以我堅持要做這間書店，令到澳門可以更加有文化……這個說法好像很單方面，好像有『犧牲小我，完成大我』的感覺。這個講法實在太誇張了。」Anson 歎了一口氣，如此說道。

「我會覺得如果我做書店，這一刻我已經覺得不開心、很有壓力、不好玩的時候，我一定是完全不用考慮就『摺埋佢』的。每個人的想法不同，但我很不喜歡那些很悲情的說法。」他再進一步闡述自己的想法：「如說到好像沒有這家書店是不行的，城市就會怎樣怎樣……是陳義過高、或者看得自己太大了。整個大環境已經不是那回事，其實書店已不是很多人說的那麼重要。」

Anson 會這樣想，某程度上我也不是不能理解。為何這麼多書店經營困難，其一原因是很多人不再透過在書店買書來汲取資訊，而是有其他途徑。這也是很多因素使然，包括科技上的發展、市場的變遷，書店其實在某程度上，也屬於時代的邊緣：「環境變化了，所以書店本身，自己也要發生一些變化，它的角色已和以前一些論述不同。」

「為什麼現在很多華人地區的小書店難以生存，不單是說商業因素，也包括讀者已放棄了你。其實只不過是店主自己太執著，不知道別人為何會放棄自己而已。」他頓了一頓：「所以是要想辦法吧！看看應不應付到這困難的轉變。」Anson 的心態彷彿既帶點現實的悲觀，但又很踏實、很豁達。

至於他為何能夠營運一間書店廿年，「想澳門更好」自然是一部分，而另一部分則是來自自己的滿足感：「如果自己都不開心，辦來幹什麼呢？開書店的那種開心，來自一種心靈上的滿足感。」那份滿足感，由個人閱讀萌生，由能聽到自己喜歡的講者分享萌生，也在對自己所創造的文化場域感到滿意：「透過慢慢築建那文化場域，而得益的不只有自己，而是其他人也能一起分享、獲益。當看到那群體，它可以自己在那裡壯大、成長、創造出一種文化的氛圍——而那種氛圍正正是最初，我覺得澳門所缺乏的東西。」

即使未必做到很大的改變，但是能夠看見：書店多年來創造出來的，在澳門發生的各種大大小小的良性反應，就是 Anson 持續經營边度的原因。

邊緣與否，其實關乎觀者的視野

在離開边度，回港之後，我總時常想起這間書店，亦會憶起 Anson 的說話。然而奇妙的是，當我開始下筆書寫這篇文章、搜尋更多的資訊、閱讀更多從边度購得的書……我發覺自己因為边度，對澳門的看法變得截然不同了。

我想，這也是 Anson 創造的文化場域中，其中一個小小的良性效應吧？透過边度有書的存在，它呈現的獨立出版、它所介紹的澳門故事和歷史，甚至是書寫边度的過程，我開始覺得澳門在我眼中，不再是一個「邊緣」城市；而這間边度，對我而言也不是處於澳門的邊緣，而是變成了「中心」，我確信它已成為了我下一次再訪澳門的理由。

即使此刻，還沒有夠多人了解澳門賭城以外的另一面，即使那只是我一個人的視角改變，只能了解其複雜內涵的一小部分，但是原來當選擇直視澳門，認真去認識這個地方，本來邊緣的地方就會落入視野的中心。邊緣與否，撇開物理及地理位置，原來更在於觀者的視角，而非在於城市本身。

而我想，這就是一個地方的出版或是書店的力量吧？它能夠調整讀者的視角，既擴大其視野，亦能令重要的人事物「被看見」。

在此，容許我感謝 Anson 和边度，擴闊了我的眼界，讓我重新看見澳門。

| 2023年11月 |

边度有書的空間令人感覺很舒服，在裡面碰到的，都是安安靜靜在看書的人。我有一個想法就是，對於我們來說，边度有書是一個帶著去旅行的心情而逛的書店，總是帶著一份閒適。或者只是經過，進去看一下。而一般在香港逛書店，目的性會強得多。

有趣的是，有幾次我在那裡買了在香港未必會買的書。我第一次去，就在那裡買了幾本簡體字的書，其中一本是齊澤克的《笑話》。最近一次，我買了一本叫做《麻將粹諦史》的台灣書，這是一本正式學術規格的專書，研究打麻雀的歷史。它就放在《字花》的附近。為什麼有本這樣的書在那裡呢？當下便吸引了我買下。

對我來說，去逛边度有書就像探望一下老朋友。一方面是近市區，如果你願意，走著走著就到了。另一方面，要是你是關注香港文藝的人，你會想知道周邊地區其實會看哪些香港的書，賣得怎樣。你在這裡走一走，就看出來了。

熟客眼中的

边度有書·有音樂

Horace

「那個櫥窗的陳設，如果家裡都有這樣的角落就太理想了。」

職業　影評人
年齡　35～40歲

我想當初也是在Facebook上認識边度有書的。因為身在文青圈中，自然有很多朋友去過，還有一些澳門的學者或文藝界的朋友，所以知道有這個地方。我應該是在2017年第一次去的，記得當時它換址重開，所以我專程去打卡。

現在可能我每兩三次到澳門，便會有一次經過边度有書，進去看一看。一年三次應該也有吧。

我喜歡逛書店。無論到哪個地方，大小旅行也好，都可能以書店為中心來逛。在澳門，边度有書可以說是目前最好的一間書店吧，理所當然會去。它優勝的地方，其一是它選書的品味，其二就是它相比其他書店更特別的閱讀空間。

書店正對著街道的大門櫥窗很吸引人，書籍擺放出來，加上一些植物擺設，展示出一種輕鬆舒適的感覺。可以想像在香港的話，就只能是赤柱、西貢這些地方了。可是边度有書就在一個民生區之中。除了擺書，櫥窗有時候會放一些畫，甚至可能只放一張唱片在那裡，令你有很想進去看看是怎麼一回事的衝動。

边度有書較多香港的書，令人感到同聲同氣。其實它也有很多跟日本藝術有關的東西，大門進去左手邊是一些畫冊、相冊，右手邊是一堆黑膠唱片，這裡跟西方有關的東西亦都多。最近坂本龍一過身，它便擺出一些相關的唱片和書出來，很有sense。有點遺憾的是，我還沒到書店的上層看過，因為我知道它有舉辦一些澳門和香港的文藝活動，以及一些街坊的活動，很有親切感。

相對在香港，有這種品味，書籍類型涉獵又廣的書店，其實多數是做二手書的。此外就是空間，雖然边度有書也不是很大，但對於香港的地鋪書店而言幾乎就是不可能了。像這種散發著音樂、文藝氣息，而且比較獨立的書店，在香港真的少。

ROOM 23

| 室內 / 空間設計 | 專業評介 |

- **澳門的歷史建築**引人入勝，它們彷彿是時間的見證者，每一座古老的建築都蘊含著無數的故事和回憶。边度有書．有音樂的故事始於2003年，至今已與書友一起創造出超過20年的回憶，書店內的裝修亦可感受到那一股復古的味道。
- 澳門近年的新建築越趨當代化。边度有書．有音樂就像時光隧道，凝結古典的味道，讓讀者一同感受。店內**復古精緻的室內設計**既有溫度亦有深度，書櫃白底襯上深棕色木製邊櫃，顯得穩重而不沉重。材質、色調和風格皆統一的書櫃設計，井然有序，豐富而不雜亂。
- 店鋪入口區域兩側牆身鋪上的**白瓷磚**，原本因其易於清潔的特性，多使用於咖啡室 / 餐廳或廚房等要求高清潔規格的地方。也因其白色反光的特性，以前很常使用於地下修建，光線不足的地方，例如地下鐵站，好讓空間變得光亮一點。因為大家被潛移默化的無垢印象，近年逐漸轉移風靡到其他地方，例如主打醫學概念仿實驗室的美容產品店，或是提倡簡約主義的素食店。
- 边度有書．有音樂內使用的白瓷磚取其復古的味道，在嚴肅的空間上加點放鬆，這種融合又可在風格上顯出奇效。白瓷磚加上**黑色掃口粉**，就像我們小時候學習用的「格仔簿」。用此牆為背景陳設的產品，無論是書籍，或是唱片封套，一本一本，一張一張地填滿一格，整齊擺放，有以前寫完一頁功課的滿足感。
- 書籍和音樂也是人們心靈的寄托，精神上的食糧。樓上的空間**用布作隔音屏障**，是一邊聽音樂，一邊閱讀的絕佳場所。空間佈置簡單得來帶有一點古典的味道。靠近窗邊擺放了店主喜愛的珍藏家品。有丹麥設計師 Ejner Larsen 和 Aksel Bender Madsen 共同設計的**橡木扶手椅**，結合了傳統斯堪的納維亞設計和現代主義的一件家具。還有那張由 Illum Wikkelsø 設計，一張充滿變奏現代主義的**古董扶手椅**，抽象得來滿足了身體和視覺需要。縱然是60年代產物，看上去也永不過時。每一件家具、每一個裝飾品，都是一件藝術品，散發著濃濃的復古韻味。細心留意它們的細節，細膩地呈現出過去的風華，讓大家感受到那份懷舊的情感和獨特的美感。

- 边度有書．有音樂猶如一本**永不停歇的書**，不斷地向我們講述歷史和文化，一邊不停新增章節，一邊為書店寫上新一頁。

改變，以回應時代需要的 Becoming 書店

一拳書館

小型分類區：這裡有數個小箱，裝載了不同分類的書籍，包括香港歷史、空間、兒童哲學、佐野洋子、聲音舞蹈等。

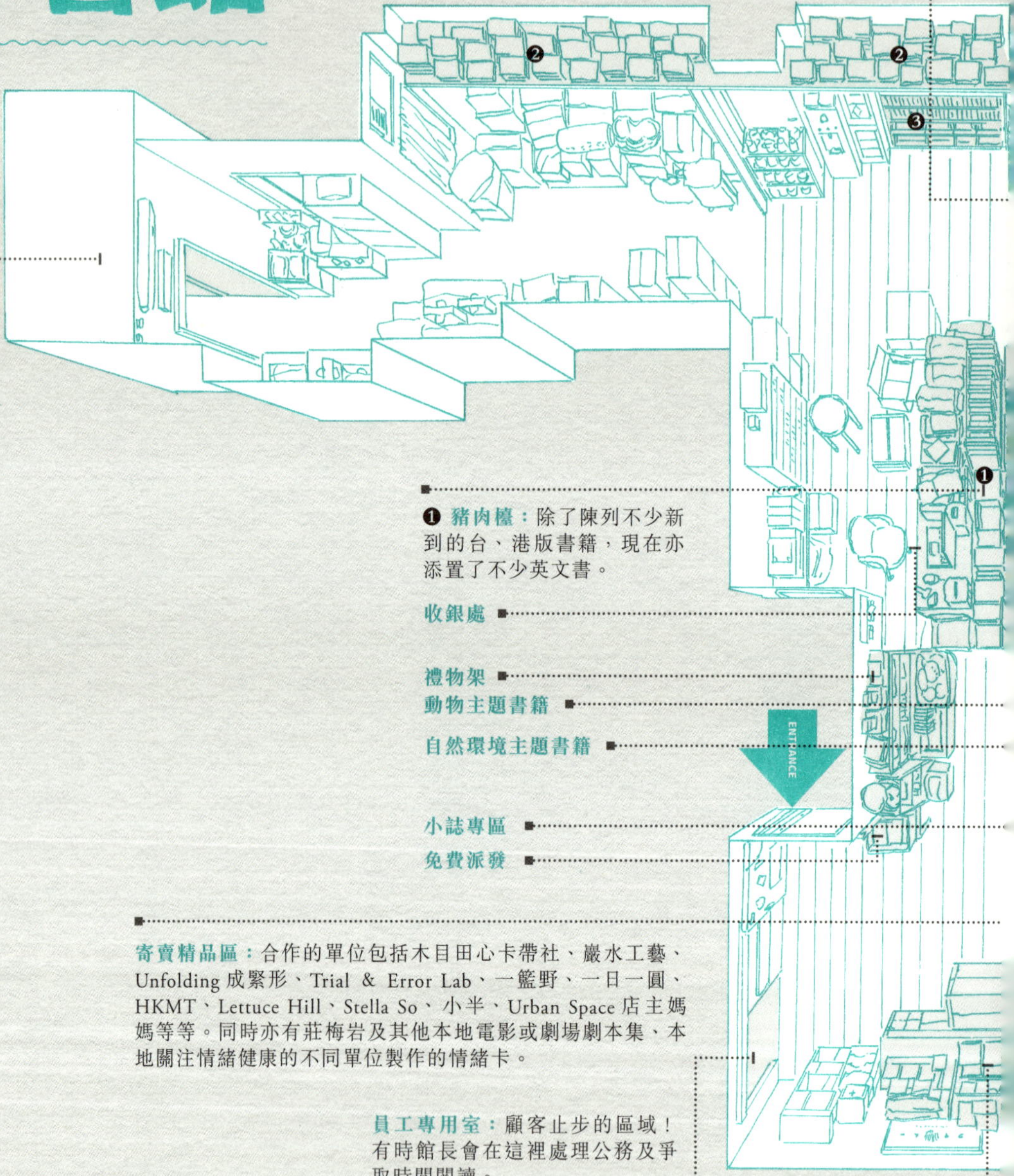

洗手間：一拳的洗手間歡迎所有人使用。

❶ **豬肉檯：**除了陳列不少新到的台、港版書籍，現在亦添置了不少英文書。

收銀處

禮物架

動物主題書籍

自然環境主題書籍

ENTRANCE

小誌專區

免費派發

寄賣精品區：合作的單位包括木目田心卡帶社、巖水工藝、Unfolding 成緊形、Trial & Error Lab、一籃野、一日一圓、HKMT、Lettuce Hill、Stella So、小半、Urban Space 店主媽媽等等。同時亦有莊梅岩及其他本地電影或劇場劇本集、本地關注情緒健康的不同單位製作的情緒卡。

員工專用室：顧客止步的區域！有時館長會在這裡處理公務及爭取時間閱讀。

摺檯放置處：這裡可以存放多張摺檯，可按活動及陳列需要隨時靈活改變店內面貌，增加或減少豬肉檯數量。

飲食主題書籍及本地生產食品

拉美在此：拉丁美洲是館長自己的興趣所在。這裡放有與拉美國家相關的不同書本。

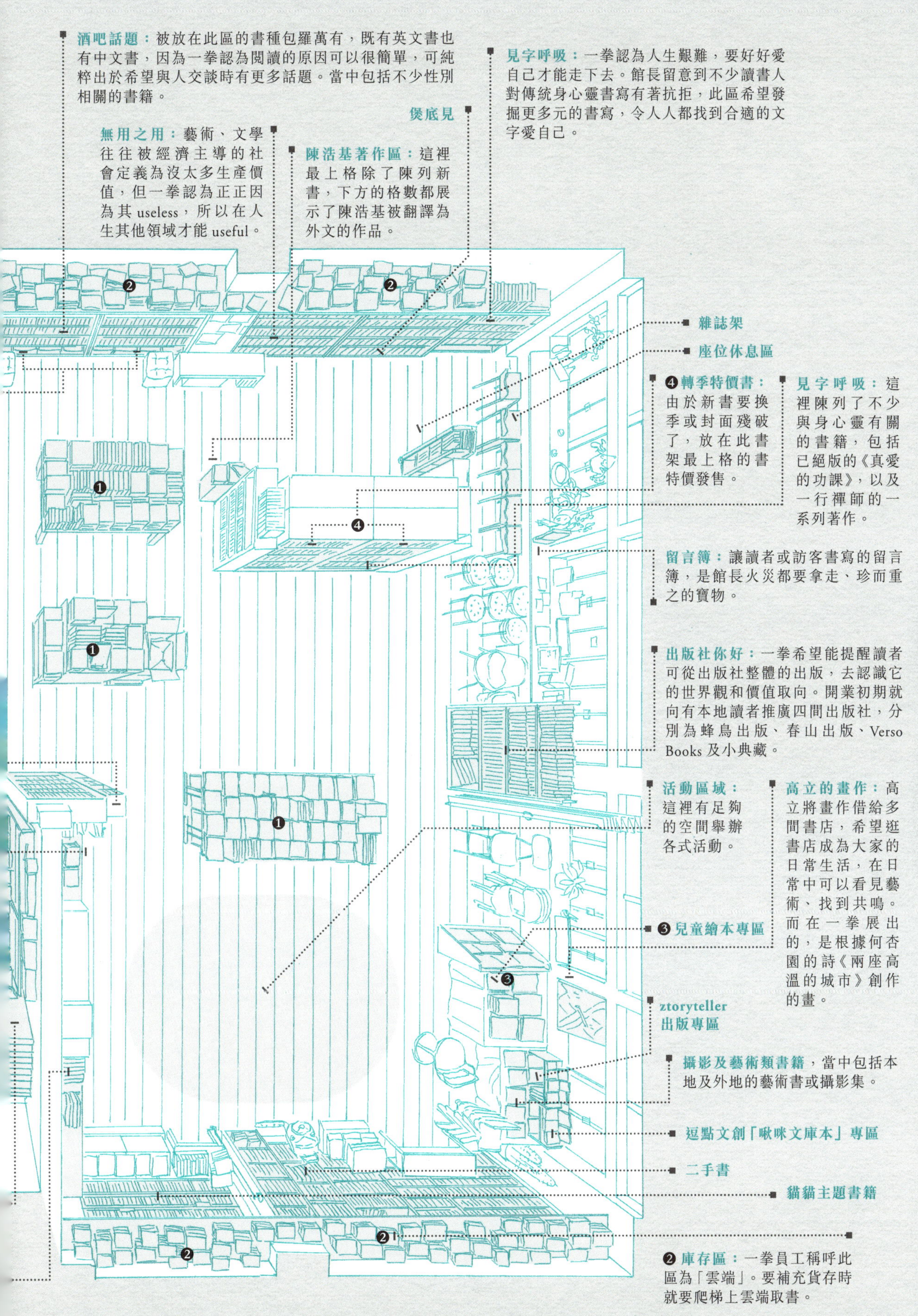
酒吧話題：被放在此區的書種包羅萬有，既有英文書也有中文書，因為一拳認為閱讀的原因可以很簡單，可純粹出於希望與人交談時有更多話題。當中包括不少性別相關的書籍。
無用之用：藝術、文學往往被經濟主導的社會定義為沒太多生產價值，但一拳認為正正因為其 useless，所以在人生其他領域才能 useful。
陳浩基著作區：這裡最上格除了陳列新書，下方的格數都展示了陳浩基被翻譯為外文的作品。
煲底見
見字呼吸：一拳認為人生艱難，要好好愛自己才能走下去。館長留意到不少讀書人對傳統身心靈書寫有著抗拒，此區希望發掘更多元的書寫，令人人都找到合適的文字愛自己。
雜誌架
座位休息區
❹轉季特價書：由於新書要換季或封面殘破了，放在此書架最上格的書特價發售。
見字呼吸：這裡陳列了不少與身心靈有關的書籍，包括已絕版的《真愛的功課》，以及一行禪師的一系列著作。
留言簿：讓讀者或訪客書寫的留言簿，是館長火災都要拿走、珍而重之的寶物。
出版社你好：一拳希望能提醒讀者可從出版社整體的出版，去認識它的世界觀和價值取向。開業初期就向有本地讀者推廣四間出版社，分別為蜂鳥出版、春山出版、Verso Books 及小典藏。
活動區域：這裡有足夠的空間舉辦各式活動。
高立的畫作：高立將畫作借給多間書店，希望逛書店成為大家的日常生活，在日常中可以看見藝術、找到共鳴。而在一拳展出的，是根據何杏園的詩《兩座高溫的城市》創作的畫。
❸兒童繪本專區
ztoryteller 出版專區
攝影及藝術類書籍，當中包括本地及外地的藝術書或攝影集。
逗點文創「啾咪文庫本」專區
二手書
貓貓主題書籍
❷庫存區：一拳員工稱呼此區為「雲端」。要補充貨存時就要爬梯上雲端取書。

一拳書館

實習月份		2023年8月
空間記錄月份		2023年6月
訪問月份		2023年8月
書店簡介	地址	香港深水埗大南街169-171號大南商業大廈3樓
	開業月份	2020年10月
	店長	龐一鳴、Gigi

龐一鳴

我們理解獨立書店，就是要開拓視野。

一拳是否已成為你理想的書店

不會完全做不到，有一些階段比較理想，但又不會完全很滿意，因為發現有很多事情未做到。還有我們不會太強勢、太刻意去改進，是佛系一點吧。所以去到現在，還是有很多毛病未解決。但從生態學的角度來說，good enough is enough——這也是一拳的哲學來的，不需要無敵、完美、無止境的進步。所以我們做了三年還是有很多不完美，那就容許自己有這些地方吧。至於為什麼？因為從 good enough 到 perfect 的代價太高了，書店老闆和員工都會過勞，這樣的營銷方式亦會影響同業，剝奪他人的生存空間。甚至要為了推書而無止境擴充網購、消耗包裝品及運輸需要的能源……這些都會影響生態環境。

呎數	1,100呎
藏書量	約3,000多本
書種	文學、社會科學、歷史、科學、身心靈勵志、環境生態、香港文化、性別研究、繪本、Zines、英文書等等
暢銷書	《真愛的功課》（已絕版）、《和好》
盡量少入的書種	輕小說、大眾化類型的書
特色	# 全港獨有的外國獨立出版英文書 # 非主流書籍分類系統 # 有減少但仍然驚人的活動量
個人感覺	地方寬敞、光線明亮、亦有地方可供坐下閱讀，整體感覺親民、在地。因為既有中文書亦有英文書，無論是華裔或非華裔人士都能在其中享受閱讀的樂趣。亦有升降機直達，輪椅人士亦能造訪，是名副其實沒有門檻的書店。我認為它最吸引人之處，在於有由一鳴精選過的、一系列外國獨立出版物，這些書刊可謂全港獨有，在其中不難找到寶物。陳列常常變更，雖令人覺得難以繪畫方式追上書店面貌的改變速度，但每次來都令人覺得新鮮。

■ 一拳書館所處商廈的入口

■ 一拳書館的創辦人龐一鳴，亦為館長。曾在2011年發起「一年唔幫襯地產商」行動。於2020年10月創辦一拳書館。

■ 一拳書館的創辦人Gigi。同時是阿卡西紀錄解讀師、花療諮詢師及正念禪修帶領人。

還記得曾讀2021年出版，由周家盈所寫的《書店有時》，當中在一拳書館（下稱一拳）的訪問裡，龐一鳴曾說：「書店是屬於所有人的。」

這一個印象始終留在我的腦海裡，深刻不褪。

來到2023年8月上旬，在深水埗一間茶餐廳裡，這次訪問創辦人龐一鳴和Gigi的是我。為了再次確認一拳的定位，我問一鳴：「讓一拳成為屬於所有人的書店，是不是你理想的目標呢？」

一鳴邊想邊說：「嗯，其實都是的。我理解『屬於大家的書店』，就是有些東西大家想買，是買到的；有些事情大家想聽，是聽到的。」例如繼續去賣大家想讀的書，繼續去辦不同議題的講座或分享會。「有些東西想透過書店實踐，也能實踐到。」像不同媒介的創作人，無論是拍片、寫書還是造手作，都能通過一拳這平台放映、呈現、寄賣、分享。

以上都是不令人意外的回答。惟沒想到一鳴會說接下來說的話：「然而這句話有一個吊詭之處：就是所謂的『大家』。那『大家』又真的不會是每一個人。因為當你想照顧每一個人，其實就照顧不到任何人。」他再嘗試解釋得更清晰一點：「所謂的『屬於大家』——可能都是屬於某一部分人而已。我們不嘗試扮演所有的角色。」

如果一拳現在有比從前更重視的目標群眾，那究竟是哪一群人呢？作為長期顧客的我非常好奇。因為我從一拳開張至今，一直都有持續光顧；彷彿越是頻繁見面的好友，越不易察覺對方有任何一點改變。

有人不喜歡改變，認為始終如一才是初心不變；有人覺得改變無可厚非，

7　龐一鳴曾接受「菇武門 Podcast」訪問中提及：一拳處於「Becoming」階段，是書店和看書的人的關係的建立，也是大家想透過一拳去做什麼。Goomusic。(2023, October 23) 如何成為獨立書店老闆？(嘉賓：龐一鳴) | Podcast Ep.156。Goomusic。https://www.youtube.com/watch?v=hzkWqy8H_Bg

畢竟世界一直在變。對於一間自稱「Becoming」[7]階段、因應社會、讀者需要持續改變的書店，一鳴是這樣回應的：「當然是有變化。我覺得是一個成長的過程吧。」一鳴緩緩的説道：「那成長是，慢慢就會找到如何去回應這時代更多的方法。」

有些側重點比從前更清晰、回應時代的銷售策略亦有改變——但若論獨立書店「回應時代」的使命，一拳始終如一。

■ 一拳絕大部分書籍以正價發售，冀培養讀者以正價購書的習慣和文化。雖沒折扣，但達一定金額可以自行選取本地生產的禮物，嘗試將「折扣優惠」轉化成支持本地農夫及本地生產者，令讀者每買一本書，則能同時支持三方：作者、書店、本地農夫/生產者，創造更可持續的書店業和本地生產文化。

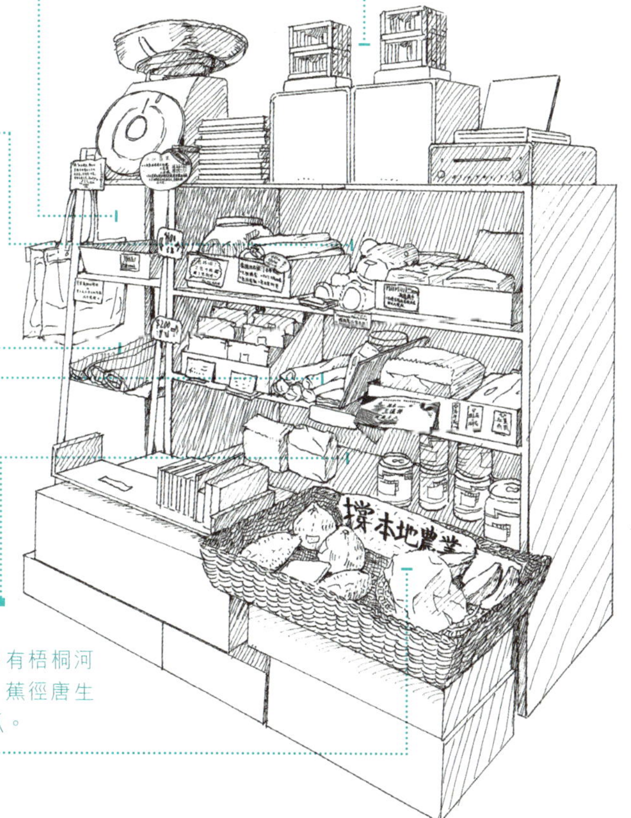

買書送菜：有時在此架可以見到一紮紮時令蔬菜，是作為 $100 禮物的存在。

第一屆獨立書店（圍爐）表揚獎「書菜共生獎」及「最受歡迎書店獎」獎座

$100 禮物：有 Mil Mill 的四粒一包的濃縮洗衣球、一袋再造紙巾，或環保薯仔家事皂。

$500 禮物：牛津出版的帆布袋、火炭 Circle Bakery 的一口菠蘿波。

$200 禮物：有早起鳥兒掛耳包咖啡、茶湖白馬王茶包，Mil Mill 六粒一包的環保洗碗球、本地有機種植農產品「創姿園」的洛神花及蝶豆花茶等。

$300 禮物：有九龍城陳明記濃味蝦子麵、「田嘢 × 星星堂 ×B 記農莊」的香港南瓜掛麵、Carbon Brew 的手工啤。

一拳有本地農產另供購買。採訪當日有梧桐河呢塊田的節瓜、馬尾下六嬸的大蕉、蕉徑唐生的薯仔及元朗大棠 Johnny 的祥姑南瓜。

這三年的改變

還記得在一拳初開業首兩年，媒體時常訪問這間意念嶄新的書店。

一拳於當時確實是創新的：一、買書送菜不打折，希望大家能培養以正價買書的習慣，同時感受在地農產品的美好，推廣文字有價的信息之餘，亦支持本地生產；二、摒棄傳統分類，改以「酒吧話題」、「無用之用」、「見字呼吸」等創意標籤為書籍分區，擴闊人的閱讀光譜，打破思維框框；三、持續聘請無家者幫忙處理書店種種事務，讓書店成為他們發展所長的場域，亦讓彼此間能互相扶持；四、舉辦學堂以及多種活動，讓書店成為所有人學習與連結的現場。在它剛剛開業的2020年，這些都是非常新穎又富實驗性，同時又有意義的概念。

以上這些也都是吸引我這三年來持續光顧的理由。我總是每隔一段時間就會來一拳看看，那自然得彷彿像一個習慣。因為反覆造訪，以致我都忘記對一拳的第一印象了，亦遺忘自己首次在這裡買了什麼書。但有些印象貫徹始終，例如那種與街坊或不同族群連結的在地氣息、那種對社區及社會的持續關懷、那種你總是在那裡找到你想讀的書的安心感、那種總有活動在發生的熱鬧感覺……這些種種不變，令我以為一拳的面貌與開業時相去不遠。

惟這三年間，無論是香港整個社會，還是書店業界，變化皆不少。作為一間與香港同呼同吸的書店，其實隨著社會氛圍及群眾需要有所調整，著實自然不過。

首先，有越來越多書店於坊間萌生，深水埗亦不再只有一拳這間書店。坊間有不打折的書店、有採用創意分類的書店、亦有著重教育與活動的書店，一拳的某些做法不再獨一無二。如何在芸芸書店中表現出一拳的特色，及為香港的獨立書店客人帶來不一樣的服務，是一鳴一直的考慮。

一來，對他而言，這與獨立書店的使命有關：「我們理解獨立書店就是要開拓視野。」若然大家提供的服務、出售的書籍都是相同的，其實無助於擴闊港人的思維。所以近年一鳴持續在思索著，如何藉活動與選書更加豐富這個行業，及訂立更清晰的書店定位，做好一拳自己的角色。

二來，這亦關乎生意。「隨著很多原因，(生意)情況和三年前相比，現在是變差了，更多是向下坡。」牽涉的因素包括：三年前香港還未開關、又未有移民潮，更多香港人在本地消費；三年前有更多有關香港的出版，現在數量不如往年；三年前書店沒有現在那樣遍地開花，業界雖普遍不願有競爭情況發生，但確實當市場其實不大，每多一間書店在附近就可能對營業額造成影響；三年前港人於經濟上的擔憂沒那麼強烈，惟現在百業蕭條，甚至不少人需蝕讓賣樓離場……如何找尋途徑增加收入，令一拳可以維持，並改善員工的待遇，是一鳴思考的事情。

照顧未有閱讀習慣的人

熟悉一拳的朋友，會記得它在社交媒體的「個人簡介」中述及五個開店至今持續不變的理念，當中包括：「探索書本零售的可能」、「另闢蹊徑，推廣閱讀」、「發揮書本啟蒙的力量」、「讓缺席的民眾重回書店現場」、「開放空間與街坊同樂，不只服務區外人」。

惟在linktree中，可以見到和以上理念寫法稍有不同的句子，從中可見到一拳現在更重視的任務：「希望吸引更多人愛上文字，帶動未建立閱讀習慣的朋友現身書店、參與面對面的交流和討論，形成更廣泛的閱讀風氣。」

雖然一開始就已有「讓缺席的民眾重回書店現場」的想法，但比起三年前，一拳更加確認這群人是他們主要的服務對象：「我們的定位是服務那些，可能剛剛開始想看看書，或者很久沒有看書的人。」一鳴如此說道：「我們不是序言書室。序言是你越深入越好、越經典越好，因為它面向的是讀很多書、讀了很多年書的人。我們目標群眾不是這堆人。」一拳想做的推廣閱讀，現今定位更加精準，是盡量擴大閱讀人口，令更多未開始讀書的人培養出閱讀習慣：「希望他能從看一、兩本，變成會看十本；希望他十年沒有看，終於踏出第一步看書。」

活動的意義

坦白說，首次聽到一拳決定將主要服務對象定為未開始閱讀的人，我認為是捨易取難之舉。因為最能支持書店營運、

8 因為無論用「他們」還是「她們」，似乎形容跨性別者都並不適切，故文中以「佢哋」作為跨性別者的第三人稱代名詞。

最會買書的人，非有閱讀習慣的人莫屬了。相反，未有閱讀習慣的人，是較難期望他會買書、在店內消費的。但以推廣閱讀的角度而言，一鳴的用意卻不難明白，因為要發揮推廣閱讀的最大意義，就必須要從未開始閱讀的人著手。

然而，究竟要如何令這一群未有閱讀習慣的人來到書店呢？一鳴認為活動是一個切入點：「我們知道很多人，自從讀完書，就沒有再去圖書館和書店了。這是很常見的狀態，所以我們透過活動，用各種方法、講各種的題目，總之就是不停放很多勾，希望能勾中你先來一次書店。」

我自己也曾深深感受過一拳活動的魅力，可謂是曾被它所勾中的人吧？我本不是時常參與書店活動的內向人士，但一拳的活動會予人「不容錯過」之感。

我最深刻的一次，是在2023年6月時參與「明心見性」跨性別青年文集的新書發佈會。我身邊有異性裝扮 (cross-dressing) 習慣的朋友，對方坦露心跡時的小心翼翼令我印象深刻。連異性裝扮者內心都如斯掙扎，何況是跨性別族群呢？故我一直希望能對佢哋[8]有更多了解，惟坊間卻不算有太多相關活動。

故當時知道，由跨青時刻舉辦的「明心見性：香港跨性別青年文集」新書發佈會於一拳舉行，我毫不猶豫就報名參與。能在會上聽到佢哋與編輯們分享的種種造書細節，及透露自己的心聲，我既為佢哋感受到痛，但同時很受感動。當天除了分享的佢哋，還有身為聽眾的，不同年紀和背景的佢哋也來到現場，讓我切實感受到一拳具有吸引不同族群前來的凝聚力，亦代表佢哋感受到一拳是一個性別友善、歡迎佢哋到來的地方。而在7月，更有另外一場「在文字中重構：各地跨性別文學對讀」，足見有關這族群的活動並不只是單次，而是陸續進行中，那表現出一種持續的關心——這使我更加喜歡一拳了。

而能在一拳買到的這本《明心見性：香港跨性別青年文集》，亦令我更讀到佢哋透過文字自述的感受與經歷，那份坦率和真誠的力量，比一般的訪問文章來得更直接。除此之外，在一拳的書架上，亦能買到其他有關跨性別族群的書籍，當中包括《與自己重逢的生命旅人》及《改變性別，是為了活出真實自

■ 這本《與自己重逢的生命旅人》透過訪問，呈現出幾位跨性別人士的故事，他們既有跨女、亦有跨仔，故事覆蓋佢哋生活不同層面，包括興趣、工作、家庭、戀愛，角度迴異，可令人對跨性別族群有初步認識。

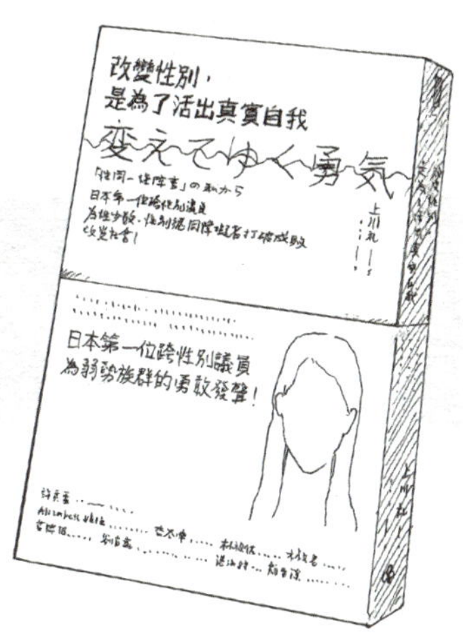

■《改變性別，是為了活出真實自我》是由日本首位跨性別議員上川礼撰寫，透露了自己想要為性小眾爭取權益而參選時的心路歷程。這本書令我能一窺日本跨性別者生活時要面對的挑戰，以及民眾對跨性別者的看法。

我》。當「跨性別」於香港是非常小眾的議題，但能夠看到、買到相關書籍，我能意識到一拳對佢哋的關心，亦感覺是讀者的福氣！

我在想，還有沒有比一拳更適合的場地去舉辦這活動呢？霎時間，我不太能想到太多選擇。一拳之所以適合，是因為他們長期都有關注性別議題，以致性小眾對這地方有熟悉感，令佢哋感覺在這裡分享是相對安心的。與此同時，它亦是一個面向大眾的場所，有不同族群會關注，才能令活動不止於圍爐，而是能達到推廣的意義。

同時，作為活動場地，一拳不只能提供寬裕空間，更有投映機、咪高峰、擴音器、足夠數量的檯櫈等等，配套之充足令不同形式的活動都可以在這裡進行和發生。而且這裡有升降機，令輪椅使用者都能輕易到達，讓不同人士都能無障礙地參與活動。

作為一個曾被其活動所感動的人，我始終很感激一拳的存在。

降低門檻之方法

但是要令從未踏足書店的人，擁有足夠動機去踏出自己的第一步、參與書店的活動，我認為是很不容易的。

要如何為這些對書店感到陌生的族群，創造出他們在一拳的「第一次」呢？一

■ 一拳的空間寬裕，又能為活動單位提供不同的配套及協助，難怪受不同單位歡迎，會期望能租場以舉辦活動。

鳴的策略有二：一、活動要不收費以降低門檻。一拳雖辦多元化種類的活動，但八成活動都沒有收費。而即使是收費的活動，費用亦相當便宜，如一拳恆常舉辦的徒手健身班，一堂僅僅 $200，較坊間的健身班實在相宜多了。

「採收費活動，當然對營運而言是很大幫助的。但我們既然都選擇去做書店了，如果只是想營利高一點，那就不如賣衫吧？」他打趣的說，然後又認真起來：「為何選擇不收費，因為我們的想法是，辦活動是惟一可以讓人離開網絡書店，並出現在實體書店之中的方法。」

二、從興趣入手。一拳會從「希望某一些人能在書店出現」的角度入手，思考要籌劃什麼活動，以吸引他們的目標對象：「例如山野拯救隊出了一本書（《山野搜救事件簿》），我們又會邀請他來講。因為我們相信，有一批人未必會看那麼多書，但可能因為喜歡行山又好、或者對拯救故事很感興趣也好，那我們就會做新書分享，並希望這批人能出現在一拳。」

當有某些資深書店迷認為，一定要辦與書有關的活動才是書店；但一拳可謂反其道而行：舉辦與書無關的活動，反而能接近他們的目標族群。

「像我們之前曾安排失明人士來一拳做按摩。有些參與者純粹是公司買了按摩券給他，那是福利來的，那他們就上來按摩肩頸。當中會有人和我們說：『很多年沒有來過書店了。』按摩完結後，他留了半小時來看書——見到這些，我們就覺得很開心。」

所以一拳甚至曾借場予偶像粉絲拿應援物品，聽來與書店業務風馬牛不相及，但其實合乎一拳的邏輯：「無所謂的，總之他來書店吧。可能100個人裡有20個會巡一巡書店，我都覺得在書業角度而言是賺了的——因為連不買書的人都會來到書店、來揭書。」。

我嘗試再了解深入一點，例如他們會買什麼書、會留意什麼書？一鳴卻說：「我們其實不太介懷他們有沒有買書。他們若會揭書，那當然很好；甚至他們不揭書，只是純粹來書店，我都覺得他們和書的關係已拉近了。這是很重要的。如此可能將來有天，他們會覺得書店沒那麼遙遠了，那就會出現在下次的活動裡。」一鳴的眼光放得很遠，他不只著緊一拳，更是著緊香港書業的未來：「這成果不一定是我們收割的，但是由我們去播種，來讓其他人走近書店。」

可見，吸引不同未建立閱讀習慣的人來到書店現場，是籌劃活動的目的之一。但另一方面，活動也是為了創造空間讓公民社會的議題能夠繼續討論：「現況是公民社會散落了，我希望之前講罷工的，你來吧；講性別的，你來吧。於是會歡迎不同群體前來，並要公民社會的所有議題都有地方去講，而且不是一次半次，而是不停去做、去累積。」一鳴一口氣的解釋：「故此，我們有些議題是每隔一段時間就一定會再做，希望能營造到群體的歸屬感，能深入議題，一

■《山野搜救事件簿》收錄了九個由VMST（自立民間搜索隊）參與搜索行動的真實事故，當中既有行山初心者、亦有老練的行山客，惟因為一瞬間的判斷錯誤，導致事故的發生。此書除記錄這九宗失蹤個案，亦有介紹搜索隊具備的資格及裝備，以及安全行山注意事項。一拳曾於2023年3月就此書舉辦新書分享會，並請來搜索領隊及隊員分享搜索經歷及故事。

路去成長和認識。」

從以上可見，舉辦活動確實是一拳甚為重視的面向。而大家一直都有一種印象是：一拳是舉辦很多活動的書店。這種理解沒有錯，然而若與以前的一拳相比，其實活動數量是有下降的：一拳一周年公佈的活動數量是240個，兩周年述及的活動數量是250場，而一拳三周年時，一鳴指出曾舉辦的活動是147場。「147」這個數字，雖未包括恆常興趣班的數量，但較過去兩年確實是明顯下降了。

一鳴回顧首兩年，認為辦活動是回應群眾需要：「主要是2020至2022年頭那年半，全香港很少活動，所以我們就不停做。」然而現在疫情完結了，由一拳辦活動的必要性消失了，遂有策略上的改變：「到大家現在自己有很多活動了，其他書店又辦很多活動，我們某程度那時代的責任又可以減輕一點了。那我們就減少吧，就不需要太過辛苦、或搶佔大家太多時間。我們現在星期六、日最多只有一、兩個活動，不再像前兩年有三、四個。這些都是成長——Becoming的一些部分。」他認為這是重要的改變。當活動量下降，意味著活動類型是經過精選的：「可能我們只做其他書店少做的活動，而不是每本新書出都去做活動。至於一些常見的活動，有其他書店接力，我們就不做吧。」

推書方面的取捨

「我覺得是我們很有意識，我只能夠做一部分的事情，那就做好那部分。其他就要勇敢去捨棄。」一鳴堅定的說。

有趣的是選書方面。如果主要對象服務是未有閱讀習慣的人，一拳的選書應該主要較易入口的書籍吧？但如果仔細留意店內，會發現一拳書館的書種很廣泛，而且當中不乏經典和枕頭書。這其實是一鳴自己的偏好所致：「若說整體的選書方向，就是這些都是我想看的書。當然有些是經典、有些是名家吧。但有些我就算很喜歡，也不能夠放在這，否則就捨棄了位置放其他的東西，沒有辦法。」他的語氣中透露出一點不捨。

可見一拳的選書帶有館長的私心。但是在推書方面，一鳴有其堅守的原則：「因為我們的定位是，剛剛開始想看書或

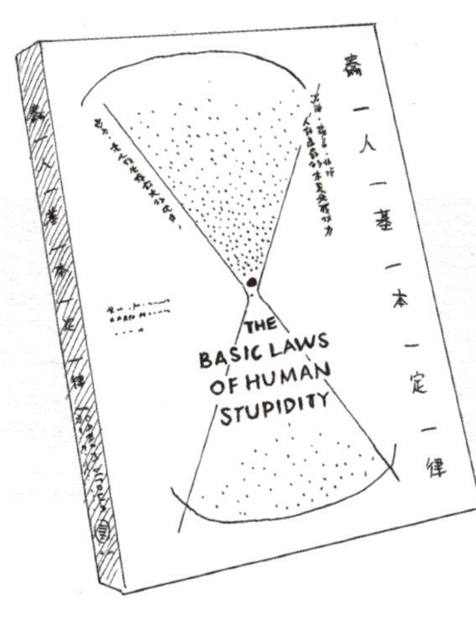

■ 一鳴曾為經濟學家 Carlo M. Cipolla 的《蠢人基本定律》多次撰寫書介，並指「誠意推薦畀所有讀者」，亦指「難得嘅係作者喺結尾提出咗響衰敗中嘅社會對付人類愚蠢大患嘅方向，避免被蠢人影響，或者避免自己成為蠢人影響人，都要讀一讀」，透過突出書的重點，以增加讀者對書的好奇及閱讀動機。

很久沒看書的人，所以就喜歡用一些有趣、嶄新角度去推，令到人想閱讀。」

要能用這樣的角度去推，首要條件是要先看過：「做過書店就知道，是沒有什麼時間看書的。」一鳴的語氣帶著一絲無奈：「我們最初開業很忙，都是 copy & paste 別人的書介或資料。但我覺得，如果獨立書店可以的話，應該是介紹一些看過而覺得好的書。」所以即使書店利潤有限，一鳴近年都會請兼職同事幫忙，就是為了讓自己能夠有時間看書，看畢就能用有趣的角度去介紹好書——這是他非常重視的一環。

「當然博客來或出版社的推介文字都是很用心去寫，但那文字始終不是你的嘛。當然我寫可能會寫得比他差，但我看完覺得這本書有價值的地方，如有人也被那價值吸引的，就會去看那本書。」一鳴認為書介是一拳和讀者產生連結的橋樑：「某程度上，大家來一拳，都是相信我們的選書是對他們有意義的。所以要表達到這信息，就要先看過，也要講出這本書是適合什麼人。……如果能引起某些人的共鳴，那他就會從閱讀中得益。」

第二，就是透過他自己寫的書介，讓那些未開始閱讀習慣的人，「令他踏出第一步，由不看書到拿起幾本書看看，這是很重要的方向。即使我們會賣很多嚴

■ 這本《我們為什麼要讀書？為什麼要工作？》也是一拳書館多次推介的書籍，並認為此書適合所有兒童及青少年人閱讀，透過更宏觀了解工作的本質及意義，就能建立一套更平衡的價值觀。

肅、經典的書，我自己會看那些書，但從不會寫那些書的書介。」他甚至連貨到帖文也不出，「因為我覺得如果所有書店都出差不多的帖文，其實對讀者而言都是一種損失。所以很多書到貨後，我都不會出帖文，就由它自己賣吧。」一鳴決斷的說：「而我們就只寫某一些，令那些本來不讀書的人都會覺得：『咦？都想睇吓喎。』那就拿來看。」

「所以就不要有任何壓力是覺得，書店應該要做些什麼、書店應該要有那個作者——完全不需要被這些包袱去影響自己。沒有也不需要慚愧，我們不是網絡書店嘛。」他認為「取捨」是獨立書店要經歷的過程。故當網路上帖文的曝光率及網民的注意力有限，一拳決定不推一些嚴肅的書，而集中推一些相對能吸引目標族群的書，可見其取態：「一定是要取捨。正如我們捨棄了那些比較多看書的人，我們才可以照顧到現在不算多閱讀的群體。」

聽他說到這兒，我感到有些震撼，難道常買書的我竟是被一拳所放棄的讀者嗎？但細心一想，其實那不算是「捨棄」吧，畢竟這裡還是有賣能吸引我的書、有辦能感動或啟發我的活動，我仍然感受到這裡和我的連結。

我想那種「捨棄」，只是意味著一拳未必會再刻意花資源吸引已有閱讀習慣的人來書店——原因很簡單，因為他們不需特別的推銷，即使不出帖文，也會自動自覺到一拳去、自然的對不同書籍產生好奇，繼而消費和閱讀——像我就是這樣吧。

當資源有限，將重心放在未開始閱讀的群眾身上，才是真正能擴大閱讀人口。而擴大閱讀人口，對整個書業而言、甚至對社會而言，都非常重要。一拳如有取捨，其實也是可以理解的。

維生之計？

然而我又始終好奇，將目標群眾放在未有閱讀習慣的人身上，那究竟是書店是如何運作呢？常理而言，未開始閱讀的人的購書量應較少，辦活動需要的人手又很多，而不少活動都是免費的，那一拳的營利是從何而來呢？

「我們的收入有約七成都是直接來自賣書的，其餘三成就來自興趣班和租場。」一鳴解釋道：「Becoming 的成長

■ 一拳曾邀請了作者黃國恩，為《這樣憶起陳百強》辦新書分享會。此書活動反應甚佳，很受陳百強粉絲歡迎。

也包括，如何找到一些不同的銷售方式，怎樣可以自然展開下一步，這些都很重要。」一鳴試著分享維持一拳的經營模式：「首先是我們的活動是多元化的，原因就是我們要接觸很多族群。」

確實，回顧近年一拳舉辦的活動，會發現活動主題和分享講者的身分包羅萬有，包括先前提及的性小眾，還有年輕媽媽、薄扶林村姑、詩人、環保提倡者、農夫、情緒病患者、車衣女工、荳品主理人、作家、罷工工人等等……真是數之不盡。「如果說來說去都是相近的議題，我們接觸的社群就很少，慢慢就不會有新的人來。或者他們消費了一定數量，就不會再消費了。所以這令我們會較多元化去辦活動，以致每星期都可能有一些從來沒來過的人，令他們接觸到書店。」

而這些不同族群的活動中，最能吸引人買書的是新書發佈會：「那銷量是比其他活動多很多的。」像 Gigi 記得，一拳曾為《這樣憶起陳百強》辦新書分享會，當天吸引了很多中年 fans 來到一拳，「那班 fans 很早就來到一拳，要霸位，來影相、拍照，又要和作者合照，期間你會見到他們在等的時候，會八卦一下，揭一揭其他書。而陳百強那本書他們一定會買，有些人會買兩本：一本用來儲、一本是拿簽名用的。」以為未有閱讀習慣的人較少買書，但這樣聽來，似乎是我無知，才低估了他們購書的可能性。

「但因為這個族群不像一些已有閱讀習慣的人，可能來一次就買上四、五本，所以我們在活動上必須要夠多元化，不斷令人開始買一、兩本書。」一鳴如此分析：「如此那一、兩本書，集腋成裘就能維持到我們的書店。」

了解自己和客戶 創造獨有的暢銷書

「我希望多些普通人會由一年買一、兩本書，變成希望他買三、四本書。而不買書的人可以買一本——我們是面向這群人。」他再訴說自己的願景。但在

■ 由真空法師所寫的《真愛的功課》可謂一拳的暢銷書，銷量達幾百本，現已絕版。《真愛的功課》訴說了真空法師從童年，到與一行禪師創立梅村的心路歷程，也是側面對一行禪師的貼切記錄。一拳曾多次為此書舉辦活動，當中包括長達三小時的讀書分享對談及慈心禪修習活動。

未達成擴大閱讀人口的目標之前，一拳仍有其平衡開支的策略：「就是了解自己的特色和知道自己的客戶是什麼人，以致我們有目標去每個月做一本『大書』，去平衡開支。」

似乎這「大書」，就是一拳收入途徑之二。但我很好奇，怎樣為之「大書」？一鳴遂耐心解釋：「就是它售出的數量要達到某一個數目，每個月都要有書做到這件事。那我們就不用很用力去推、去宣傳，只要分析你自己的風格、平時的客是什麼人，就會很清楚哪本書可以做到這件事。」一鳴再具體一點去說：「就是平時留意有哪些書賣得比較好，當相類似的書出現時，就會知道你要做好那些書。是沒有什麼神奇的。」

「而每間書店好賣的書，一定很視乎書店的風格是怎樣的，就會吸引到那種感覺的人到你的店裡去買。」我還有點摸不著頭腦，接著才得悉原來他和 Gigi 都喜歡有關身心靈和非暴力溝通的概念，而那正正是一拳熱賣的範疇：「像《真愛的功課》，我們能夠賣上幾百本的。」對無折扣書店而言，能賣上數百本算是很多了！我非常驚訝，因為完全沒有意識得到《真愛的功課》於一拳可謂是暢銷書！

「我們其實沒有太大力推銷的。只是我們很清楚會買的是什麼人，那我們就持續去做相關的事。像一行禪師，全香港

■ 我當時買這「跟一行禪師過日常」系列是送禮用的。當時的確留意到一拳有不少一行禪師的著作，而當中這系列既全面又小巧精緻，為在生活不同層面實踐正念提供了簡單明瞭的指導。

很少書店會完整的展示他的著作，但我們是有齊他三十多本書，而這是很少書店會這樣做的。」可見其策略，是發現市場中空缺的部分，然後去填補：「而相關的《真愛的功課》，就是我們培養的那個群體。」

雖然這樣聽來很意外，但細心一想，自己不也是曾在一拳買了一整套「跟一行禪師過日常」的系列嗎？雖然那系列在其他書店偶爾也會看到，但自己確實是選擇了在一拳買，也許是不知不覺其實也意識到一拳有著重視身心靈的氛圍吧。

故除了《真愛的功課》，還有《和好》，一些有關正念、輔導、身心靈的書，都是在一拳受歡迎的，也是一拳會持續購入的類別，如此讀者也可能會一次來就買上幾本。「這都是因為我們自己的興趣，同時也是大家的需要吧。」

「像非暴力溝通，我覺得那系統本來就是每個人都應該要去認識的。亦延伸到社運期間有很多身心靈的需要。」關注身心靈，就一鳴而言，是回應時代的選擇：「如知識和身心靈之間，只能二擇一，必須強行二分的話，我會寧願沒有知識，而選要身心靈健康。人生知識無窮盡嘛，而且如真的要秤的話，大家如果能夠學懂如何令自己平安、快樂、放輕鬆，令更多人不是暴力的，而是能學懂聆聽和溝通，我就覺得是很好的事。」一鳴如此說：「我是在社會運動期間，見證到這社會是有這需要的。」

打開英文書的市場

從以上可見，似乎除了那些未培養閱讀習慣的族群，有些客群會因為一拳的選書而來買書，成為維持一拳運作的重要存在。「不少人都會說，常常在一拳找到一些其他書店找不到的書。其中一個原因是，我們刻意去發掘這些書出來。」

要怎樣可以發掘到這些書？「選書就是根據我們的興趣，和我們選擇一些陳列其他書店比較少覆蓋到的範疇。」他具體一點的說道：「像哲學類雖然我很喜歡，但既然有序言，我們就不入那麼多了。或者既然有留下書舍，我們就少入一些媒體相關的書。是會有這樣的意識。」要作好這個定位，就是要知己知彼：「就是要去發掘其他獨立書店不賣的書吧。那就會慢慢成為你的特色。」

而一鳴觀察到目前市場的空缺、同時是時代的需要——就是英文書。「像 Book Depository 沒有了，清明堂也沒有了，全香港的英文書店越來越少⋯⋯」一鳴數算著自己對英文書市場的觀察，「那我就覺得，我們也可以幫大家訂英文書，試著慢慢多做這個角色。」

這英文書的市場，可謂是一拳收入途徑之三。「過去香港賣英文書，我覺得有一件事是不太好，但又明白的——就是無論是連鎖還是獨立書店，大家賣英文書比較貴。」一鳴分析原因：「因如透過那共同的代理去拿書，那定價就會相對較高。而運費也較貴，就會轉介到消費者身上。」即假設如一本原價 $100 元的書，可能會賣到約 $130至140：「我覺得這樣很不鼓勵大家去看書英文書，也不鼓勵大家到書店去買英文書。」所以在從前，一拳的英文書主要只賣一點二手書（即由於出版社印量大，故將部分書加上一點在書邊，成為全新二手書以進入特價市場銷售）及左翼出版社 Verso Books，也是受以上因素所限。

現在一拳則找到一個方法，為書店和消費者創造雙贏局面：「我們現在終於排除了障礙，申請了戶口，可以直接向外地的代理訂書。」而外地亦找到相宜的空運服務寄來香港，通過這途徑，一拳購入英文書的成本下降了，就能以便宜價格售書予消費者。「即如書背所列的定價是十元英磅，我們就賣 $100。」這價格幾乎等於在外地買書的價錢，甚至比在 Amazon 訂書更便宜！「希望能在這價錢上，能鼓勵到更多人去書店買英文書吧。」一鳴有著如此寄望，也期望更多人能通過一拳訂購英文書。

故此自2023年7月開始，可見一拳的豬肉檯上越來越多英文書，截自10月來幾乎累積了過百款新的英文書目。未來他亦期望能持續增加購入的英文書量，除了鼓勵本地港人多讀英文書，也希望能吸引居港非華裔族群或外地遊客前來購書。

全港獨有
來自外國的獨立出版！

只是當英文書的大門打開後，選擇可謂多如繁星，因英文出版數量比繁體書更為可觀，那一拳是根據什麼原則來選書和推書呢？

首先，一鳴會非常重視外地的獨立出版。「因為連鎖書店賣的英文書都比較主流，我們就覺得無法看到很多東西。所以我們會選擇入一些非主流的小説或非虛構書種，希望告訴大家，原來有很多只讀中文的話，是無法讀到相關的東西。大家試著讀英文吧，那閱讀的世界會寬廣很多。」至於如何找到這些出版非主流讀物的獨立出版社，則靠一鳴透過外遊，或閱讀外國報紙的報道及推介書籍的欄目去認識。

「一路去找不同的出版社是我的興趣，説這是獨立書店的使命又好、責任又好吧。但我常常都説，如果香港的獨立書店和連鎖書店都是賣港、台出版的書，其實那分別不大。」一鳴語氣堅定的説道：「所以我一定很強調，獨立書店要找不同國家的獨立出版，去讓香港人可以閱讀。因當中存在著不同視野、不同做書的方法、不同的題材。這些都是香港、台灣出版的書所沒有的，所以就需要找來給大家。」

説到這裡，一鳴顯得興致勃勃，開始介紹這些只有一拳才能見到、才會出售的外國獨立出版書籍：「有一個系列是很『正』的，是以埃及和貝魯特做基地的一間出版社——Kayfa ta كيف تـ 出版的，是早兩年去柏林旅行時發現到的。」那系列的書都以「How to」為書名起始，「它是想顛覆這種以『How to』為開頭，一些予人彷彿很功能性的書名之印象，反思『How to』是否也能用來講一些比較人文、哲學的主題呢？所以整個系列就是借用『How to』這些類似 Self help、比較通俗的書，去講一些很人文的題材。這本身的設定、視野是很有趣的。」

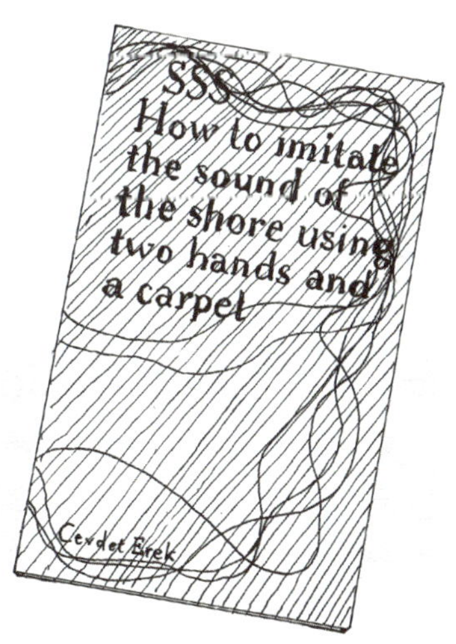

■ 此小書詳細分享了如何用人手和一張毛氈模擬出海浪聲，當中述及了在不同場景與空間進行的效果，更講及不同指法與手勢可創造出迥異的聲音效果。從來沒想過書籍會採用這樣的題材，創意爆燈，可謂令我眼界大開。

■ *STAY TRUE* 是訪問時一鳴正在讀的書。*STAY TRUE* 是 2023年普立茲「自傳文學獎」得獎者徐華的回憶錄，書中記述了他作為居美台灣移民二代的成長心路歷程，與其逝世好友 Ken 一段深刻的友誼。讀來深邃細膩又動人。此書由英國獨立出版社 PICADOR 出版。

■ *Aliss at the fire* 和 *A Shining* 都是2023年度諾貝爾得獎者 Jon Fosse 的作品，這兩本都由英國獨立出版社 Fitzcarraldo Editions 出版。這間獨立出版社非常厲害，竟能收穫多位諾貝爾獎得主的作品，在其得獎前或後為其出版著作，一拳稱之為英國獨立出版近年的傳奇。

「像其中一本 *SSS: How to imitate the sound of the shore using two hands and a carpet*，它很技術性去講，如何利用一些物件去模擬海浪的聲音。即如果你想做這樣的演出，你就可以用書中所佈置的一些場景，去將聲音製造出來。」一鳴說到喜歡的書，開始有點滔滔不絕：「而它有趣的地方，當然不只關於如何製造出海浪聲，而是在於它問很多問題。當然電腦是很厲害，什麼聲音都做到。但當整個社會走向所講數碼化、電腦化，世界還有沒有趣味、還有沒有意思呢？」

「它令大家反思，如果我們能透過摩擦一張地氈去創造海浪聲，或者能藉此變成一個演出，邀請人們來聆聽——其實是在對抗一種社會全面邁向電腦化、人工智能化的生活狀態。它不是用一種純粹哲學的思維去探討這件事，而是用一個很有趣的角度，是很過癮的。」他介紹這本書時可謂眉飛色舞，一分鐘內多次用上「有趣」來形容，令當時未看到此書的我都好奇不已。

最近一鳴亦帶來了一批英國獨立出版社——「PICADOR」和「Fitzcarraldo Editions」的書來一拳，當中包括普立茲獎得獎者、居美台裔作者徐華 (Hua Hsu) 的回憶錄 *STAY TRUE: A Memoir*、日本作家川上未映子的 *Breasts and Eggs*，亦有為大家訂購2023年度諾貝爾得獎者 Jon Fosse 的 *Aliss at the fire* 和 *A Shining*，可謂是冷門但又令人驚豔的選書，確實是讀者擴闊閱讀光譜的不錯選擇吧！

能夠不需離開香港，但是輕易接觸到外國的獨立出版，當中不乏得獎佳作，而且價錢又相宜！我不禁覺得，能成為一拳的客人實在是太幸福了。

香港作品的外語翻譯 選取能夠連結的題材

除了外國的獨立出版社，一鳴第二個重視的選書原則，就是呈現一些被翻譯成英文的香港作品著作。

「我認為『香港有譯』這分類，是一拳開業以來的重要貢獻。就是告訴大家知道，原來很多香港作家，都是有外國翻譯的。」當中包括得到 Fitzcarraldo Editions 購買版權、由謝曉虹的《鷹頭貓與音樂箱女孩》翻譯成英文的 *Owlish*，以及陳浩基一系列被翻譯著作：「香港其實有很多作者都很厲害，外國會幫他們做翻譯，而我觀察到香港很多書店都沒這樣的部分，亦沒有意識去讓大家知道。但這是一拳一直在做的部分。」一鳴的語氣中帶有一絲自豪。

而相信這一個分類，應該能吸引旅客或居港非華裔朋友吧！通過香港作家得到翻譯的作品，應能更深入的認識及吸收香港社會與文化，並接觸到優秀香港文學。

而第三個準則，就是透過選取能與一拳讀者連結的題材。一鳴胸有成竹的回答：「因為人們會來買英文書，就是因為那題材是中文書比較少覆蓋到。」像一拳經常舉行關於性別議題的活動，也有一定書量與性別相關，故這裡本身已聚集了一群關心性別議題的朋友留意一拳。故當有英文書與性相關，例如是以口述歷史形式講及種種與色情片有關話題的 *Porn：An Oral History*，翌日就能吸引讀者立刻上來買。

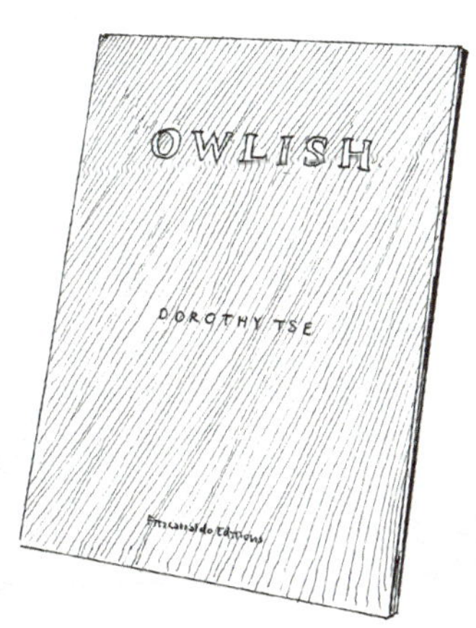

■ 謝曉虹的《鷹頭貓與音樂箱女孩》英文版——*Owlish* 由 Fitzcarraldo Editions 出版。這書入圍了2023年華威女性翻譯獎長名單！

■ 此櫃陳列了陳浩基的外文翻譯著作，包括《13.67》的韓文版、德文版、日文版，也有《網內人》的英文版與西班牙文版。

「又讓我舉個例子，像 *The Story of Titanic for Children* 吧，這本書適合高小及初中，因為它很詳細的介紹鐵達尼號，當我們出了帖文，就會有一些家長告訴我，說想要買這本書。」當題材選取得宜，英文書似乎較於中文有另一吸引之處，在於能鍛煉自己閱讀英文的能力，相信也是某些人（包括我）會購買英文書的原因吧。

「推廣閱讀，就要找到這個連結——就是當連結到那個人，那他就會來。無論他沒有閱讀習慣也好、有閱讀習慣也好。」一鳴信心滿滿的說。

收最低工資的收支平衡

「所以，我們的選書是集結了數個特色吧：既是我們的使命、是補位、又可以增加收入、亦建立了一種形象——就是一拳有很多其他書店沒有賣的書。」一鳴如此總結道：「就都靠它們去服務讀者啦，還有去維持我們書店的營運。」

以上分享了那麼多一拳的收入途徑，那究竟這間書店的財政狀況是如何呢？能否持續營運下去呢？我實在有點緊張，但確實很好奇，因為太想它能夠繼續存在了。但是著實不容易啊！畢竟當要辦活動，要處理報名、要於現場滿足講者各種需要，人手就不能太少；同時又要有人收銀，又要應付訂書事宜，而眾所周知租金又高、賣書毛利又低……

一鳴回答道：「可以說是收支平衡吧。」然而他又頓了一頓：「意思是說，雖然我們人手好像很多，但兼職通常一星期只上班兩至三天。而我和Gigi，一直以來都是收最低工資，然後我們有其他工作去支持生活，是以這樣的形式。」

聽到這裡，我不禁心頭一緊。特地為香港讀者搜購冷門書，聯絡外地代理商，

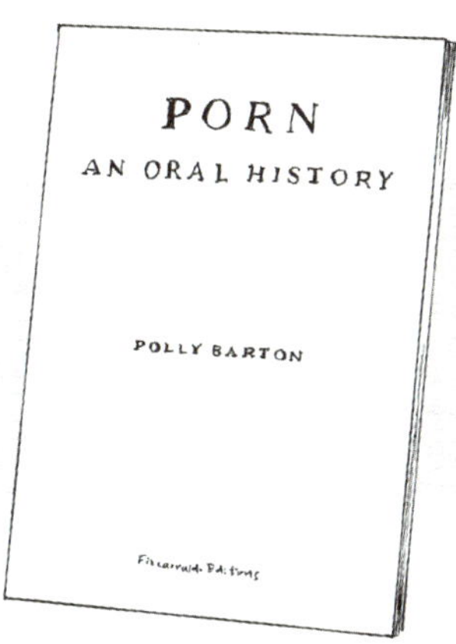

■ 這本由 Polly Barton 所寫的 *Porn: An Oral History* 是一本有關色情片口述歷史的書，書中就有關觀賞習慣、罪疚感、羞恥感、性幻想、慾望等與色情片有關的種種方面，訪問了19位不同年齡、性別、性傾向的受訪者，組成了這本彷彿探索著禁忌議題，既有趣、真實又大膽的作品。

■ 這本 *The Story of Titanic for Children: Astonishing Little-Known Facts and Details About the Most Famous Ship in the World* 圖文並茂的追溯了鐵達尼號的建造始末、介紹了船上設備，並述及遇上意外的經過、拯救生還者的故事，更有數十年後打撈沉船的發現。

甚至花盡心機從外國運來獨立出版物，只收最低工資實在是太少，少得令人有點黯然神傷，因為這與他們的付出不成正比。

或許見我眉頭緊皺，一鳴回應說：「但我其實都希望，如果發展英文書再好一點，可能收入會更多一些。如此一來同事的人工待遇會再好一點，亦可以令到書店營運不一定是這麼悲情的一件事吧。不會賺很多錢，但至少都有微小的利潤。這個是我們的目標。」

書店有限制：書業存在的問題

對於現狀，一鳴確實不滿足於此。而他的目光並不止放在一拳身上，而是在整個行業：「健康的書業來說，就不應該是這樣。應該是要有合理的人工去請人，店主有合理的收入，亦都有成長。如健康的行業，是應該要有的。」

「我們會思考，如何做到書業應該要做的事。不是要賺幾多錢的問題，而是可不可以實踐到：做正常的生意是會有盈利、是可以讓員工有理想薪酬。例如你見到台灣，他們請書店員工的人工那樣低時，你都會覺得，不應該是要將薪金壓低到一個程度才能營運的。」一鳴一口氣說道：「反而是應該要做得更好，以致它能像一門正常的生意，所以我們都是朝這個方向發展。」

「這樣我才覺得是健康，而不是自己燒

■ 龐一鳴認為，實體書店的其一優勢，是讓人能在接觸實體書後，才決定要不要買。

錢去實現書店夢，我不會特別佩服這種行為。因為健康的行業不是這樣，不是靠犧牲自己積蓄去燃燒。我覺得這樣對青年人來說，也沒有意義吖！他們可能會覺得：『啊，原來我要燃燒自己積蓄才能做這件事，那我不做了。』那為何不可以，個個都正常營運，都有一定收入，都能給予合理薪酬？這樣我才覺得是健康的產業。」

然而，要如何才能令書業「變得健康」呢？一鳴嘗試道出香港書業存在，而單靠一拳自己不能解決的問題。他認為書業不健康的重點，不僅在於眾所周知的租金及人力成本，而是在於營運上在不同環節存在的問題，這也點醒了我的無知，以及作為局外人的盲點。

「香港書業的不濟，是最令人挫敗的。不同的環節、層階，都存在很多問題。像你找香港的代理，他的倉庫是沒有書的，什麼都要訂，這就已很挫敗。即是任何書都要三至四個星期才能到港——你會覺得，這究竟算什麼行業來的？」他以其他的零售商品來作類比，以突出現況存在的問題：「即是客人買米，是否需要等三、四個星期呢？是不用的。那即是書業基本不是一個行業吧。我買米的代理是不會沒有存貨，所以就會覺得很難接受。」

沒有庫存，影響的是速度，會削弱實體書店的優勢：「實體書店要把握它僅有的優勢，就是可以讓人實體望一望，看看是否喜歡才買。所以我覺得快在這層面是重要的。」但是代理速度之慢，卻會影響實體書店的發揮。

他認為代理都沒庫存，乃因租金太貴，建立一個倉庫成本太高，他不是不知道，但他認為作為最下游零售點的書店，從代理身上得到的支援太少，亦使代理存在價值變得含糊：「我覺得香港做書業都是很『孤兒仔』。沒有支援，全部都要訂的話，我還是否需要代理呢？或者客人很慘，要三、四個星期才有書，要等那麼久，等到貨時可能已不想看了。」

確實，我自己首次向書店訂購台版書的時候，知道要等上二，四個星期時，著實嚇了一跳。當時還以為是個別書店的問題，後來才知三個星期原來已算快了。那時腦海的確是閃過一種想法：既然透過書店訂書需時那麼久，為何不直接向博客來訂呢？那實在快太多了。雖最後因支持書店故沒有這樣做，但確實代理反應之慢，在網路書店和電子書盛行的背景下，會令實體書店的競爭力下降，令它難以回應讀者的需要，而這又是書店無法控制的。

他認為這是代理沒有盡責，而當書業上更多環節沒有遵守倫理，就會令書店的困境更艱難。他提到現在會有出版社會自行透過網路賣書，而且是在長期提供折扣甚至免運費的條件下賣書，連新書都不例外，而一些有叫座力的作者新書都會經出版社預購，這會令處於產業鏈最底層的實體書店更難生存，感覺實體書店未得到那些出版社的尊重，無奈地被佔盡優勢：「這些在外國基本上是不會發生的，人們是有正常規矩，是不會有這件事發生的。」

「我覺得是所有單位都沒有做好它應守的倫理吧。例如飲品生產商不將商品批發予士多、超市，而是自己做網購、還送貨打折，賣得比零售點還要便宜——這是什麼行業來的？一這樣類比，其實是很多問題。」一鳴似乎又憤怒又無奈。他雖明白書業利潤微薄，令大家都變得只顧自己的生存，但只要與其他零售行業比較，就認為實況難以接受。而作為最下游的書店，在這些問題上根本無力解決。

「當然我也沒有辦法去投訴或做些什麼，當然可以選擇『唔好玩』啦，不要做這件事（書業）。但當你做這件事（書業）時，你都知道是在這樣惡劣的情況去生存，那矛頭都不能太指向他們（其他書業單位）的。但現實上，這行業是沒有應有的正常倫理。」

他坦言，如果純粹只考慮行業，他根本不會從事書業，可能只做二手書吧，就能不受上述問題影響。會繼續經營一拳，只是因為自己有著信念：「但當你考慮到公民社會、你還在做一些你想做的事，惟有捱落去，看看如何吧。」

書店間需要的合作

他認為確實，如果只思考一間獨立書店能做的事，其實很有限：「很自然會像青文一樣，就是做出版吧，那當然是很有價值。但從行業的發展而言，是沒有解決到行業的問題的。」

所以他時常從多角度思考，究竟用什麼方法能糾正這個行業的問題：「如果是一些有資本的人，或者有方法做一些真正對書業有意義的合作……例如全香港十多間獨立書店，一起去共同擁有一個貨倉，那就解決了我們的存貨問題。當然可以由熱門書開始，我們可以共同擁有一定數量。這些合作很有意義，但是就難去發生。我們人微言輕，沒有辦法、又沒有錢。如果有，就會令到這變成一個正常一點的行業。」

「現在很多事情是沒發揮到他最強大的狀況。」又例如，出版社和書店可以有更好的合作：「如出版社出一本書，是否可以根據一個機制：全香港的獨立書店，都交一個量出來，出版社知道每間書店的入貨量，然後就很直接、很長遠的建立了這個關係。」而那合作關係不只有一次，而是經過了數次合作後，出版社就會很清楚他們每一本書的成本預算準確與否，並估算到每一本製作的書分別可能賣出的數量。

當出版社和書店建立了這樣的信任關係，累積起數據，就能令本來有潛力的書，可在首輪就以它應有的數量在市面上流通，以致營造到最強大的銷售效果，這無論對出版社、書店、讀者而言，都會是三贏的局面。

「當書店和出版社連結，其實有很多合作，是可以令書籍出版的規模去 scale up。」他舉例，如全香港十幾間書店，可能就某本將出版的書，共同認購上三千本；那出版社就會有信心，以較高薪酬邀請一位很厲害的設計師去做設計。或知道某位作者寫的書可賣出某個數量，就可以付更佳的回報予作者，讓他能花更長時間去寫更高質素的書。

而他認為這種的合作，更有利於翻譯：「香港書業的出版其中一個環節，就是很少翻譯。這件事其實是很慚愧的，如果你作為一個地方，而這裡是有書業的，怎可能會沒有翻譯呢？現在全靠台灣和大陸，那香港是應該慚愧的，因為香港一年只有數本翻譯書，對華文世界是沒有貢獻的。」如果能確保書店共同認購量夠多，就可以以較高薪酬去邀請人才進行翻譯，即使由一、兩本書做起，也是好的開始。「這些就是行業可以發揮、能夠合作的地方。」

期望著組織及平台的出現
用更宏觀的視野思考書業

他認為現時香港未有這些合作發生，原因有二：「一來是沒有機會討論，未有平台令大家一起去聊這些事，二來是始終這個行業不成一個行業。」

「如果像外國那樣有相關組織，自然就可以聊聊我們這行的發展是如何的。那就會有很多機會去討論、交流。我相信很多書店可能會有更好的 idea，但是沒有機會分享，就沒有機會組織下一步。」他認為現時書店間雖有一些買賣上的合作，如一起合作去做書展，能夠互相幫助銷售當然是好事，但以行業發展角度而言，其實合作上還有更多可能性。

■《海風酒店》是台灣作者吳明益的長篇小說，也是其一次出版實驗。此書的出版交予小寫出版，行銷規劃則交予瓦當人文書屋負責，讓新作全交獨立書店作出版與行銷，可謂是出版業創舉。

9 BIOS monthly。(2023, October 12) 終於，討論獨立書店不只有惆悵——吳明益《海風酒店》出版實驗幕後。BIOS monthly，https://www.biosmonthly.com/article/11282。

他嘗試從台灣借鏡，並從中看見香港書業的不足與需要：「例如台灣有友善書業供書合作社，就是幫助偏遠地區的書店都拿到書。這些組織性的東西，我們是完全沒有的。如果有的話，可能就會幫到位於西貢的神話書店吧。」

他也希望能透過合作，令香港出版的書可以有其他語言的書介出現，讓外國知道香港作品的有趣之處。再想遠一點，他甚至期望書業有版權代理組織的出現，幫忙推銷及賣出本地著作的版權，令外文翻譯變得可能。

一鳴感到悲觀的原因，在於當香港的書業不正常、情況太惡劣，就會令大家只考慮到自己如何生存，而不容易生出合作關係和組織，也不容易以「行業發展」的角度去思考書店營運的方式。在這層面上，台灣作者吳明益以《海風酒店》所作的實驗，就教他印象深刻。今年六月，吳明益憑著自己是有一定知名度的作家，要求全台灣賣《海風酒店》的所有通路都不准減價，令到整個行業可以經歷一次在沒折扣的公平競爭情況下，小書店能和網路書店較量銷量——而結果則是獨立書店在首日的銷售預購，是全網通加起來的好幾倍[9]，充分展現了獨立書店的能量和可能性。而這位作家更走遍全台灣的獨立書店，在短短兩個月內進行86場分享及簽書會，既表現對書店的支持、也是對書店的報答。「像吳明益，他就是根據書店業的發展去做這個實驗，有這樣的概念，然後實踐出來。我也很期待他如何分析這一次實驗的數據。這就是行業進步的合作例子。」

「問題就是，有幾多作者、出版社、書店是有這樣的概念，會有想革新這個行業的想法呢？我不是很見到，(香港書業界) 就這事有任何討論。」一鳴的語氣透露出對業界間缺乏交流的失望。

「很簡單，連每年全香港賣了幾多本書，這些數據也沒有人調查、去分析。」他留意到關於閱讀及購書習慣，香港只有少量調查及數據：「沒有人為整個行業去做一些事情——這就是問題所在。」當基本的調查、數據不出現，就很難跳步，做到更進一步的合作。

雖然持續去改變、回應時代的需要，但一鳴坦言單打獨鬥，能做的事情很有限：「我們亦都只是這環境下的其中一個人。可能我們能做的都很少，只是用禮物代替折扣，或者是用場租、課程去取代餐飲……我們只能做很小的事去實踐、去試驗這書店業營運的可能性。」所以，未來他期望能有較為獨立、不牽涉銷售背景的單位去召集各獨立書店，進行更多、更深入的討論和合作，若真有如此的交流平台出現：「我一定會參加。」他非常肯定的說。

聊了兩個小時多，我們從茶餐廳離開。看著一鳴和 Gigi 向著書店前進的背影，我真的很感激他如此敢言的道出了，獨立書店店長遭遇的困難和限制，並提出了各種合作的可能。這些建議是如斯珍貴。雖然此刻很多合作還未發生、很多橋樑還未搭建，但我認為總比沉默無聲來得好。因為只要可能性被道出，才有被實現的機會。

面對各種挑戰，一拳始終準備著隨時改變，以回應這時代讀者的需要。而這大概也是所有獨立書店，在這瞬息萬變的社會下抱持著的心態。然而，也許要改變的不單是一間書店的營運方法，而是整個書店業界溝通和合作的模式；當時勢這麼艱難，當所有業界相關者都如此為生存苦苦掙扎；若然更進一步的合作能在困局中開創新的可能性，不知我們能否朝著這方向，做一些新的嘗試呢？

也許天真，但我望著夜色漸暗的天空，如此幻想。

| 2023年10月 |

ROOM 23

|室內/空間設計|專業評介|

- 「隱世」的樓上書店有時真的要花點工夫才能找到。幸好一拳書館**在大廈門口擺放自家設計指示牌**，讓人更易找到入口。指示牌設計貼地且吸睛，毫無違和地與街道融合，但又幽默得令發現者會心微笑。建築設計很多時需要考慮如何設計一些**尋路標示**（wayfinding signage），去幫助人辨別方向和更易找到目的地。
- 踏入一拳書館，映入眼簾的是一面**明亮的鮮黃色牆壁**，上方懸掛著**發光的招牌**，前方吊著三盞表面光滑且顏色鮮艷的**吊燈**，溫暖的燈光灑遍牆身，且照亮底下本地生產的食品，畫面奪目，有如一記震撼視覺的一拳，令人心情一振，亦點亮了因遠離窗戶而變得幽暗的入口。轉過彎，進入書籍陳列的空間，**通明的自然光**，讓人有柳暗花明又一村的感覺。
- 在逾千平方呎的書店內，館長悉心佈置的書架傢具圍繞著四面牆壁，除了展示琳瑯滿目的書籍，亦設有**閱讀區域**。高書櫃靠著牆壁，**窗邊則設置座位和窗邊檯**，巧妙地利用了空間，既不遮擋自然光線，保持了**通風**，亦將**光線充足且舒適**的位置留給讀者，有助他們在店內享受閱讀的樂趣。
- 一拳書館其中一個創館理念為**「開放空間與街坊同樂，不只服務區外人」**。因此館內空間安排，處處顯見為達到此理念的心思。
- 書館善用館內的樓底高度，分間出員工戲謔為**「雲端」的夾層**，將書籍庫藏「上存」於此，便可騰出地面空間作其他用途。這種構思類似古時房子的安排，通常在屋頂下建造一層閣樓作儲藏雜物之用。「雲端」名副其實高高在上，能隨時隨地實體存取，極為方便。
- 有賴「雲端」及書櫃「圍牆」的設計，書店中央地帶能闢出**一片寬敞的空間**，足夠容納至少三十人的座位，用於舉辦各式活動，為街坊提供服務，亦切合「書館」一名。
- 「館」為客舍也，意指**接待客人的建築物**。一拳書館稱為「館」，承襲了客舍的意涵，這與旅館、賓館和館驛等類似，也體現了館長的初衷，即為街坊提供一個溫馨、舒適的場所。**書籍的分類**別出心裁，將書籍有機地融入其中，營造出一種愉悅的閱讀氛圍，讓人們在閱讀中尋找思索和共鳴的共通點。